"双循环"与经济高质量发展

DUAL CIRCULATION
AND HIGH-QUALITY ECONOMIC DEVELOPMENT

贺 瑛 著

上海科学技术文献出版社
Shanghai Scientific and Technological Literature Press

图书在版编目（CIP）数据

"双循环"与经济高质量发展 / 贺瑛著. —上海：上海科学技术文献出版社,2021
 ISBN 978-7-5439-7915-4

Ⅰ.①双… Ⅱ.①贺… Ⅲ.①中国经济—循环经济—经济发展—研究 Ⅳ.① F124.5

中国版本图书馆 CIP 数据核字 (2020) 第 265683 号

组稿编辑：朱文秋
责任编辑：李 莺 栾 鑫
封面设计：周 婧

"双循环"与经济高质量发展
SHUANGXUNHUAN YU JINGJI GAOZHILIANG FAZHAN
贺 瑛 著
出版发行：上海科学技术文献出版社
地　　址：上海市长乐路 746 号
邮政编码：200040
经　　销：全国新华书店
印　　刷：常熟市人民印刷有限公司
开　　本：720mm×1000mm　1/16
印　　张：12
字　　数：202 000
版　　次：2021 年 12 月第 1 版　2021 年 12 月第 1 次印刷
书　　号：ISBN 978-7-5439-7915-4
定　　价：68.00 元
http://www.sstlp.com

目录

第一章 问题的提出 ... 001
第一节 选题的背景与选题意义 ... 001
第二节 研究思路与研究方法 ... 002
第三节 创新与不足 ... 004

第二章 双循环与经济高质量发展理论研究 ... 006
第一节 文献综述 ... 006
第二节 双循环与经济高质量发展关系研究 ... 019
第三节 双循环背景下经济高质量发展研究 ... 026

第三章 双循环与双中心 ... 033
第一节 双中心理论研究 ... 033
第二节 双中心联动研究 ... 039
第三节 双中心联动现状及问题研究 ... 048
第四节 双中心联动对策研究 ... 054

第四章 双循环与"卡脖子"技术 ... 057
第一节 影响双循环正常运转因素分析 ... 057
第二节 双循环"死穴""堵点" ... 063

第三节　"卡脖子"技术案例研究 ……………………………… 066

第五章　双循环与消费升级 …………………………………… 103
　　第一节　双循环与内需拉动 ……………………………………… 103
　　第二节　国际消费中心城市建设 ………………………………… 109
　　第三节　国际消费中心城市指标体系 …………………………… 116

第六章　双循环与风险防范 …………………………………… 151
　　第一节　金融风险文献综述 ……………………………………… 151
　　第二节　重大突发公共事件背景下的金融风险研究 …………… 155
　　第三节　后疫情时代金融系统性风险定量分析 ………………… 160
　　第四节　后疫情时代中国金融体系风险研究 …………………… 167

第七章　研究结论与展望 ……………………………………… 174
　　第一节　全书结论 ………………………………………………… 174
　　第二节　研究展望 ………………………………………………… 177

参考文献 ………………………………………………………… 179

后记 ……………………………………………………………… 188

第一章 问题的提出

第一节 选题的背景与选题意义

经济发展有赖于经济正常的运行,经济高质量发展依托于经济的高质量运行。所谓经济的高质量运行指的是:经济运行能随时根据国内外形势的变化主动谋划、适时调整、及时应对,以便达到循环的畅通和有序,从而形成循环的闭合,助力循环的高效运转。这种有序、高效、提质的循环系统不会被外界的突发事件轻易干扰、随意击垮,它具有一定的抗压力、耐受力、转换力。

中国经济历时40年的高速发展离不开经济内外循环的顺畅进行,40年来,虽然我们并没有明确提出"双循环"理论,但实际上我们或多或少,自觉或不自觉地确实执行着"双循环"的做法。这些年来,在不同的发展阶段、面对不同的发展格局,内外循环也实现了频道的不同切换,表现为中国经济的内外循环方式、方法、侧重点的不断轮换。

之前的40年,由于中国处于经济发展的初级阶段,处于享受工业化红利的发展阶段,世界经济处于全球化的鼎盛期,中国走了一条"外向型",亦即以外循环为主的经济发展之路。事实证明我们选择的这条路是正确的,它符合彼时的经济发展阶段的需要,中国就此登上了世界第二经济大国的宝座。但纵观世界经济强国,尤其是作为大国经济的世界经济强国发展历史,我们不难发现,单纯的外向型经济发展模式难以支撑经济的可持续高质量发展,处于这一发展阶段的经济大国必须实施经济发展战略的调整,中国到了重塑经济发展理念的"窗口期"了。

一方面,中国经济发展的阶段特征决定了中国经济发展理念的新变化;另一方面,世界经济外部环境的变化也要求中国经济循环方式实施转变。2020年注定是不平凡的一年,突如其来的新冠疫情使本已严峻的世界经济形势愈发严峻,逆全球化、反全球化浪潮愈演愈烈;各种形态的贸易摩擦"擦枪走火",贸易战此起彼伏;供应链、产业链、价值链存在不同程度的断裂、脱钩、重塑现象。面对百年未有之大变局,2020年5月以来,习近平总书记多次指出,并在同年9月中央全面深化改革委员会第十五次会议上再次重申确定了双循环的发展战略,即"加快形成以国内大循环为主体、国内国际双循环相互促进的新发展格局"。"双循环"新发展理念是以习近平总书记为核心的党中央,面对错综复杂的国际形势、环境、条件的变化,根据中国经济发展阶段的现实需要做出的重大战略抉择,是重大的经济战略布局,它关系到中国经济的长远发展和可持续发展,它回应了站在十字路口的中国经济向何处去、走何条路的关键问题。

方向明确了,道路清晰了,接下来要解决的是如何朝着既定的方向,沿袭正确的道路到达胜利的彼岸?正是基于这样的背景,我们开展了双循环与经济高质量发展的专题研究,希望通过理论研究,寻找双循环与经济高质量发展之间的关系,并借以探究双循环背景下如何实现经济的高质量发展。有鉴于此,本研究的选题不仅具有现实意义,也具有一定的应用价值。

第二节 研究思路与研究方法

本书以基础理论研究作为出发点,首先对双循环及经济高质量发展做出定义,在此基础上界定了国内国际双循环战略以及与之相连的经济高质量发展的内涵及外延;接着通过文献综述方式,对经济内外循环与经济高质量发展相关问题进行了梳理,并以历史演绎及现状分析的视角,探究双循环与经济高质量发展之间的关系,借以找寻双循环背景下经济高质量发展的路径。

当今上海正在打造国内大循环中心节点和国内国际双循环的战略链接,如何寻找切入点,无疑需要我们先寻找双循环及经济高质量发展与五大中心,尤其是全球科创中心、国际金融中心、国际贸易中心建设的联动。与全球科创中心建设相结合,我们以实证研究、案例研究的形式,分析了双循环与解决"卡脖子"技术难题;与国际金融中心建设相结合,我们深入探析了金融如何助力双循环发展战略,双循环背景下如何防范金融风险,从而为高质量经济发展保驾护航;与国际贸易中心建设相结合,我们聚焦国际消费中心城市建设,解决双循环与内需拉动、消费升级的关键问题。

全书共分七章。第一章《问题的提出》,主要阐述了选题的背景及其意义,研究的思路以及方法,本书的主要创新点及存在的不足;第二章通过文献综述的方式,从理论层面研究双循环与经济高质量发展的关系;第三章重点研究双循环与双中心的内在逻辑,围绕双循环战略的"死穴""堵点"展开分析;第四、五章分别分析了双循环与"卡脖子"技术、双循环与消费升级问题;为保障双循环背景下经济高质量发展的良好"生态"环境构建,第六章从理论研究、实证分析两个维度展开了双循环与风险防范的研究;本书的最后一章则导出了研究结论及研究展望。

研究框架如图1-1所示。

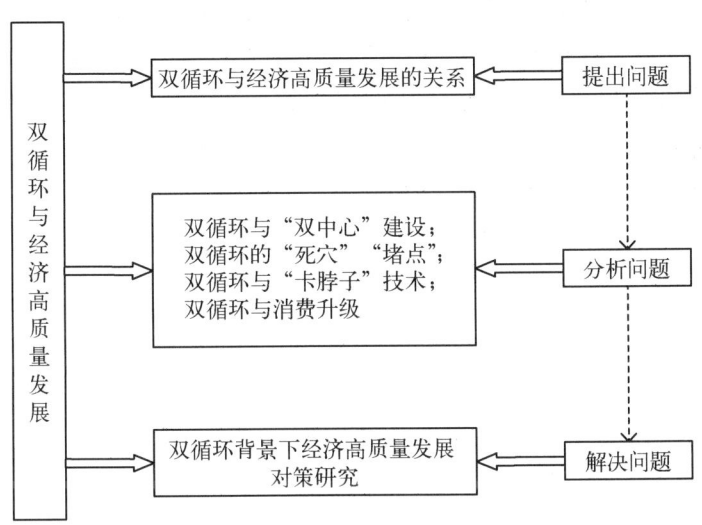

图 1-1 研究框架图

本研究始终遵循问题导向的原则,首先提出问题:双循环与经济高质量发展之间存有什么样的关系?如何在双循环背景下实施经济高质量发展战略?我们需要什么样的体制、机制、政策、环境?接着是分析问题:分析双循环的"死穴""堵点";探究上海打造国内大循环中心节点和国内国际双循环的战略链接体系构建的耦合机制;以问题导向的思维方式,聚焦推进上海打造国内大循环中心节点和国内国际双循环战略链接的关键问题——"卡脖子"技术、消费升级、风险防范,并对此进行深入分析。最后是解决问题:以理论研究、国际比较、实证分析的综合运用,做出对策研究,借以提出有针对性和可操作性的政策建议。

第三节 创新与不足

本研究是基于新形势下的经济热点问题研究。在探讨双循环与经济高质量发展问题时,必须对我们当今所处的内外发展环境有个全面的了解,对新形势有个准确的把握。我们研究后认为,当前我们所面临的新形势可归纳为:从全球范围看,我们处于"危机后"与"后危机"双重叠加的时代。"危机后"时代指的是2008年的全球金融危机,历经10年我们已从这次危机中走出,但危机的种种后遗症依然存在,它在众多方面深刻影响着经济的走向,故此,我们在相当长的一段时间内还会处于"危机后"的时代。后疫情时代指的是正在全球肆虐的新冠疫情,目前这场疫情还未结束,但种种迹象表明,疫情已进入下半场,"后危机"时代的基本判断是可以成立的。从全国范围看,我们面临"加快构建以国内大循环为主体、国内国际双循环相互促进的新发展格局"。这就是我们所面临的"新形势",唯有辨析新形势,才能把握好方向,从而脚踏实地做好研究。

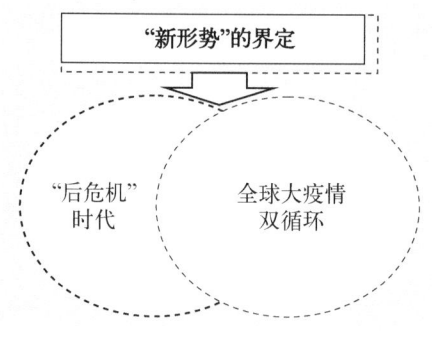

图1-2 "新形势"的界定

本研究力求在研究体系、视角、方法上有所创新,从而达到研究观点的创新。本研究的创新之一是视角新,从我们所面临的"新形势"这一视角出发,围绕"双循环"与"经济高质量发展"展开研究,以一个崭新的视角探讨了双循环与经济高质量发展之间的构际关系;本研究的创新之二是维度新,以理论、实证、案例、比较等多维综合的方式,开展全景式、立体化、全方位的研究;本研究的创新之三是体系新,以总分结合的方式,首先全面分析双循环与经济高质量发展的联动关系,而后分别论述双循环与"卡脖子"技术、双循环与内需拉动、双循环与风险防范、双循环与双中心建设,希望通过解决阻碍双循环发展的"死穴""堵点",寻求经济高质量发展之路,这一单点突破、总分结合的方式构成了本研究的一个重要特色。

由于前期研究积累不够,本研究的一些观点的表述在理论上的支撑略显不足;本研究在研究过程中较多地聚焦于定性研究,定量研究明显不足;同时面对"百年未有之大变局","确定"变身为"奢侈品",最大的"确定性"演变为"不确定",新形势瞬息万变,研究的"紧随其后"变得尤为重要,然而要达到研究的"同频共振"变得尤为困难。所以现有研究中的一些观点、结论难免有不完善之处,所有这些我们希望通过后续的进一步深入研究加以弥补,我们的研究将永远在路上。

第二章　双循环与经济高质量发展理论研究

第一节　文献综述

2020年5月14日,中共中央政治局常委会议提出"构建国内国际双循环相互促进的新发展格局",这是双循环发展模式被首次提出。2020年突如其来的新冠疫情,加之以美国为首的西方国家实行的贸易保护政策,逆全球化思维盛行,我国面临的经济形势严峻且复杂,存在较大的不确定性。2020年7月30日,中共中央政治局会议再次提出,必须"加快形成以国内大循环为主体、国内国际双循环相互促进的新发展格局"。随后,党中央、国务院相继出台一系列重要文件,对构建双循环的发展格局给出了重要指导建议。2020年10月29日,中共中央十九届五中全会通过的《中共中央关于制定国民经济和社会发展第十四个五年规划和二〇三五年远景目标的建议》中,对畅通国内大循环、促进国内国际双循环给出了一系列指导意见。2021年1月11日,中共中央总书记、国家主席、中央军委主席习近平在省部级主要领导干部学习贯彻党的十九届五中全会精神专题研讨班上发表重要讲话,强调加快构建以国内大循环为主体、国内国际双循环相互促进的新发展格局,这是一项关系到我国发展全局的重大战略任务。

2017年党的十九大首次提出"高质量发展",表明我国经济正由高速增长阶段转入高质量发展阶段。同时,党的十九大报告提出要建立健全绿色低碳循环发展的经济体系,从而为新时代高质量发展指明了方向。未来,绿色发展将成为我国经济从高速度转向高质量发展的典型特征。2018年3月,李克强总理在十三届人大一次会议上所做的《政府工作报告》中提出,要按照高质量发展的要求,统筹推进"五位一体"总体布局和协调推进"四个全面"战略布局,坚持以供给侧结构性改革为主线,统筹推进稳增长、促改革、调结构、惠民生、防风险各项工作。2020年10月,党的十九届五中全会提出,"十四五"期间经济社会发展要以"推动高质量发展为主题"。2021年伊始,在"两个一百年"奋斗目标历史交汇之时,习近平总书记多次强调高质量发展的重要意义。2021年3月5日,李克强总理在《政府工作报告》中再次强调我国发展仍然处于重要战略机遇期,但机遇和挑战都有新的发展变化。要准确把握新发展阶段,深入贯彻新发展理念,加快构建新发展格局,推动高质量发展,为全面建设社会主义现代化国家开好局起好步。

针对上述双循环和高质量发展,学者们相继展开了广泛且深入的研究。

一、双循环新发展格局研究

学者们普遍认为,双循环新发展格局的提出具有强烈的现实背景,是我国应对新冠疫情和当前国际环境所作出的科学判断和重大战略部署,是破解我国经济社会发展中所面临的新问题、新困境的有效抓手,有着丰富的内涵,学者们的研究视角主要集中在以下几个方面。

(一) 双循环新发展格局提出的时代背景

石英华等(2020)指出,双循环新发展格局是党和国家顺应时代发展规律不断调整发展战略的总结和深化。同时,双循环新发展格局也是在准确衡量我国经济发展条件基础上,全面提升政策构想和战略思维的综合产物。随着我国社会矛盾的变化,中国经济以供给侧结构性改革为主线,着力构建现代化经济体系,而双循环新发展格局与现代化经济体系互为表里、协调统一。作者同时指出,国内大循环在经济层面要不断深化供给侧结构性改革,发展现代经济体系,破解经济发展结构性难题,提升全要素生产率,在产业层面要构建更高层次的对外开放新格局,补短板求创新。从国家经济安全角度考虑,双循环发展战略对保证我国产业链安全具有战略意义。

姚树洁等(2020)认为双循环的发展模式是在不断升级的中美贸易摩擦、全球新冠疫情暴发等因素共同影响下,为了应对全球性经济贸易衰退、发达国家市场萎缩、新兴市场体量不足、贸易保护主义抬头等事实产生的。

张永亮(2020)认为双循环新发展格局的提出具有重大战略意义,符合新时期我国经济发展的基本特征,关系到我国长远发展和长治久安,有助于加快完善社会主义市场经济体制,更有助于为当下的世界经济发展注入新的活力和动力。同时,作者认为双循环新发展格局中,国内大循环是主体,是国际大循环的基础和保证,而国际大循环是国内循环的外延和补充,国内国际两大循环应实现有机衔接。

伍山林(2020)认为双循环的新发展格局是在当今世界力量格局发生结构性变化,我国经济发展越来越多地由国内因素驱动的背景下,为使我国经济获得更大战略回旋空间和更强发展韧性而做出的战略安排;是创新链、供应链、产业链和价值链频频受到西方资本主义国家打压的背景下,为使我国经济发展获得更高稳健性和顺畅度的战略安排;是充分开发利用我国超大规模市场和内需潜力的战略安排。

蒲清平等(2020)指出,在世界处于百年未有之大变局之际,构建国内大循环为主体、国内国际双循环相互促进的新发展格局,是党和国家根据国内国际形势变化的应势之谋、顺势之为,是我国应对逆全球化趋势的必然选择,也是应对新冠疫情的万全之策,更是应对我国经济发展转型的应有要义。双循环新发展格局为破解中国经济发展困局提供了新的思路,为中国特色社会主义经济发展指明了新的方向,也为世界经济新一轮复苏注入了新的活力。

董志勇等(2020)通过对双循环的历史溯源发现,双循环新发展格局是基于国际国内矛盾和我国发展现实所作出的长期战略选择,我国经济社会矛盾变化、全球经济失衡、良好的国内经济基本面、新冠疫情冲击等构成了双循环新发展格局形成的内在和外在因素。作者进一步指出,国内大循环和国际大循环之间是辩证统一的关系,不能厚此薄彼。以国内大循环为主,意味着我国要集中优势力量办好自己的事情,以结构性改革为重点推动国内经济充分平衡发展,具体包括扩生产、促消费等,国内国际双循环相互促进,则意味着要以规则制度型开放为重点,不断扩大对外开放水平。

班军(2021)认为"逆全球化"风潮、新冠疫情冲击、人口老龄化、消费不足等诸多因素造成我国经济发展面临巨大瓶颈。为有效化解上述问题,必须构建双循环新发展格局,即充分发挥内循环的基础性、主体性作用,有效实现外循环的联动性、互补性价值。只有实现内、外循环相互促进共同发展,才能推动我国经济全局性、长远化发展。

(二)双循环新发展格局的理论基础

胡博成等(2020)认为《资本论》中所蕴含的以资本和空间为轴心的空间生产

理论是构建双循环新发展格局的重要理论来源,而我党在围绕新时代城乡、生态和文化等方面的空间生产发展所积累的历史经验教训,为构建双循环新发展格局提供了经验滋养。

陆江源(2020)利用国际投入产出数据,将GDP(国内生产总值)分解为纯国内循环创造的部分和参与国际循环创造的部分。结果表明,近些年来我国GDP中由国内循环创造的比例从74%上升至83%,与此同时,我国经济参与国际循环的竞争力也逐步增强。作者同时研究了世界上主要经济体的发展模式,发现美国、日本以国内循环为主,西欧国家采取国内弱循环、区域强循环的模式,亚洲经济体则是采取国内弱循环、国际强循环的模式。因此,综合国际经验和我国经济发展实际,未来中国应建立自主强大的国内循环体系,巩固和发展更具竞争力的国际循环体系,全力推动形成国内、国际两大循环相互促进的大国发展格局。

郭晴(2020)认为构建双循环的新发展格局具有极强的现实逻辑,如:过度依赖国际大循环导致经济发展风险加剧;消费、投资和出口发展不均衡导致经济发展动力不足;区域经济发展不均衡导致内循环效率较低;产业链长期处于价值链的中下游等一系列问题。双循环的新发展格局应以扩大内需作为经济内循环的主要抓手,调整区域经济布局以推动内循环协调发展,加快产业升级以驱动经济内循环快速发展,推动国际大循环以参与全球经济治理。

张慧君(2020)为双循环新发展格局做出了马克思政治经济学角度解读,认为双循环是适应我国现阶段锚段转换、推动经济高质量发展的内在要求,是重塑我国国际合作和竞争优势的迫切要求,更是应对百年未有之大变局的客观需要。作者从畅通国内循环以扩大内需、深化供给侧结构性改革以提升产业链及供应链发展水平、利用好国内国际两个市场两种资源以加强国际合作等几个方面勾勒出实现双循环的应对之策。同时,作者认为针对双循环新发展格局的研究也将会更进一步丰富马克思政治经济学理论的发展。

葛扬等(2021)认为马克思社会再生产理论是双循环新发展格局的理论基础,为此应重视生产、分配、交换、消费四个环节的对立统一关系,重视两大部类产品在结构上的平衡关系。

(三) 构建双循环新发展格局的重大意义

许光建等(2020)认为双循环新发展格局保证了我国经济发展的协调和安全,兼顾了我国经济的长期结构性问题和短期偶然性问题。

杨承训(2020)认为双循环新发展格局的战略思想将社会再生产四大环节和五大发展理念整合为社会主义经济纵向运行的轨道,进一步揭示了我国经济运行的新特点和新规律,发展了中国特色社会主义的政治经济学系统论。

赵英臣(2020)认为突如其来的新冠疫情不会成为经济全球化的终结者,相信疫情过后许多国家都会把经济安全纳入本国开放型经济发展过程中,经济民族主义在未来国际政治中愈发突出。中国将继续构建开放型的世界经济,同时发挥本国市场优势,不断深化体制改革,深化收入分配,推进现代产业体系建设,做实做强"一带一路",构建双循环新发展格局,不断推动中国经济高质量发展。

戴翔等(2020)认为改革开放后中国实行的"两头在外"国际大循环发展模式在特定时期有一定的积极意义,但是随着国内外环境的变化,构建以国内循环为主、国内国际双循环新发展格局愈发显得紧迫。国内大循环为主有助于重塑竞争优势,如扩大需求有助于诱发创新、引导高端价值链向国内转移、虹吸全球高端要素向国内集聚等。

金碚(2021)认为双循环新发展格局体现了我国对经济发展的战略关切从效率和公平、零壁垒和零关税转向了经济安全。伴随着新冠疫情的暴发和以美国为首的西方国家对我国实行贸易战,中国经济发展面临两大问题,即安全性和畅通性。中美之间的竞争实际上是规则之争,即不同国家如何形成符合自身国情发展的规则,以及不同规则空间如何有效衔接,这便是国内国际双循环新发展格局的由来。

贾康(2021)认为"内循环为主体"是对我国本土市场潜力更加倚重的认识,体现了我国经济发展中防风险、稳增长、求升级的战略思维,这也与党中央国务院一直倡导的稳中求进、扩大内需的方针一脉相承。但同时也应注意,"内循环为主体"绝不意味着重回闭关锁国,而是应形成内循环与外循环相互促进的发展格局。

二、经济高质量发展研究

高质量发展意味着发展理念的更新,由以前注重发展速度转变为更加注重发展质量。针对经济高质量发展,学者们的研究视角主要集中在以下几个方面。

(一) 经济高质量发展的理论基础和内涵

张波等(2019)运用马克思主义政治经济学的理论分析了经济高质量发展的

形成机制,认为经济高质量发展是资本积累的必然规律。因此,为推动经济高质量发展,需从转变资本积累方式入手,使创新成为驱动力,使消费成为稳定器,使知识经济成为加速器。

叫婷婷(2019)分别从政治学、宏微观、社会主要矛盾、新发展理念、投入产出以及经济运行存在问题等角度分别阐释了经济高质量发展的内涵。对于经济高质量增长的具体指标,作者认为可从理论和实证两方面来进行度量,但这两种度量方法各有利弊。为构建科学合理的经济高质量发展指标体系,必须借鉴成熟的研究成果,通盘考虑经济高质量发展的多维度和动态性,尤其要淡化经济增速指标。

卢现祥(2020)认为高质量发展不仅仅意味着全要素生产率的提高、产业转型升级和技术进步,最根本的还是要将要素配置从以行政主导转向以市场主导,用市场化方式解决要素配置扭曲,而这一切都要求建立完善的产权制度。因此,产权保护将是经济实现高质量发展的应有之义。

刘丽等(2020)认为新时代新经济背景下的高质量发展内涵丰富,微观层面上的表现为产品和服务质量提升,中观层面上表现为价值链和创新链提升,宏观层面上表现为经济发展方式转变和效率提升。作者同时认为,中国经济高质量发展的主要特征将是智能化、生态化、平台化、国际化。

王跃生(2020)指出中国经济未来高质量发展应同时具备稳增长、内循环、优结构、强创新、惠民生、友环境等六项指标。作者从当前国际、国内的政治经济发展形势出发,详细分析了双循环格局下实现这六项指标所面临的机遇和挑战。从机遇来看,中国正在着力构建双循环新发展格局,且这已成为中国经济发展长期的战略性方针。双循环的提出,带动了国内的创新发展,促进了国内产业结构优化调整,平衡地区发展的同时提振了国内消费,从而有利于中国经济实现高质量发展。

周泽红(2020)认为社会主义市场经济体制作为我国经济运行层面的一项基本经济制度,是推动经济高质量发展的重要制度支撑和体制保障。任保平等(2021)指出当前我国经济已由数量型增长转向质量型增长,并且传统的经济模式亟待转型,而经济增长新动能的培育将是"十四五"时期我国发展所面临的重大课题。作者认为创新发展正成为培育经济高质量发展的新动能。

王寿林(2021)指出,为实现经济高质量发展,必须坚持立足国内与放眼全球相统一、问题导向与目标导向相统一、补齐短板与强化弱项相统一、城乡建设与区域发展相统一、速度规模与质量效益相统一、加快发展与保障安全相统一等六大原则。

(二) 经济高质量发展的指标体系构建

刘传哲等(2019)构建了经济高质量发展的指标体系,具体包括综合指标、创新、协调、绿色、开放、共享等六项,并运用面板门槛模型研究了科技金融与经济高质量发展的非线性关系。

李强等(2019)构建了包含综合高质量发展、创新高质量发展、环境高质量发展等三项内容的经济高质量发展指数,并通过实证研究分析了投资与经济高质量发展之间的关系。研究发现高质量、有效性的投资有利于经济高质量发展,而高污染高能耗的投资应该被弱化。

叫婷婷(2019)构建了包含创新发展、协调发展、绿色发展、开放发展、共享发展等五类发展理念以及经济增长、发展方式、经济结构、经济质量、经济效率等五类经济基本面的经济高质量发展指标体系,并研究了全国省际层面的经济高质量发展程度。

叶仁道等(2020)基于创新、协调、绿色、开放、共享等五大发展理念,构造了创新能力、生产结构、生态文明、对外开放、人民生活等五个衡量经济高质量发展的评价指标,而劳动力结构合理指数、科技投入强度、高技术贡献能力、第三产业贡献率等均有助于促进经济高质量发展。

罗忠青等(2021)同样基于五大发展理念构建了经济高质量发展评价指标,并通过实证研究分析了消费结构变化对经济高质量发展的影响。

万媛媛等(2020)分别对生态文明建设和经济高质量发展构建评价指标体系,并利用基于熵权的TOPSIS法(双基点法)分析了我国各省份的生态文明理想解贴近度和经济高质量理想解贴近度,指出应促进生态文明和经济高质量发展的和谐统一。

吕军等(2020)构建了包含动力、效益、结构、可持续性、民生等五个要素在内的经济高质量发展评价指标体系,并分区域对我国经济发展质量进行了测度,发现科技创新、人力资本、要素使用效率、产业结构、城乡发展差距等是影响经济高质量发展的因素。

师博等(2020)构建了包含经济发展基本面和发展的社会生态效果等两大类、七小类评价指标体系来测度实体经济高质量发展水平,并认为推动实体经济高质量发展应不断深化供给侧结构性改革、加大知识产权保护和创新力度、加快实体经济与人工智能深度融合等。

陈景华等(2020)构建了包含创新性、协调性、可持续性、开放性、共享性等5个一级指标、41个二级指标的经济高质量发展评价体系。

李春艳等(2020)从经济结构优化、创新驱动发展、资源高效配置、市场机制完善、经济稳定增长、区域协调共享、基础设施完善、生态文明建设和经济成果惠民等多个维度构建了经济高质量发展水平的测度指标体系,认为技术创新通过提高全要素生产率、加快产业结构转型等途径促进经济实现高质量发展。

张昌兵等(2021)指出经济高质量发展具有创新驱动、经济结构优化、区域协调共享、生态文明、稳定增长等五个维度的度量,而金融集聚对经济高质量发展的五个维度均具有显著的促进作用,因此各地有必要提高金融集聚水平。

张侠等(2021)从经济发展动力、效率创新、绿色发展、美好生活、和谐社会等五个维度构建指标测度了中国高质量发展的指标体系。

师博等(2021)从发展的基本面、社会成果、生态成果等三个维度测算了黄河流域城市经济高质量发展水平,并分析了其动态演进规律和趋势。作者也从建立不同层级政府部门间的沟通协商机制、完善绩效考评机制、完善河长制等区域协调机制,以及以中心城市为核心,建立有效传播机制和技术溢出机制等角度,提出了促进黄河流域城市经济高质量发展的政策建议。

方若楠等(2021)从经济运行、创新驱动、社会和谐与共享、资源环境可持续等四个维度构建了经济高质量发展的评价指标体系。

万广华等(2021)选取人民生活、经济发展、社会发展等三个一级指标,收入状况、经济增长、社会公平等十五个二级指标,构建经济高质量发展的评价指标体系。作者同时指出,坚持创新驱动、促进区域经济均衡发展、改善收入分配、注重环境治理等,均可促进经济高质量发展。

田玲玲等(2021)构建了包含质量指标、潜力指标、景气指标、环境指标等四个一级指标的中国民营经济高质量发展评价指标体系。作者同时经过研究发现,经济发展水平、对外贸易、社会消费、科技和政策支持度等因素对民营经济高质量发展程度具备制约效应。

(三) 经济高质量发展的推动力

叶新亮等(2019)指出,加快构建"创新引领、要素协同、链条完整、竞争力强"

的现代产业体系，是实现经济高质量发展的关键。作者分别从科技创新、绿色产业协调发展、金融和人力资源、互联网经济、政府适当管制等角度探讨了促进经济高质量发展的要素和动力。

原伟鹏等(2021)基于中央—地方分权式制度治理体制，通过实证研究，认为中央政府垂直型和地方政府平行型的双重环境规制治理体系能够实现低碳减排与经济高质量发展的双赢。

刘志超(2019)认为中国经济如果继续依靠粗放式的生产要素投入来带动将会难以为继，而提高全要素生产率是实现经济由高速增长转向高质量增长的关键。为此，可通过正确处理政府和市场的关系、促进技术进步、提升人力资源水平等途径实现全要素生产率的进步。

与上述观点一致的是，张治栋等(2019)经过研究发现全要素生产率能够显著促进经济高质量发展，而政府干预对经济高质量发展呈现倒"U"形特征，即全要素生产率和政府干预对经济高质量发展具有协同效应，提高全要素生产率的同时应采取适度的政府干预。

杜宇玮(2019)认为重构产业体系是中国经济由高速增长转向高质量发展的内在要求。作者认为，相较于传统产业体系，现代产业体系在战略导向和发展方式、产业内容和产业间关系、产业分工地位和分工形态、要素资源配置方式和效率、产业政策等方面具有优势，并且现代产业体系通过经济结构优化机制、收入分配调节机制、区域协调机制以及生态环境改善机制，来提升经济增长的质量和效率、公平性、空间平衡性以及可持续性，进而促进经济实现高质量发展。

丁志帆(2020)认为数字经济与实体经济的深度融合已经成为当前中国经济实现高质量发展的重要动力。数字经济对经济高质量发展的促进作用主要体现在：微观层面，数字经济引起了关键要素成本递减进而有利于实现规模经济；中观层面，数字经济通过产业创新效应、产业关联效应和产业融合效应实现产业结构升级；宏观层面，数字经济改善要素资源配置效率进而提高全要素生产率。

葛和平等(2021)通过构建中国数字经济发展指数，并借助改进的Feder(菲德)两部门模型，发现数字经济通过提升经济效率、优化经济结构等方式促进了经济高质量发展。

汤旖璆(2020)同样认为基于数字经济的智慧城市建设通过提升城市的全要素生产率和人力资本质量进而促进了经济高质量发展。

刘湖等(2020)通过研究发现，区块链能够通过正向反馈效应缩小区域间资源配置的差异,并能通过交易、保护等机制实现教育资源的共享。因此,"区块链+教育"既提高了生产要素的投入与配置水平,又提高了全要素生产率,进而促进经济增长方式发生改变,正逐步成为推动经济高质量发展的重要力量。

徐盈之等(2020)通过实证方式考察了官员晋升激励、要素价格扭曲与经济高质量发展三者之间的关系。作者发现,传统的经济绩效考核将导致地方政府官员迫于晋升压力而发生扭曲生产要素市场的行为,最终影响到经济发展的质量,而新型考核指标下,官员晋升激励则有利于经济高质量发展。由此作者认为,我国地方官员的提拔任免机制亟待做出调整。

陈兆年等(2020)从经济高质量发展视角出发建立金融化体系配置效率衡量模型,考察了金融体系配置效率对经济高质量增长的影响。作者指出,未来要进一步发挥金融体系对经济高质量发展的支持作用,需采取不断完善经济高质量发展的衡量指标、积极推动技术进步和技术创新、进一步发挥市场在金融资源配置中的作用等多项措施。

王珊珊等(2020)通过实证分析发现,不断强化环境治理能够促进经济高质量发展,而只有适度的政府投入才能促进经济高质量发展。

孙学涛等(2020)经过理论分析认为释放结构红利是推动城市经济高质量发展的重要源泉,而结构红利的释放来源于技术进步偏向。作者借助空间计量模型探讨了技术进步偏向影响城市结构红利的机制,发现中国城市普遍存在结构红利,且结构红利还存在一定的空间溢出效应。技术进步偏向资本会促进城市结构红利的释放,而技术偏向劳动则会抑制城市结构红利的释放。另外,作者还从培育城市本土优势产业、搭建技术创新平台和优化要素配置结构等方面提出了推动城市经济高质量发展的对策建议。

马成文等(2020)通过建立包含生产效率、市场效率和协调效率的效率变革指标,以及反映居民生活和经济增长的经济高质量发展指标,发现两者之间存在长期均衡变动的关系,据此认为效率变革推动了经济高质量发展。

钞小静等(2020)基于法国调节学派的分析框架,认为新经济可以推动宏观层面经济运行的循环累积、中观层面产业间良性循环和微观层面企业的自我反馈,进而为经济高质量发展提供新动能。同时,作者提出了以新经济推动中国经济高质量发展的可行路径,即宏观层面推进技术进步、提升资源配置效率,中观层面优化产业结构,微观层面提高企业效率。

孙文远等(2020)认为对领导干部开展自然资源资产离任审计试点工作,将会有利于促进经济高质量发展,为此应不断完善资源环境审计评价指标体系,规范资源环境审计的技术方法,提高资源环境审计的监督力度。

陆军等(2020)指出,城市网络外部性具有跨边界、可流动、多尺度、共享性等特征。鉴于此,作者从网络分析范式出发,提出了网络嵌入与互联、功能互补与协同、价值传递与增值等区域一体化的分析框架,认为未来提高新型城镇化质量和深化区域协调发展对促进城市之间高质量一体化发展大有裨益。

任保平等(2020)认为云计算、大数据、人工智能是推动包含知识型经济、创新型经济、绿色型经济、共享型经济、开放型经济、数字化经济、个性化经济在内的新经济高质量发展的动力。

范玉仙(2021)将国有经济纳入生产力-生产关系分析框架,从构建创新体系、保护生态生产力、建立产品高质量标准体系等方面研究了国有经济在经济高质量发展中的优势,认为在我国改革和发展实践中,国有经济应坚持底线原则、党的领导原则、市场原则,始终发挥其在经济高质量增长中的主导作用。

文书洋等(2021)从绿色金融研究理论入手,建立了包含资源环境约束和金融部门的一般均衡模型,发现绿色金融机构能够优化资本配置、改善经济增长路径、降低环境损害、提高经济增长质量。

张旭等(2021)构建了省域生态绿色化与经济高质量耦合协调评价指标,发现我国省域生态绿色化和经济高质量指标逐年上升,且两者之间的耦合协调水平不断上升,说明两者之间的关系正逐步合理化、良性化、协调化,省域生态绿色化正成为经济高质量发展的推动力之一。

郭新茹等(2021)通过实证分析研究分析了文化产业集聚对经济高质量发展的影响和作用机制,认为文化产业集聚通过基于外部性的空间溢出效应对经济高质量发展产生促进作用。

李太平等(2021)经过实证研究发现,战略性新兴产业通过推动产业结构升级进而实现了区域经济高质量增长。

张宝友等(2021)通过构建质量基础设施的评价指标,认为质量基础设施各个组成要素间的耦合关系有助于推动经济高质量发展。

(四)经济高质量发展的抑制力

卞元超等(2019)重点研究了市场分割与经济高质量发展之间的关系。研究发现,地方政府采取的地方保护主义行为引发了市场分割,而市场分割进一步阻碍了环境效率的改善以及环境治理技术的进步,这些都将抑制了绿色经济的发展,进而阻碍了经济高质量发展。

叶初升等(2020)研究了资本双向流动对产业结构合理化和高级化的影响,以及其对经济高质量发展的间接影响。

李媛钰(2020)指出,"财权和事权不匹配""经济和政治锦标赛制度"带来的地区竞争导致各地展开税收优惠、征管放松等行为,这种"逐底竞争"不仅造成财政收入流失、企业行为失范,还将阻碍我国经济高质量发展。

何冬梅等(2020)通过研究发现,虽然人口老龄化对经济高质量发展具有显著负效应,但人口老龄化倒逼制造业产业结构合理化和高级化,进而促进了经济高质量发展。

张腾等(2021)从我国当前经济社会发展的现状入手,运用空间计量的方法深入考察了财政分权与晋升激励对经济高质量发展的影响,发现从收入和支出两个角度来衡量,财政分权均促进了我国经济高质量发展,但晋升激励制度却降低了我国经济增长质量。

韦东明等(2021)认为财政垂直失衡通过降低技术效率进而对经济高质量发展存在直接的负向效应,而财政垂直失衡通过公共支出偏向进而对经济高质量发展产生间接的负向效应。

张路等(2021)通过构建工业企业发展水平综合评价指标体系,分析了工业企业和经济发展质量两者之间的关系。作者发现,工业企业和经济发展质量之间呈现非线性的震荡关系,并求出了促进经济高质量发展的工业企业发展综合评价指标的最优空间。

张爱萍等(2021)指出僵尸企业不仅违背市场规律,并且效率低下,需要不断为其"输血",只有清理僵尸企业才能恢复市场秩序、释放市场活力,促进经济高质量发展。为有效清理僵尸企业,需厘清政府和僵尸企业之间的关系,在经济贡献、税收贡献和就业贡献方面给政企关系松绑。

盛晓菲等(2021)通过实证分析发现,加大交通基础设施的建设力度,有助于经济高质量发展,但经济高质量发展与雾霾污染之间也呈现出一定的关联,因此,上述三者之间呈现出相对复杂的关系。因此,为保证我国地区经济实现高质量增长,除了要不断加强交通基础设施规划和建设之外,还应积极推进产业结构调整,着力发展低碳绿色产业和新能源技术。

三、已有文献的述评

从以上文献回顾分析中可以发现,已有文献在双循环新发展格局提出的时代背景、理论基础及重大意义方面,经济高质量发展的理论基础及内涵、指标体系构建、推动力及抑制力方面,均有广泛且深入的研究,并取得了一系列重要且富有意义的成果和结论,这些成果和结论为本书后续研究奠定了坚实的理论基础。笔者认为,已有研究在某些方面仍存在可以进一步拓展的领域,具体如下。

第一,当前,上海正大力推进国际经济、金融、贸易、航运和科技创新等"五个中心"建设,即:上海将基本建成综合实力雄厚、产业能级高、集聚辐射能力强的国际经济中心;基本建成与我国经济实力及人民币国际地位相适应的国际金融中心;基本建成在全球贸易投资网络中具有枢纽作用的国际贸易中心;基本建成有全球航运资源配置能力的国际航运中心;基本建成具有全球影响力的科技创新中心基本框架等。既有文献对上述"五个中心"建设与双循环新发展格局及高质量发展的互动关系缺乏关注。本书聚焦上海"五大中心"建设中的全球科创中心建设、国际贸易中心建设及国际金融中心建设与双循环新发展格局及高质量发展的互动联系,探讨上海"五大中心"建设如何助力双循环新发展格局及高质量发展。

第二,双循环新发展格局及经济高质量发展指标体系中均强调应着力推动科技创新,进而带动居民消费需求及产业结构升级,但已有文献对当前应尽快解决哪些科技难题却并没有给出明确答案,即对我国科技发展中诸如"死穴""堵点"等"卡脖子"关键技术缺乏清醒的认识。本书结合全球科创中心建设,尝试以实际案例来分析这些"卡脖子"关键技术,进而为更好地发挥创新驱动、打好核心技术攻坚战提供借鉴和参考。

第三,双循环新发展格局强调应加快收入分配制度改革,扩大国内消费需求,而消费结构升级也正是经济高质量发展指标体系中重要的一项。已有文献虽提及扩大内需、刺激消费,但却并没有给出有效的行动方案。"十四五"规划中明确提出全面促进消费,培育国际消费中心城市,这就为双循环新发展格局和经济高质量发展中如何扩大消费做出了明确安排。本书结合上海国际贸易中心建设,专注于打造国际消费中心城市,详细分析了双循环与内需拉动、消费升级之间的互动关系,并尝试构建国际消费中心城市指标体系,进而为国际消费中心城市建设提供借鉴和参考。

第四，为促使双循环新发展格局及经济高质量发展尽快形成和实现，中央和地方相继出台了一系列政策，这些政策涵盖了财政、税收、金融、乡村振兴等多个方面，已有文献对上述政策的实施效果进行了较为详细的阐述。但任何一项改革措施的落地实施都影响甚大，尤其是金融政策改革更是牵涉到我国整体金融体系是否能够健康运行，已有文献显然在风险防范方面缺乏关注。本课题结合上海国际金融中心建设，强调金融助力实现双循环，并聚焦重大突发公共事件背景下的金融风险，从定性和定量两个角度研究了后疫情时代中国金融体系可能面临的风险，进而为双循环新发展格局背景下积极防范并有效化解这些风险、促进经济社会高质量发展提供借鉴和参考。

第二节 双循环与经济高质量发展关系研究

一、构建双循环新发展格局有助于促进经济高质量发展

双循环新发展格局的构建有效促进了经济、社会各方面的良性发展，而这些恰是经济高质量发展所包含的应有之义。对此，学者们的研究视角主要如下。

(一) 双循环新发展格局助推了科技创新与实体经济的深度融合

蒲清平等(2020)指出，构建双循环新发展格局要明确以国内循环为主体，不断扩大内需以维护国内经济安全，内循环、外循环应相互促进，积极推动经济全球化进程和"一带一路"建设。作者同时指出，双循环既有量的要求，又有质的要求，产业链和供应链是链接双循环的纽带，而科技创新是双循环的动力源泉，为此必须打通供需两端，实现产业链、供应链、创新链的耦合，实现劳动力、资本、技术、土地等四大生产要素的流通和循环，紧紧围绕新理念、新科技、新经济、新基建、新机制这五个方面，不断增进经济循环的动力和韧性。

宋洋(2020)通过实证研究发现，双循环新发展格局下迅速兴起的数字经济能够带动技术创新，进而推动了经济高质量发展。

祝合良等(2021)详细阐述了产业数字化转型的理论体系，认为双循环新发展格局下应着力推动自主创新与开放共享相结合的数字技术体系，全力推动产

业数字化转型,促进经济高质量发展。

王立平等(2021)认为双循环新发展格局改善了国内产业发展环境,推进了产业协同集聚,与此同时,科技创新加快了制造业智能化,进而促进了经济高质量发展。

黄炎(2021)首先根据两维度象限分析模型对中国产业结构和基本经济条件进行了分析,指出产业结构和基本经济条件之间,以及基本经济条件内部各个要素之间的适配空间,对我国经济增长具有重要作用。然后作者通过分析人力资本与产业结构、资本布局与产业结构之间的适配关系,提出双循环新发展格局下中国经济增长的动力应以提升产业链发展水平、加大核心技术供给、实现人口红利向人力资本红利转变等为抓手,推动我国经济实现高质量发展。

丁守海等(2021)指出,面对中美之间的贸易摩擦、全球政治经济逆全球化、新冠疫情在全世界范围内持续蔓延等外部环境冲击,加之国内消费不足、关键技术尚未取得突破等情况,中国经济应从高速度发展转向高质量发展。在双循环新发展格局下,一方面要促进消费升级、高质量的投资,加大供给侧结构性改革,推动国内产业链高级化发展;另一方面则要秉承更加开放的态度,积极展开国际合作。作者从建立健全规章制度、高端人才培养、推动产业结构升级、加大科研投入、提高居民收入、改善营商环境、营造良好的贸易环境等多个角度对促进经济高质量发展提出了建议。

刘和东等(2021)通过实证研究发现创新要素集聚有助于高新技术企业提升产业绩效,进而促进经济高质量发展。

(二)双循环新发展格局是应对当前国际贸易环境、积极参与国际产业分工的有效抓手

陈文玲(2020)指出当前新冠疫情失控、经济失速、政策失灵、民主失范、治理失序的国际政治经济形势为中国经济发展带来了前所未有的挑战,也更加彰显了中国构建以国内大循环为主体、国内国际双循环相互促进的新格局的必要性和紧迫性。作者认为双循环的本质是互联互通,为此构建流畅的物流体系是十分必要的。我国应加快产业链、供应链、服务链、价值链的物流中转枢纽,构建顺畅的物流体系,并完善智慧物流的基础建设。

鲁政委等(2020)发现改革开放后我国出口依存度一度攀升,并在2007年达到历史极值,随后逐步回落,近些年我国的出口依存度已经显著下降。作者通过对比分析日本、美国的发展经验,提出在出口对外依存度不高的情况下,应着力提升资本输出、专利输出来取代商品输出。为此,在双循环背景下,我国首先要促进制造业产业升级,提升商品的附加值;其次要在保证产业安全的前提下,实现产业结构"服务化"。

张兴祥等(2020)认为自由贸易试验区是链接双循环新发展格局的重要平台和关键节点,也是促进双循环新发展格局形成的重要抓手和有力支撑,应充分发挥自由贸易试验区在国内、国际双循环中所扮演的重要角色。

许光建等(2020)指出双循环新发展格局,首先要打通、理顺国内经济和市场的循环体系,在实现内部畅通的形势下进一步高质量地引进来和走出去,通过我国超大规模的需求市场和独立自主的产业链供应链体系,不断提高我国产品在国际上的竞争力。

王修志等(2020)回顾了国际分工的演进历程和发展规律,指出百年未有之大变局意味着工业革命尤其是"二战"后国际分工秩序的系统性重构。为了应对上述国际环境的变化,中国要树立更加开放的发展观,建立自主开放包容型的大国分工体系,推动国际分工的有序演进,以便更好地把握国际分工秩序重构的主导权,努力践行以国内循环为主、国内国际双循环协调发展的新格局。

(三)双循环新发展格局助力居民收入水平提升,进而推动消费升级

徐奇渊(2020)从四个角度探讨了双循环新发展格局的构建路径:首先,要保证生产、分配、流通、消费等各个环节的畅通;其次,坚定不移地推行供给侧结构性改革,坚持以科研创新催生经济的新发展动能,完成国内产业结构升级,提升中国产品在国际上的产业链等级;再次,秉承效率与公平的原则继续深化收入分配制度改革,鼓励国内消费,实现消费升级;最后,建设全国统一的大市场,实现生产要素和商品的自由流通,保证生产要素和商品按照市场化方式实现优化配置。上述双循环新发展格局的构建路径也是经济高质量发展的必经之路。

陈彦斌(2020)认为构建双循环新发展格局的关键在于,应切实通过收入分配制度改革以提高居民收入水平,进而带动居民消费水平提升,尤其要努力扩大中等收入群体的比重。另外,还要通过市场机制提升社会有效投资,投资带动生产,深入供给侧结构性改革,将整个社会的经济增长从过度依赖房地产行业的状况扭转过来。

李世美等(2020)同样认为构建国内国际双循环相互促进的新格局,应把居民消费升级作为重要任务。为此,应提升居民收入尤其是增加居民可支配收入,以及着力完善消费制度供给,打破个人消费和集体消费失衡的现象,提升私人消费的效率和集体消费的公平性。

沈坤荣等(2020)指出,加快形成双循环新发展格局须通过需求结构升级和供给能力提升,实现总供给和总需求在更高层次上的动态平衡。首先要打通生产、分配、流通、消费等各个环节,释放巨大的内需潜能,这就要求必须壮大中等收入群体,不断壮大新兴消费,发展线上消费;同时还要打赢脱贫攻坚这场艰巨的战争,确保低收入群体不断提高收入水平。其次要提升供给能力,加快基础设施建设,解决城乡间、地区间发展不平衡的短板;大力发展数字经济,推动信息技术与制造业的深度融合;广揽人才,推动科技创新等。

彭小兵等(2020)指出我国当前面临制度成本高、融资成本高、中低端制造业产能过剩、居民可支配收入低且支出比例不合理的各种问题影响了双循环新发展格局的构建。作者利用治理情景的分析视角,提出了构建双循环新发展格局的举措,具体包括激活民间社会活力、创新社会治理体系、刺激消费、强化高端产业投资以及优化资源配置等。

(四) 双循环新发展格局推动了多项改革政策的落地实施

苏军良(2020)从金融发展的角度,提出了贯彻双循环新发展格局的几点建议,具体包括:更加凸显货币政策的精准性和直达性,提升货币政策的传导效率;政府的财政政策要加大对农村地区的扶持力度,使农村地区成为经济发展新的增长极;刺激消费需求,带动供给增加;着力实现资本市场的资源优化配置;不断加大科技创新投入,实施创新驱动战略;鼓励国内金融企业走向世界,提升我国的金融国际化水平。

丁春玲(2020)首先分析了当前地方税体系存在的各种问题,诸如收入规模偏小、地方财政自给率低、地方财政存在风险等,认为应当尽快出台共享税为主、专项税为辅的地方税体系,明确地方政府的事权和财权,提升地方政府治理能力,进而推动经济高质量发展。

郑瑞强等(2021)指出,双循环新发展格局为我国全面实现脱贫与乡村振兴带来了机遇和挑战,具有重要意义。作者详细梳理了减贫规律、行为外嵌和发展自觉、资源配置优化与延续效应,提出着力做好发展规划、健全体制政策、产业转型、贫困治理、生态宜居环境创建、新时代文明实践中心建设、乡村治理、城乡融合发展等多面,进而实现脱贫攻坚、乡村振兴与双循环新发展格局之间的良性互动。

田正等(2021)通过分析日本在构建双循环体系领域的经验,发现其错误的宏观经济政策引发了泡沫经济,造成日本企业投资和居民消费长期低迷。因此,我国应吸取日本的经验教训,在双循环新发展格局中注重政府引领,科学制定各项政策以实现经济高质量发展。

二、经济高质量发展加快了双循环新发展格局的形成

随着经济高质量发展指标体系中各项指标的逐步改善,经济发展质量随之稳步提升,而这将进一步加快双循环新发展格局的形成。对此,学者们的研究视角主要包括如下几方面。

(一) 持续的科技创新加快了双循环新发展格局的形成

冯圆(2020)指出,国内大循环离不开扩大内需,而大力促进内需离不开企业集群成本管理的内在驱动,以及产业链的协作和供应链管理效率的提升。作者认为构建企业个体嵌入企业集群、国内企业集群嵌入全球价值链的"双嵌入"发展模式有利于企业成本管理,有利于更好地实现双循环。

朱民等(2021)认为在数字经济大潮下,应当畅通要素循环,即资金、商品、信息、知识、数据、人员等在经济循环中畅通流动,实现基础研究和进口替代两条腿走路,聚焦高科技与高质量消费"两大制高点",依托数字化大潮催生新发展动能、深化改革、扩大开放、推动共建共治共享,使数字经济延伸到双循环的每一个节点,千方百计攻克每一个技术难点,为双循环新发展格局下的中国经济发展奠定坚实基础。

傅春等(2021)指出,双循环发展战略是实现我国经济高质量发展的根本遵循,是促进新旧动能转换的重大战略部署。双循环背景下实现新旧动能转换,短期内应通过房地产调控和进口替代来优化资源配置,中期内通过创新和扩大内需,长期内统筹国际国内两个市场两种资源。同时,作者也指出,双循环发展战略促进新旧动能转换也存在着诸多现实问题,如:国内创新能力不足导致供给乏力,民生领域建设滞后导致国内需求不足,贸易体制改革滞后导致内外部循环不畅等。为此,今后一个时期应抓紧解决上述问题。

张倩肖等(2021)立足于双循环的新发展格局,通过对产业转移静态特征和

动态特征的双重维度分析,研究了中国产业转移的演化路径以及产业转移过程中"共生系统"与"共生环境"之间的交互作用。作者认为,应紧紧抓住双循环、"一带一路"、RCEP(《区域全面经济伙伴关系协定》)签署等重大机遇,统筹国内产业转移和国际产业转移,构建服务型政府,不断发挥信息共享、政策指导,积极引导产业向高级化方向演进。

王娟娟(2021)认为应通过加强专业数据库建设、加速科技创新制度化进程等方式强化产业链,进而为双循环新发展格局提供环境保障。

(二) 良性的对外贸易加快了双循环新发展格局的形成

牛志伟等(2020)运用数据和模型对中国产业在全球价值链中竞争地位的变化进行了实证研究,发现逆全球化并非近些年的政治因素所导致,全球需求萎缩将是一个长期趋势。2008年以后,中国已成为世界贸易大国主要的上游供应国,中国在全球价值链中存在着明显的供给优势,但遗憾的是,中国产业在全球价值链中的增值较低,因此必须借助国内、国际两个循环,不断强化国内市场,提升产业竞争力,才能确保在全球价值链重构中获得胜出。

张兴祥等(2020)同样认为中国在全球价值链分工中被长期锁定于中低端,应基于双循环新发展格局,不断创新传统制造技术和前沿技术,不断提升综合国力。

林兵等(2021)认为双循环新格局下我国跨国制造企业供应链宜采用双供应链模式,即"星状"生产模型。"星状"生产模型由中国本土生产基地和众多海外微型"速度工厂"组成,这种双供应链的跨国战略可较好地平衡全球化和响应性两种目标,即同时实现了生产成本的大幅降低和海外市场的及时响应。

陈健(2021)认为"一带一路"倡议经过多年实践,已被证实其具备可持续发展、互利共赢的优势,如果"一带一路"倡议与双循环新发展格局相结合,必将产生巨大的经济社会效益。作者同时提出,"一带一路"在具体实践中遭遇到了相关制度亟待完善、西方国家逆全球化行径、国内宏观经济形势等因素的影响,因此,双循环新发展格局下"一带一路"倡议应加快精准制度建设、优化外部环境、筑牢国内经济发展的根基。

丁晓强等(2021)通过构建省际调出与出口比较偏好指数,重点考察了中国经济循环的内外导向选择,发现中国各省份的经济循环导向以国内大循环为主,但在2007年后,国际大循环逐步增强。目前沿海地区凭借其优越的地理区位主要以国际大循环为主,而内陆地区则以国内大循环为主,这也从侧面反映出中国各省份的对外开放政策具有差异化特征。另外,资本密集型部门以国内大循环为主,劳动密集型部门以国际大循环为主,表明中国在国际市场中的比较优势存在部门差异。作者认为通过深入区别上述差异,有利于更好地构建双循环的新发展格局。

(三) 不断升级的消费结构加快了双循环新发展格局的形成

何代欣(2020)指出,双循环的战略部署最终落脚于促进消费和投资,政府投资扮演着越来越重要的作用。为了实现双循环格局下的政府投资优化,作者提出了六个方面的建议,主要包括:全面审视政府投资和宏观调控之间的关系;明确政府投资中的财政作用方式;防范和化解政府投资风险;将政府投资改革纳入财政体制改革、行政体制改革、金融体制改革;构建合理的政府投资绩效评估办法;推进政府投资改革实施步骤等。

刘建国等(2021)通过构建两部门世代交叠模型,认为随着我国经济高质量发展和某些地区迈入老龄化社会,老龄健康消费逐步兴起,促进了消费结构升级,进而加速了双循环新发展格局的形成。

许永兵(2021)认为在构建以国内大循环为主体的双循环新发展格局中,居民消费依然发挥着基础性作用,因此有必要进一步挖掘消费潜力、补齐消费短板,打通制约消费需求增长的堵点。为此,应着力改善国民收入分配结构,提高居民部门的收入,千方百计增加低收入人群的收入,扩大中等收入群体的比重,增加有效供给助推消费升级等,进而使得消费成为国内大循环的核心动力来源。

(四) 各项促进经济高质量发展政策的落地实施加快了双循环新发展格局的形成

刘昊等(2020)指出,双循环的核心基点和关键任务,无论是扩大内需还是实施供给侧改革,都需要财政发挥积极作用,即财政在双循环新发展格局中发挥着基础动力和保障支持的作用。基于此,作者提出了财政支持双循环新发展格局的若干举措,具体包括:运用财政力量实现有为政府与有效市场结合,重点突破关键核心技术、深化税收政策和转移支付政策改革、不断优化收入分配制度改革、健全社会保障体系、支持国内统一大市场建设、不断加强财政税收国际协调,等。

刘薇(2020)指出,面对当前国际国内严峻复杂的环境,税制调整应首要着力促进国际国内双循环的相互呼应和结合,助推国民经济提质增效。增值税改革是我国税制改革中的关键环节,我国更应牢牢把握深化改革的重大契机,推动制造业和实体经济向更高质量发展。为此,作者深入分析了现行增值税与双循环新格局的不相适应之处,从加快立法、完善增值税抵扣链条、降低成本、清理优惠税收政策、完善留抵退税机制、关注小规模纳税人发展等六个维度提出了促进双循环新发展格局形成的增值税制度改革建议。

冯璐等(2021)通过建立一般均衡模型,考察了国有资本在国有、民营两部门中的差异,研究了在"双循环"背景下如何配置国有资本的问题。作者发现,国有资本的经济效率偏低,且在国有和民营部门存在明显差异。在国有部门中,国企存在垄断和不公平竞争,且挤占私人部门的投资空间,在民营部门中,国有资本虽然有积极的经济效率,但这些是通过降低税负、缓解融资约束等途径实现的。以上这些都表明民营企业仍然处于非中性的竞争环境,若要保证双循环格局的顺利建立,必须改善民营企业的竞争环境,为此应在垄断性部门中引入民营资本和竞争机制,在竞争性部门中实行混合所有制改革等。

沈国兵等(2021)将上海与新加坡、东京等其他世界级大都市的营商环境进行了横向对比,认为上海仍然存在税费、信贷、跨境贸易等多方面的短板。为促进经济高质量发展,上海应进一步在政策优化上发力,改善政商环境,加强自贸区制度创新,营造良好的营商环境,这将更加有利于双循环新发展格局的形成。

第三节 双循环背景下经济高质量发展研究

双循环是各领域、各行业实现高质量发展的着力点,经济方针的制定,需要立足和围绕双循环的战略定位来展开。经济高质量发展要立足国内外环境,而当前我国经济面临着新时代背景和新的发展格局。各个领域的发展,正紧紧围绕双循环与高质量发展的大局,探索适合新时代要求的发展之路。以双循环为指引,开辟经济高质量发展的路径,以经济高质量发展来进一步促进国内国际双循环的健康持续运行,两者相互融合、共同促进。

一、双循环背景下经济高质量发展的指导思想

经济的高质量发展,首先要有坚实的指导思想作为支撑,尤其是关系到我国未来长时期的发展方向,核心思想的指导和引领尤其重要。指导思想可以时刻审视相关政策、制度改革和发展的方向,让经济高质量发展带动整个社会的政治、经济、科技等全方位的发展进步不至于偏离大的发展方向。习近平新时代中国特色社会主义经济思想扎根中国经济发展历史和现实,结合我国经济社会发展总结出来的理论结晶,以新发展理念为主要内容,对以往经济理论进行创造性运用和创新性发展,具有强大的实践指向性和理论指导性。习近平新时代中国特色社会主义经济思想是党和国家宝贵的精神财富,在长期坚持这一指导思想的基础上,其外延和内涵也将持续不断地丰富和发展,长久指导和推动我国经济发展实践。

习近平新时代中国特色社会主义经济思想是在 30 多年改革开放伟大实践中逐步形成和发展起来的经济思想,是在对中国特色社会主义全部理论和实践继承和发展的基础上确立起来的,是新时代中国特色社会主义思想的重要内核与科学构成,是经济高质量发展的根本指引,也是马克思主义政治经济学结合中国经济发展具体实际而产生的理论创新,是指引我国经济高质量发展、全面建设社会主义现代化国家的行动指南。在促进经济高质量发展的过程中,也需要将这一思想结合实际情况,进一步制定切实可行的相关政策,推动经济的高质量发展。同时也应加强学习和宣传习近平新时代中国特色社会主义思想,不断深入推动和影响经济社会的进步,以思想理论为指导,引领具体行动的落实。

经济的发展是推动国家发展的主推力,随着中国进入新时代,经济进入新常态。习近平新时代中国特色社会主义经济思想是在以往经济思想基础上的创新,具体体现在理论创新和实践推动两个方面。理论指导实践,实践反过来检验理论,并不断加以完善。经济思想,往往来源于实践,当然,还要通过一定的方法和途径指导实践、接受实践的检验。习近平总书记通过多年的沉淀,结合国内国际形势,对新时代经济社会发展的阶段性特征进行准确研判,提出了习近平新时代中国特色社会主义经济思想。我们以其作为指引工作的根本依据,探寻经济高质量发展的具体路径,使得理论结合实际,各项制度的制定、工作的开展均有章可循。

二、双循环背景下经济高质量发展的原则

结合我国当前时代背景和经济发展情况,双循环背景下经济高质量发展,应遵循一定的原则来加以推进,具体指导经济高质量发展,并作为评判经济高质量发展相关工作成效的标准和依据。

(一)历史延续性与时代性相兼顾

如今全球经济发展和国际国内形势都发生了翻天覆地的变化,国际环境日趋复杂。我国经济的高质量发展,意味着发展质量方面的变革,如提高整个国民经济发展的质量,由过去的高速增长转向高质量发展,不断改善GDP的质量和结构;提高经济发展的技术水平,不断提升技术要素对经济增长的贡献率,提高各种产品和服务的技术含量和性能。党的十八大以来,我国对于中国社会主义经济发展的规律性认识进一步深化,我国经济发展的环境、条件、任务、要求等发生了一系列新变化,这也是我国经济发展到一定阶段必然会出现的现象。中国发展新的历史方位——中国特色社会主义进入了新时代,在这样的历史条件下,双循环格局下的经济高质量发展,并不是割裂或者否定过去的经济发展,而是在新的时期,结合国内国际形势提出的。经济社会发展仍要建立在以往发展成果的基础上,以及对过去经济发展经验的总结上,结合新时代社会主义建设的要求,来谋划和布局新时期促进经济高质量发展的政策,进而开展各项工作。

(二)国际化与区域性相协调

国内国际双循环从经济增长方面看是经济发展思路的创新,是中国应对百年变局的重要路径,也是我国由经济大国迈向经济强国至关重要的一步。在新一轮科技革命和产业变革深入发展之际,国际力量发生了深刻调整,而国内的现实情况是我国存在的区域性差异。深入考量国内国际发展形势,是做好双循环背景下经济高质量发展的基础。在拥有诸如《中共中央关于制定国民经济和社会发展第十四个五年规划和二〇三五年远景目标的建议》中关于我国发展环境的表述——"制度优势显著,治理效能提升,经济长期向好,物质基础雄厚,人力资源丰富,市场空间广阔,发展韧性强劲,社会大局稳定"等优势和条件的同时,认清我国当前大的经济环境和自身优势和短板,我国发展仍然存在不平衡、不充分的突出问题,重点领域、关键环节改革任务依然艰巨。这就需要结合各个地

区、产业所面临的问题,选择切实可行的途径,点面结合,实现区域的经济高质量发展,从而推动全局经济高质量发展目标的实现。

(三) 理论性与实践性相结合

双循环背景下的经济高质量发展,既是一个重大的理论课题,也是一个重大的实践课题。面对新时代、新形势,总结以往促进经济发展所得出的经验,摸索中国经济前进的道路。"供给侧结构性改革"和"五大发展理念"等重大经济发展思想的提出,是马克思理论与中国实际相结合的产物,为新时代中国经济高质量发展提供了新的理论依据。面对双循环大格局下的中国经济,在理论的指导下,更多的是要付诸实践。结合国内外环境,从顶层设计的角度,研究经济发展规律,各个领域针对双循环和经济高质量发展,研究制定政策,进行整体布局,重点推进,全面落实。

(四) 中长期规划与短期目标相统一

经济的高质量发展需要一个长期的过程,把握双循环背景下经济高质量发展,需要处理好中长期与短期目标之间的统一,并分步骤推进和实施。2021年是"十四五"规划的开局之年,准确把握当前国内外形势,根据国家新时代的发展要求以及中长期规划,制定短期目标,只有一个个短期目标保质保量地完成,才能最终实现中长期规划中所列的相关远景,推动经济社会全面高质量发展,夺取全面建设社会主义现代化国家新胜利。同时,也应看到我国构建双循环新发展格局受全球经济发展和疫情的影响,我国整体发展结构会在一定时期内以国内循环为主体,但这与实行更大范围、更宽领域、更深层次的高水平对外开放目标并不冲突。

三、双循环背景下经济高质量发展的推进路径

双循环背景下经济高质量发展的推进,是一个系统工程,涉及经济、社会、政治、文化等各个领域,习近平总书记曾经强调:"推进改革既要管宏观,也要统筹好中观、微观。"在推进双循环背景下经济高质量发展的过程中,同样适用。从宏观、中观、微观层面正确审视双循环这一大格局带来的深远影响,不断探索,寻求变革和突破,实现经济的高质量发展。

(一) 宏观层面：建设现代化经济体系，实现宏观经济高质量发展

宏观层面的理解把握和政策制定，关系国计民生全局的总体性政策，要有战略耐心、历史耐心，保持连续性和稳定性。2018年1月30日，中共中央政治局就建设现代化经济体系进行第三次集体学习，习近平对现代化经济体系的内涵进行了明确阐述，为双循环背景下经济的高质量发展指明了方向。建设现代化经济体系就需要推动经济发展质量变革、效率变革、动力变革，这是解决新时代社会主要矛盾的重要手段。在"三大变革"中，质量变革是主题，效率变革是主线，动力变革是基础，它们相互渗透、密不可分，共同对建设现代化经济体系提出具体要求，而建设现代化经济体系又成为实现"三大变革"的基础和基本手段。

根据我国宏观经济发展目标，双循环背景下经济高质量发展的推进路径是全方位的，但是可以采取以双循环的战略定位为指引，以重点领域为抓手，突破相关壁垒约束，以点带面，促进经济高质量发展的全面推进。2020年10月29日，党的十九届五中全会审议通过《中共中央关于制定国民经济和社会发展第十四个五年规划和二〇三五年远景目标的建议》，这为宏观层面实现经济高质量发展，以及具体政策的制定及相关路径，提供有力的指导。此外，根据"国内大循环为主体"的定位，国内消费需求仍是实现双循环背景下经济高质量发展的原动力，抓好有效投融资的同时，还要优化收入再分配，释放巨大消费潜力，支持攻破高技术约束的内循环，以应对当前我国一些领域被"卡脖子"的局面，以制度创新打开科技创新和管理创新的空间。

(二) 中观层面：以重点领域为抓手，实现区域经济的高质量发展

双循环新的发展格局更多以国内经济为导向，体现了国家发展战略的转型，是对国内情况和新冠疫情发生后国际环境变化的新适应。在这样的背景下，区域间的合作竞争，以及区域内部的发展策略的调整，都备受关注。中观层面主要是针对产业、区域发展，提出相应的举措，如沈坤荣等（2020）指出，要实现经济高质量发展，必须打破"卡脖子"技术束缚。

上海作为我国的经济中心，在构建国内国际双循环的战略链接和国内大循环中，发挥着重要作用。立足国际秩序大变局来把握规律，利用好国际金融中心和全球科创中心的"双中心"优势，在国内国际双循环相互促进这一历史机遇期，不断增强自身竞争力、开放监管力和风险防控力。同时，国际形势的复杂性也对上海的经济发展提出了更多挑战，在加大技术创新和研发力度、发展先进制造业和现代服务业、突破技术壁垒的同时,还要稳定统筹发展大局,围绕五个中心建设基础,不断推动消费的整体升级,加强金融风险防范等方面,实现上海经济的高质量发展。弥补经济发展中的短板,在高科技领域的"卡脖子"技术方面取得突破性进展,结合上海双中心建设和地域优势,促进产业链条和消费的全面升级,加强金融风险的监管和防范。"十四五"期间,针对上海在经济发展中的区位和改革开放中的排头兵优势,在技术创新、消费升级和防范金融风险的同时,结合五个中心建设,尤其是双中心建设,上海必须继续发挥好在全国经济高质量发展中的引领作用。当然,在立足国际国内大循环这一大的背景条件的同时,也要着眼长三角一体化的国内区域发展条件,积极融入,发挥好辐射效应,为区域经济高质量发展创造更多的价值。

(三) 微观层面:以人民为中心,实现经济主体的高质量发展

习近平新时代中国特色社会主义经济思想是以人民为中心的发展思想,它坚定、清晰而有力地回答了经济发展首先要解决为谁发展、由谁分享发展成果的根本问题。经济高质量发展要坚持以人民为中心,坚持新发展理念,坚持深化改革开放,坚持系统观念,依靠人民的力量,共同推进。

在双循环背景下,发展国内市场,消费升级,都需要紧紧围绕"以人民为中心",激发微观市场主体潜能,使个人、家庭、企业都能高质量地提升生产生活质量。习近平总书记曾强调,"以为民谋利、为民尽责的实际成效取信于民"。在双循环相互促进的进程中,以人民为中心,需要重视增强人民群众的获得感、幸福感、安全感,在"为老百姓排忧解难谋幸福"的过程中,实现经济社会的高质量发展,这种发展才是更有意义和价值的。以人民为中心,会促进"增长潜力充分发挥,国内市场更加强大"的实现,也是畅通国内市场的必然选择,也只有这样才能发挥好国内市场的人口红利。

本书的研究选择中观区域层面为重点,结合上海的经济和区域优势,思考在双循环大格局之下,推进经济高质量发展方面的重点领域进一步繁荣。全书主要研究问题可分为四个方面:一是双循环与双中心。上海作为国际金融中心和全球科创中心,经济和区位优势明显,在双循环大格局下,势必会面临更多的机遇和挑战,尤其是在金融领域,可以探索更多的道路,助力经济高质量发展。二是双循环与"卡脖子"技术。力争制定切实有效的方针政策,突破电子、信息、机械、能源、生物等多领域的技术壁垒,疏通双循环的"死穴"和"堵点",这是双循环新格局下经济高质量发展的保障。三是双循环与消费升级。上海作为在国内经济发展方面的排头兵,不断探索和积累消费升级的做法以及经验,在"促进国内国际双循环,全面促进消费,拓展投资空间"过程中,积极推进国际消费中心城市建设,从而在"畅通国内大循环"方面做好布局。四是双循环与金融风险防范。针对重大突发公共事件背景下金融风险、后疫情时代金融系统性风险进行定量分析,同时对后疫情时代我国金融风险的变化做深入研究,为双循环新格局下经济高质量发展提供保障。这些系统研究,均可为上海乃至全国经济高质量发展,提供可供参考的政策建议。

第三章　双循环与双中心

第一节　双中心理论研究

双循环的顺畅运转离不开金融与科技的协同助力,而金融与科技的协同助力离不开金融中心与科创中心联动作用的发挥。因此,梳理双中心的相关理论,厘清双循环与双中心之间的联动关系十分重要。

一、产业联动

(一) 产业联动的内涵

一般而言,产业联动是指在技术上、价值上具有某种联系的产业或企业之间为了共同进步而进行的协作。产业联动的主体是企业,企业遵循市场运行机制,并受到政府行为的推动,使得联动参与方都将在其中受益。产业联动根据其范围可以分为产业内企业间的联动,这主要是产业链上企业之间的联动;产业间的联动,也就是产业间的相互联系互动。两大中心的联动显然属于后者。根据产业联动的定义与特点,可以看出,金融产业与科技企业的联动包括两个方向,一是金融支持科技创新,即金融作为科技创新的服务产业,全程对科技创新行为提供资金上的支持,并以此获得相应收益;二是科技创新为金融的发展提供产业基础,并且促进金融产业的创新。

从产业的相互间关系来看,金融产业和科技企业之间的联动是以企业为节点,以供应链为路径而交织在一起的网络系统。当然,联动的参与方还包括政府及其法规政策、科研院所等等。同时,这种联动还表现出三个层次:第一层次是项目层次,即要通过联动实现的目标;第二层次是项目的执行和支持平台,包括科技型企业、金融机构、政府、科研院校;第三层次是项目的具体执行者,也就是一线科技创新人员。当然,也可以将联动的参与方分为项目、执行和支持三个层次,这样,联动主要就发生在执行和支持层次上,由图3-1所示。近年来,诸如阿里、腾讯、恒大等大型民营企业纷纷成立自己的科学研究院,这些大公司入局科研,可能会对未来的创新格局产生非常大的影响。这一举动将可能形成国家队(主要是两院和研究型院校,进行基础理论和前沿科技研究)、大公司队(国有、混合和民营大公司,进行应用理论与科技研究)、中小科创型公司(商业创新和技术开发)共存的科创格局,另外形成一个由成果转换平台、金融支持平台、政府政策和上述格局共同形成的多层次科创模式(或者叫系统)。

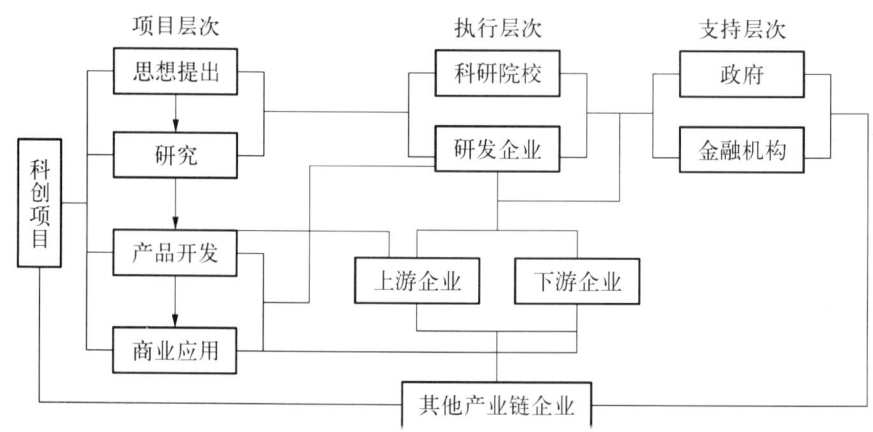

图3-1 科创中心的建设层次

(二)产业联动的理论基础

交易费用理论是由罗纳德·科斯在《企业的性质》一文中提出的。科斯认为,只要交易成本为零或很小,不论将产权赋予谁,最终达到的社会经济效益都将最大。基于此,科斯认为企业之所以得以形成,是由于将外部费用内部化可以节省交易费用,从而提高社会效益。与此同理,企业间可能由于规模达不到规模经济而进行联合,将外部成本内部化,从而节省交易费用,形成企业联合体。金融产业与科创型企业的联动也是如此,通过产学研官联合起来,建立一定的联动机制,形成与企业联合体类似的机制,就能减少交易费用的发生,提高社会经济效益。

工业区位理论的中心思想是区位因子决定企业的生产区位,企业的最佳区位应该是综合成本最低的区位。传统的工业区位理论中区位因子主要包括劳动力费用、运输费用、地租等。金融产业和科创型企业的联动涉及企业区位的选择。而企业位置选择中最重要的就是要兼顾成本和市场,寻找让企业能获得最大收益的区位。金融中心选址会要求社会政治经济稳定,产业基础雄厚,地理位置良好,法律政策环境良好宽松,以及市场氛围良好;科创中心则要求拥有高素质且集中的科研人才,高效的研发成果转换平台,以及充足的资金支持。上海作为我国的综合性工业中心和金融中心,产业基础雄厚,市场腹地宽阔,科研院校集聚,满足科技型企业产生发展的所有条件,为两大中心联动打下良好基础。

增长极理论认为在经济增长过程中,由于历史、市场或者劳动力等因素使得企业在特定区域内集聚,会使得这一区域经济发展速度超过其他地方,形成经济增长极。增长极理论包含极化效应和扩散效应。极化效应是指某地区由于拥有一定的经济发展优势区位,从而吸引经济要素向该区域集中,使得该区域经济增长速度超过其他区域,形成经济增长极。扩散效应则是指经济增长极的发展效应会向周边地区扩散,进而带动周边地区发展。金融和科创两大中心的产业联动,在一定程度上就是极化效应的作用。在极化效应下,企业朝原有的经济中心聚集,产生联动,进而减少交易费用。上海市通过政府规划和市场的双重引导,鼓励金融支持科创企业发展,促进两大产业联动。

产业关联理论认为不同产业之间存在上下游的联系,产业之间需要良好的互动,才能使不同产业相互依存、相互共生。产业关联是指企业间存在的各种形式的技术经济联系,正是由于这些技术经济联系,企业之间才会有各种协作活动的产生。处于同一产业链的企业之间的联系、不同产业之间的联系,以及产业链上企业的多产业链交叉,使得产业联动变得复杂多样,极大丰富了产业联动的形式。在金融产业和科创型企业联动的时候,不同产业链的企业都会和金融机构产生联系,且产业链上的公司也会成为不同产业链的组成部分,由此形成产业联动网络。产业链是产业联动的条件和基础,产业链的形成,使得企业之间形成长期稳定的技术经济联系,产业链实际上担当了一种企业联合体的角色。因此,以产业链为基础的产业联动能够降低企业的交易成本。如果产业链长度超过最佳的长度,导致交易成本上升,那么这种联动也不可取。

二、区域规划联动

(一)区域规划和区域规划联动的内涵

区域规划,就是指在一定时期内,对特定地区内的土地、矿产、交通、经济发展方向、公共服务设施、环境等进行总体的规划和设计,从而达到一定的社会、经济和环境目标。根据区域规划的定义,我们总结出区域规划的几个特点:第一,历史性,区域的规划需要与区域原有的经济发展情况相适应,如果当地经济基础比较发达,产业基础雄厚,就可以考虑增加金融中心的规划;第二,连续性,根据城市经济发展与全国或全球经济的发展,区域规划应该要能够适应区域现状并发现未来的一些规律,不断修改完善;第三,联系性,区域规划应与周边甚至全国全球的规划相联系,区域规划是整体规划的一部分,不是孤立存在的。2015年,上海市在原有城市的经济、金融、贸易和航运四大中心的定位下还增加了科创中心这一定位,也正是符合区域规划的演变特点的。

区域规划联动是指在一个较大区域内的小区域之间在区域规划上进行协同的活动,协同的经济内容主要是区域规划中各区域在产业链和产业联动的分工协作,即根据不同区域在整体中的优势和特点,在不同区域内布局不同的产业和同一产业链上的不同组成部分,并以此为基础形成产业集群,促进区域经济的协同发展。具体而言,就是不同区域通过服从更大区域的总体规划对该区域的定位,并以此为基础,建立各有侧重的经济发展方向,使得整个大的区域形成一个有机合作的整体。但是,区域规划联动并不意味着各个区域之间是完全合作的关系,相反,各个区域之间是一种竞争关系,区域之间在某些产业发展上是竞争的。因此,区域规划联动应具有如下特性:第一,整体性,小区域之间经济发展规划联动的目的是为了整个区域的发展,各个小区域只是其中的组成部分;第二,协调性,区域内和小区域之间的功能互补、相互合作,形成一个协调互补的有机系统;第三,差异性,每个小的区域虽然都是大区域的组成部分,但却有各自的不同特点,包括历史、产业基础、地理经济位置、政治地位等,小区域的规划正是这些因素作用的结果,也由此形成相应的区域发展特色。

金融中心与科创中心的联动,可以是在同一小区域内,也可以是在同一大区域的不同小区域内。两大中心集聚在同一小区域内时,两大中心的互动成本费用更低,联动将会更为密切。但是,由于两大中心在同一小区域内,所以区域内地租将会上升,从而导致科创中心运营成本上升,进而搬离区域。当两大中心在同一大区域的不同小区域内时,两大中心可能会由于外部因素的干扰进而导致联动不足,使得两大中心的共同发展受到阻碍。综上而言,两大中心,最好是在同一大区域的不同小区域内,让地租水平控制在科创中心所能接受的范围内;同时又能让区域之间进行足够的联动,也就是通过区域规划的方式,使得分出两个区域的两大中心联动起来。对上海而言,就是需要各区县进行区域规划上的联动,建立两大中心的联动机制,为科创中心建设提供充足的金融支持,同时科技反哺金融。

(二) 区域规划联动的理论基础

新经济地理理论是保罗·克鲁格曼在20世纪90年代提出的。克鲁格曼认为即使不同区域内的地理位置、自然环境、资源、人口、历史环境等因素完全相同,但是,当运输费用等外部参数满足一定的条件时,缪尔达尔式的循环积累因果[①]效应也会导致产业在某个区域内集聚,从而形成一定的产业中心。根据克鲁格曼的说法,产业中心的形成具有一定的偶然因素。正是由于这些外部因素不可改变,所以,如果将一个较小的区域放在一个较大的区域内,那些外部因素将可以实现内部化,偶然因素变成可控因素,使得区域之间可以进行更大规模的规划,从而实现区域间的协调发展。

区域经济系统理论认为区域经济是一个不断运动着的要素齐备、结构严密、功能完整的经济系统。区域经济系统内各不同要素之间的运动,使得要素在区域内形成了一定的相对空间和时间均衡。正是由于区域经济系统的存在和运动,才有区域经济的发展与区际的分工与合作,这也是两大中心建设中区域间进行规划联动的基础。区域经济系统包括内部要素、发展要素和外部因素。其中,内部要素为经济中心、经济腹地、经济网络;发展要素包括自然条件、历史基础、科学技术、资本等;外部因素则包括宏观因素和区际联系。这些要素时刻处于不断运动的状态之中,从而发挥要素整合、自我演化、布局调整、环境协调的功能。区域经济系统的这种要素运动实质就是区域的联动,两大中心的分布格局,就是要研究清楚区域之间进行什么样规划,从而使得两者的建设互相促进。

区域合作理论认为区域之间将不同的生产要素进行组合并优化,进而降低生产成本,提高生产效益,达到社会福利的最大化。具体而言,就是不同区域在商品、劳务、资金、技术和信息的开发过程中,通过各种业务往来形成的各种经济联系。区域间的经济合作,主要形式就是将区域内多余的优势要素进行输出,然后输入本区域经济发展所必需且稀缺的各种生产要素,从而达到区域间的互动

---

① 循环积累因果:即缪尔达尔累积因果理论,缪尔达尔等经济学家认为,某一经济因素的变化,会引起另一社会经济因素的变化,这一变化反过来又会加强前一因素的变化,并导致社会经济过程沿着最初那个因素变化的方向发展。

优化。区域经济合作是生产的社会化分工发展的必然结果,合理的区域分工是社会进步的重要标志之一。

三、法律政策联动

(一)法律政策联动的内涵

法律政策可以拆开理解为法律和政策,也可以将其作为一体,理解为广义上政府对社会活动所做出的规定。对社会经济活动而言,法律政策的定义倾向于后者。法律政策的具体内容包括由全国人大及其他有权制定法律的国家机关制定的法律、法规及司法解释,政府制定的财政、货币和行政政策,以及政府针对特定地区或行业的发展制定的特殊政策等。法律政策联动也可以从两个方面进行理解,一是法律和政府产业政策的一致性,二是经济区域间在法律和政策上进行联动。关于法律和政策的联动,由于法律修改的过程比较烦琐,而政府政策的出台则比较灵活,这就导致政策的出台和法律的颁布执行之间存在时间差。所以此时法律政策的联动就是要使得两者适当地衔接,法律规定的条例在政府政策上得到体现,国家相关政策的执行具有法律依据。而经济区域间的法律政策联动则要求进行区域经济合作的区域之间,特别是行政区域之间进行法律政策的联动,以实现区域法制环境的协同。在两大中心的联动中,法律政策的联动包含了两种法律政策联动的内涵,联动也需要从这两个方面同时进行。

(二)法律政策联动的理论基础

产业政策是指政府以产业结构的演变规律为基础,根据某一产业发展所处的阶段、产业的市场竞争程度,以及该产业在国民经济中所处的地位,为产业的发展所制定的相关法律和政策。产业政策包含产业组织政策和产业结构政策:产业组织政策主要是通过反垄断来维护市场竞争;产业结构政策则着重通过财政、货币、行政、法律等手段对产业的发展进行指导或规范,并以此促进国民经济的持续健康发展。产业结构政策又分为主导产业政策、支柱产业政策、幼稚产业政策和衰落产业扶持政策。在产业政策理论中,法律和政策都视作为产业政策,因而这就假设了法律政策间已经处于联动的状态。在金融中心和科创中心的联动中,产业政策的联动也就是法律政策联动。

法制一体化理论指不同地区的法律政策之间进行互动,出台并实施相同的法律法规和政策,并将原先不统一的法规政策修改统一。在两大中心的联动中,法制一体化的本质是要实现上海金融中心的创新发展与上海科创中心持续创新的法律规范、政策措施,以及法律政策在实施过程中得到统一和高效的运行。目前,实现法制一体化还存在相当多的障碍,而且这些障碍具有一定的不可消除性。具体的障碍包括:行政区划的障碍,不同行政区划会有不同的地方特点,从而导致在法规的制定中诸多条款出现差异;体制障碍,也可以理解为地区间主导经济的类型差异,比如是以国有经济为主还是以民营经济为主,经济更偏向制造业还是更偏向服务业;思想障碍,地区主政官员风格的不同和地区经济法律思想的不同也会导致地区间法律政策的不同;规划障碍,各地区对自身未来的定位和规划会使得法律政策出现差异,例如一地区定位为交通枢纽,那么它对物流及相关产业的政策扶持力度会较大,而对其他产业扶持力度相对较小。法制一体化的实现,将为两大中心的联动奠定制度基础。

第二节 双中心联动研究

上述理论分析揭示了金融中心与科创中心之间存在着联系,上述理论分析同样揭示了金融中心与科创中心建设相得益彰。本节我们通过北京、深圳两地在双中心建设过程中的典型案例来诠释双中心的这种联动关系。

一、北京金融中心与科创中心联动经验

(一)北京科技创新中心概况

北京的科技创新中心建设主要划分为三块:中关村科学城、怀柔科学城和未来科学城。中关村科学城,核心在中关村,作为北京诸多大学的技术转化地,寸土寸金,排位三大科技创新中心之首。怀柔科学城,起步依靠的是雁栖经济开发区,作为郊区规划最好、规模最大的开发区,与空港、亦庄形成很好的依托。依据规划科学城重点建设高能同步辐射光源、极端条件实验装置、地球系统数值模拟装置等大科学装置群,搭建全球科技服务平台,立足怀柔,辐射京津冀。未来科学城,起步依靠的是央企迁入和中关村外溢,地理位置好,位于传统的北京发展线上,依照规模,该区域以聚集高科技企业研发中心为根本立足点,重点引进国际创新创业人才,打造以国企科技创新为核心的区域创新增长极,成为以央企为代表的研发中心,也是三大科技创新中心之一。

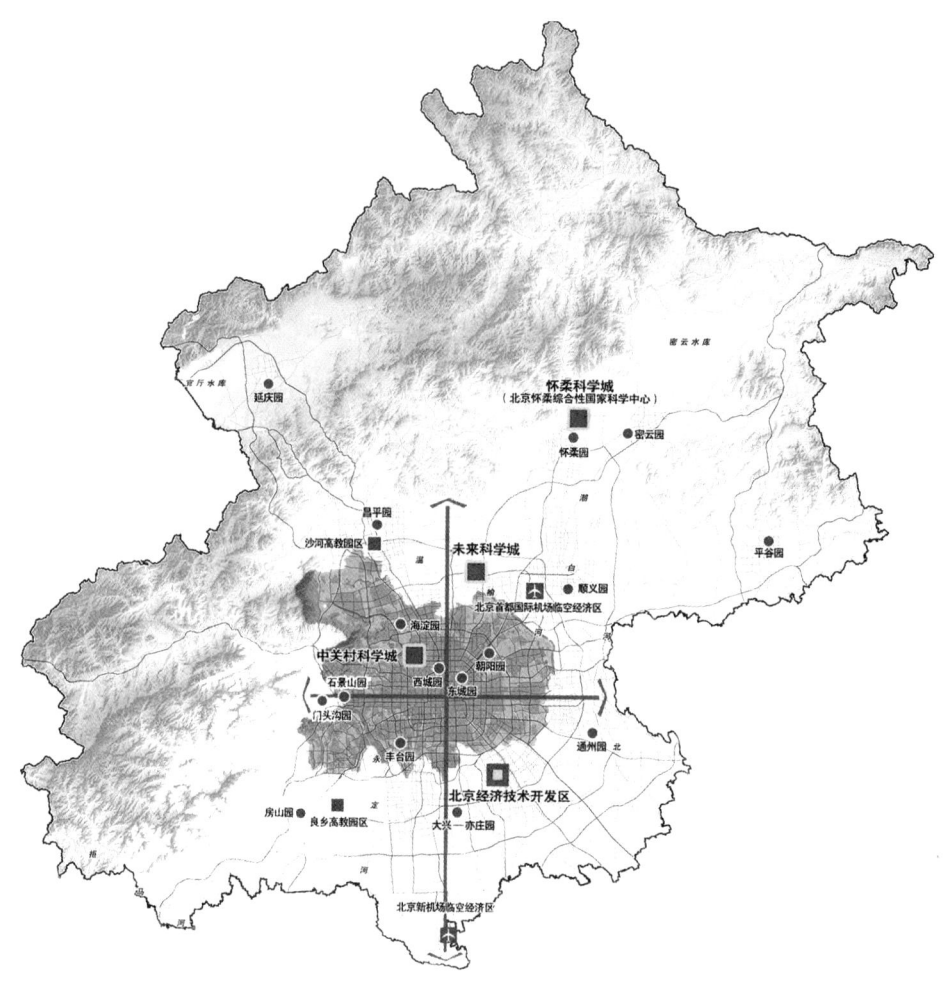

图 3-2 北京科技创新中心空间布局保障示意图

资料来源:《北京城市总体规划(2016—2035 年)》

1. 中关村科学城

中关村毗邻北京大学、清华大学等多所国内知名高校,是京津冀人才资源最为丰富的地区之一。此外,周边有大量的国家级科研院所、国家重点实验室和国家工程研究中心,形成人才资源、科研资源高度集聚的态势。区域内还聚集了以联想、百度为代表的数万家高新技术企业,基本形成了国家乃至全球高科技产业集聚区的功能定位。

2020 年,中关村科学城高新技术企业总收入预计突破 3 万亿元,增速达 13%,实现逆势增长。企业研发经费投入强度 6% 以上,技术合同成交额增长

7.4%,发明专利授权量突破 3 万件,每万人发明专利拥有量达 480 件,在全球科技园区发展中具有较强竞争力。依据 2020 年 1—11 月规模以上企业统计数据,中关村示范区实现总收入 60 482.5 亿元,同比增长 11.3%。截至 2020 年 11 月底,从业人员 246.7 万人,其中研究开发人员 72.9 万人,占期末从业人员的 29.5%;中关村示范区企业拥有有效发明专利 141 112 件,占北京市企业同期有效发明专利量的 67.5%。

2. 怀柔科学城

2017 年 5 月北京市政府印发《北京怀柔综合性国家科学中心建设方案》,2018 年全面开建怀柔科学城。怀柔科学城致力于建设世界级原始创新承载区,区域整体规划面积较大,约 100 平方千米,按照"一核四区"进行布局。"一核"是指科学城的核心区,位于怀柔科学城的中部地区,主要布局重大科技基础设施和前沿科技交叉研究平台,是区域内的主要创新中心。"四区"分别是科学城北部的科学教育区、科学城南部的科研转化区、科学城西部的综合服务配套区和科学城东南部的生态保障区。

2018 年 3 月以怀柔科学城建设的经济审批服务为主要职能的怀柔科学城政务服务中心正式揭牌运行。2018 年,该地区按照大科学装置集群建设的整体安排,推动多模态跨尺度生物医学成像设施、子午工程二期等大科学装置,以及大科学装置用高功率、高可靠速调管研制平台等 14 个科教专项平台项目落地。怀柔科学城规划面积已拓展至一百多平方千米,中科院系统电子所、力学所、空间中心、纳米能源与系统所、物理所、大气物理所等 9 个研究所已入驻怀柔科学城,其中钱学森国家工程试验基地已投入使用。该基地拥有全球规模最大的激波风洞实验室,有模拟最高时速达 500 千米的高速列车动模型实验平台。北京超级云计算中心坐落于此。暗物质卫星"悟空"号、量子通信卫星"墨子"号、"慧眼"等多颗重要科学卫星的地面中控指挥大厅也位于怀柔科学城。有色金属研究总院的国家动力电池创新中心、中国航空工业集团的综合技术研究所、中国航天集团的卫星研究所等均已坐落于科学城内。

2020 年 11 月 22 日,清华工业开发研究院雁栖湖创新中心揭牌成立,聚焦科研仪器、传感器、新材料三大产业方向,围绕高端仪器设备的研发、制造和应用场景,建设中试研发平台、技术创新中心、转移转化基地,打造国际顶尖的硬科技孵化器和创新企业加速器,构建基础研究、技术研发、产品研制的创新链条。据了解,该创新中心力争在 2025 年前,建成一批行业前沿的研发、中试和检测平台,孵化培育 30 家硬科技企业,提供高水平的办公、研发、中试环境。

3. 未来科学城

未来科学城是中组部、国务院国资委为实施"千人计划"、建设创新型国家而确定的一个重大科技工程项目。2009 年 7 月,中央人才工作协调小组批准神华集团等中央企业在昌平区集中建设人才创新创业基地,并以"未来科学城"命名。

未来科学城的总体定位是根据国家产业发展政策和科技发展规划,围绕促进我国产业结构优化升级和国有经济布局结构的战略性调整,把未来科学城建设成为具有世界一流水准、引领我国应用科技发展方向、代表我国相关产业应用研究技术最高水平的人才创新创业基地,使之成为中国乃至世界上创新人才最密集、创新活动最活跃的区域之一,打造一流科研人才的聚集高地、引领科技创新的研发平台、全新运行机制的人才特区。

未来科学城选址在昌平区小汤山镇和北七家镇的交界地区,位置优越,交通便利;温榆河穿城而过,整体绿化面积超过 50%,生态良好,环境优美。项目占地面积 16 平方千米,分为两期开发建设。一期规划占地面积 10 平方千米,以温榆河和定泗路为界分为南北两区,北区占地面积为 2.19 平方千米,入驻 6 家央企;南区占地面积为 4.46 平方千米,入驻 9 家央企;两区之间生态绿地面积为 3.54 平方千米。一期规划总建筑面积约 800 万平方米,总投资约 1 000 亿元,建成后入驻科研人才约 4 万人,总体人口规模控制在 10 万人以内。

作为承载央企研发集群资源的新建区域,北京未来科学城已纳入中关村国家自主创新示范区核心区和中关村人才管理改革试验区范围,全方位享受"1+6"系列政策及 13 项特殊政策,在提高重大科技专项项目间接经费列支比例、进境相关科研设备税收减免、实行股权激励和分红激励等方面,享受一系列扶持政策。针对科技攻关相应的人才配套需要,北京市制定实施了相应的人才引进工作办法,加快办理急需紧缺人才的引进手续,支持央企抓实建强科研团队。

北京未来科学城涵盖了新一代信息技术、高端装备、新材料、生物、新能源、节能环保等"十三五"期间国家战略性新兴产业。"十三五"以来引进"高精尖"企业 1 645 家,科技增加值年均增长 25.7%,金融增加值年均增长 15.4%,信息服务业增加值年均增长 12.7%,高技术制造业产值年均增长 12.2%,汇集科技从业人员 4 万余人,高校达 35 所。未来科学城管委会牵头组建了氢能技术协同创新平台,神华低碳所、国网联研院、国电新能院、华能清能院、国家电投研究院 5 家央企单位形成联盟,并联合未来科学城外的 7 家氢能领域研发单位,开展开放式合作。未来科学城管委会为入驻央企人才提供了开通工作居住证绿色通道,开展人才职称评定直通车,提供集体户口托管、解决子女入学、优质医疗保障等服务。当前,未来科学城已经聚集了15家央企的80余家研究机构,集聚各类科研人才约8 800名,常驻"千人计划"专家60人左右,拥有国家及北京市级重点实验室、工程技术中心40个,荣获国家及北京科技奖项22项,获得有效专利2 564件。

(二) 北京科创中心建设的影响因素分析

宏观环境分析通常运用PEST(宏观环境分析)模型进行分析:P代表政治环境,E代表经济环境,S代表社会文化环境,T代表技术环境。

1. 政治环境

科学技术是第一生产力,我国政府历来重视科技创新,尤其在当前国际政治新格局下,谁拥有较强的科技创新实力,谁就掌握未来产业的发展方向。近些年以人工智能、大数据、云计算、物联网等前沿科技为代表的新一轮技术创新中,中国已经走在全球前列,拥有了领导全球科技创新的潜力。此外,2020年初新冠疫情暴发,传统的全球产业体系脆弱性增强,中国迫切需要在关键技术上有所突破,国家政策已经全方位向鼓励支持创新倾斜。2020年,我国新增注册市场主体2 735.4万家,同比增长12.8%,这些企业不少聚焦于新能源、新技术、数字经济以及战略性新兴产业。

北京作为我国的政治中心,政治嗅觉敏锐,"十三五"规划中国务院表现出对建设三个科技创新中心的高度重视,出台了一系列优惠政策和补助政策,大力支持科技创新中心的发展。针对发展较早的中关村,自2011年开始北京市政府陆续出台了"1+6"政策,方兴未艾的怀柔科学城和未来科学城也同时享受该政策。"1"是指搭建中关村创新平台,"6"是在科技成果处置权和收益权、股权激励、税收、科研项目经费管理、高新技术企业认定、建设统一监管下的全国性场外交易市场等方面实施6项新政策,另外,从税收、补助等政策方面扶持科技城的发展。

2. 经济环境

2020年受席卷全球的新冠疫情影响,全球经济受到沉重打击。中国有效控制疫情,经济运行逐步恢复常态。2020年全年国内生产总值突破100万亿元,达到1 015 986亿元,中国成为世界主要经济体中唯一实现正增长的经济体。各地区各部门科学统筹疫情防控和经济社会发展,有力有效推动生产生活秩序恢复,工业服务业继续回升,投资消费不断改善,国民经济持续稳定恢复。

3. 社会文化环境

一方面,中华民族历史悠久,有着良好的文化环境熏陶,塑造了勤奋好学的民族性格。另一方面,国家大力发展教育,制定了"科教兴国"和"人才强国"的目标,北京作为众多重点高校的聚集区,人才济济,创新能力较强,科研能力较强。随着外国资本携带不同的文化理念不断涌入国内,促进了国内思想意识的逐步开放。北京市为了促进人才的流入,提出了"千人计划",大力推动科研工作机制创新,积极探索建立与国际接轨、符合国情的科研和管理机制,给予引进人才相应的科研自主权、人事管理权和经费支配权。根据引进人才的工作领域和工作性质,实行弹性考核制度,避免多头评价、重复评价。对引进人才可以实行协议薪酬制,有条件的用人单位还可实行期权、股权和企业年金等中长期激励措施。

4. 技术环境

2016年国家提出了《"十三五"国家科技创新规划》,我国"十三五"期间的科技创新工作将紧紧围绕深入实施国家"十三五"规划纲要和《国家创新驱动发展战略纲要》:围绕构筑国家先发优势,加强兼顾当前和长远的重大战略布局;围绕增强原始创新能力,培育重要战略创新力量;围绕拓展创新发展空间,统筹国内国际两个大局;围绕推进大众创业、万众创新,构建良好创新创业生态;围绕破除束缚创新和成果转化的制度障碍,全面深化科技体制改革;围绕夯实创新的群众和社会基础,加强科普和创新文化建设。

表3-1 "十三五"科技创新主要指标

	指　　标	2015年指标值	2020年目标值
1	国家综合创新能力世界排名(位)	18	15
2	科技进步贡献率(%)	55.3	60
3	研究与试验发展经费投入强度(%)	2.1	2.5
4	每万名就业人员中研发人员(人年)	48.5	60
5	高新技术企业营业收入(万亿元)	22.2	34
6	知识密集型服务业增加值占国内生产总值的比例(%)	15.6	20
7	规模以上工业企业研发经费支出与主营业务收入之比(%)	0.9	1.1
8	国际科技论文被引次数世界排名	4	2
9	PCT专利申请量(万件)	3.05	翻一番

(续表)

	指　　标	2015年指标值	2020年目标值
10	每万人口发明专利拥有量(件)	6.3	12
11	全国技术合同成交金额(亿元)	9 835	20 000
12	公民具备科学素质的比例(%)	6.2	10

(三) 北京金融业对科技创新中心建设的作用

科技的发展离不开金融的扶持,良好的经济体制的支持是科技创新中心建设的基础,在科技创新中心的建设中发挥了重要作用。

1. 投资基础设施建设

金融通过直接投入资金的方式,大力支持基础设施建设,兴建科学研究所,购进高科技研究仪器,完善科技创新中心区域生活设施、教育和娱乐设施,为科研人员提供良好的生活环境。

2. 税收优惠和补助政策

中关村科学园区规定,对于注册在开发区内并经有关部门认定为高新技术企业的,一律按15%的税率缴纳企业所得税;另外,企业出口产品产值达到当年总产值40%以上的,经税务部门核定可以减按10%的税率征收企业所得税。属于经认定的高新技术企业,从开办的当天起三年内可以免征企业所得税,第四至六年按15%的优惠税率减半缴纳企业所得税。

北京市创立技术创新扶持基金、电子信息产业发展基金、中小企业发展专项资金、留学人员科技活动项目择优资助、创新应用资助知识产权与技术标准试点专项资金等基金,通过无偿资助、贷款贴息和资本金投入等方式扶持和引导科技型企业的技术创新活动,促进科技成果转化,加快高新技术产业化进程。

3. 为行业对口的企业提供业务

促进金融科技企业为金融监管机构和金融机构提供服务,开展人工智能、区块链、量化投资、智能金融等前沿技术示范应用,提高金融服务的效率和便利性。按照金融科技企业与金融监管机构或金融机构签署的技术应用合同或采购协议金额的30%给予企业资金支持,单个项目最高支持金额不超过500万元。支持企业获得相关金融业务资格。支持符合条件的企业申请征信、第三方支付、互联网保险、互联网小贷、消费金融、金融租赁等相关业务资质或金融牌照。对于单家企业获得的单个资质或牌照一次性补贴50万元。

4. 改善研发奖励机制,鼓励研发

在科技创新中心建设中,将科技与金融相结合,采用科学的手段管理科研机构及科研人员;对有贡献的科研人员提供分红权、股权、基金权等机制,鼓励科研人员搞研究。例如北京大学大数据研究院对高端研发人才等重要贡献人员奖励不低于收益的50%,研究院运营管理投入5%~10%。研究院同时采用"双聘制"模式引进高端人才,强化核心团队能力,由北京大学、北京工业大学等院校提供高级研究人员编制,并由研究院社会化聘用,允许研究人员同时在体制内和体制外开展工作。

5. 引领、促进行业健康发展

天使基金、创业投资引导基金可以引导社会资本聚焦孵化期、种子期和初创期的高成长创新创业企业,为具有良好发展潜力的企业提供支持;同时降低银行、担保公司等投资机构对高新技术园区进行投资的风险,鼓励金融机构进行投资,形成良好的发展氛围。支持企业利用区域性股权市场(北京四板市场)规范创新发展,给予每家在四板标准板和科技创新板挂牌的企业资金支持,支持企业改制、挂牌或上市;给予企业并购补贴支持和并购贷款贴息支持,推动企业利用多层次资本市场发展壮大。

表3-2 对投资中关村的金融机构给予的风险补贴

投资项目	补贴额	单笔补贴	单家机构
天使投资	实际投资额×15%	不超过50万	不超过150万
创业投资	实际投资额×10%	不超过100万	不超过200万

同时,政府通过对重点行业的重点扶持,促进行业发展。例如对于"绿色企业"通过科技信贷产品融资的,按照40%的贴息比例给予补贴。支持企业通过发行绿色债融资。

二、深圳金融中心与科创中心联动经验

高新技术产业与金融业是深圳的支柱产业和优势产业,2020年这两个产业增加值占深圳GDP的比重分别达到9.1%和14.4%。作为国内最具竞争力的高科技城市之一,同时也是全国重要的区域性金融中心城市,深圳的科技产业和金融产业互动发展为科技与金融相结合提供了强有力的支撑。

(一) 深圳市科技产业基本情况

深圳市以市场为导向、企业为主体、产业化为目的、产学研相结合的科技创新体系已逐步完善,科技对经济社会的支撑引领作用进一步增强,自主创新已成为城市发展的主导战略,科技自主创新能力增强,自主创新基础平台发展良好。全年新增各级各类创新载体381家,总量达到2 258家。国家认定企业技术中心13家,充分发挥企业内设重点实验室的纽带作用,加强对产业发展的支撑能力。从资金来源看,2020年中央财政资助7.4亿元,企业资金124亿元。

2020年深圳市战略性新兴产业增加值为10 272.72亿元,占地区生产总值的比重为37.1%。其中:新一代信息技术产业增加值4 893.45亿元,增长2.6%;数字经济产业增加值1 601.03亿元,下降0.2%;高端装备制造产业增加值1 380.69亿元,增长1.8%;绿色低碳产业增加值1 227.04亿元,增长6.2%;海洋经济产业增加值427.76亿元,增长2.4%;新材料产业增加值334.50亿元,下降0.2%;生物医药产业增加值408.25亿元,增长24.4%。

(二) 深圳市金融产业基本情况

首先,金融资源集聚和辐射效应不断增强,金融产出贡献突出。截至2020年末,深圳市金融机构本外币各项贷款余额6.8万亿元,同比增长14.4%;直接融资占比持续提升,辖内非金融企业债务融资工具累计发行3 574.06亿元,同比增长56.74%;"抗疫"债发行刷新九项全国第一。在各项政策支持下,深圳政府、企业和居民等部门资金充足,市场流动性整体充裕。2020年末,本外币存款余额达10.19万亿元,成为继北京、上海之后第三个存款余额突破十万亿元的城市。

其次,综合实力稳步提高。2020年前三季度,深圳金融业实现增加值3 118.98亿元,同比增长10.2%,占同期全市GDP的15.8%。金融业税收占全市总税收近1/4,居各行业首位。在2020年9月最新一期"全球金融中心指数"(GFCI)中,深圳列全球第九位,国内仅次于上海(第三)、香港(第五)和北京(第七),质量效益稳中向好,各细分领域主要指标全国居前。银行领域、银行机构各项财务指标平稳运行,截至2020年9月末,深圳银行业资产余额9.98万亿元,同比增长17.2%,资产余额、存贷款规模稳居全国大中城市第三。证券领域,截至2020年9月末,深圳23家证券公司总资产2.15万亿元,营业收入847.89亿元,净利润335.08亿元,均位列全国第一;净资产、净资本均位列全国第二。中国境内上市公司323家,深圳位列全国第三。保险领域,共有保险法人机构27家,2020年1—9月实现保费收入1128亿元,同比增长6%。

最后,服务功能持续增强。2020年9月末深圳银行机构普惠口径的小微企业贷款余额8727.4亿元,同比增长37.6%,较各项贷款平均增速高23个百分点。此外,深圳直接融资加快发展,1—9月本地企业通过境内股票市场融资1062.1亿元,通过交易所债券市场融资4881.5亿元,合计5943.6亿元。前三季度,深圳保险业累计提供各类风险保障318万亿元。

第三节 双中心联动现状及问题研究

中共中央总书记、国家主席、中央军委主席习近平2017年3月5日在参加十二届全国人大五次会议上海代表团审议时强调,要努力把上海自由贸易试验区建设成为开放和创新融为一体的综合改革试验区,成为服务国家"一带一路"建设、推动市场主体走出去的桥头堡。

建设具有全球影响力的科技创新中心和建设国际金融中心是党中央、国务院赋予上海的重大战略任务,也是上海服务国家发展大局的重大使命。在这一重大战略工作实施推进中,我们要深刻地认识、把握"科学技术是第一生产力"和"金融是现代经济的核心"两者的密切联系与辩证关系。实践证明,科技创新和金融创新的紧密结合,是社会变革生产方式和生活方式的重要引擎。两者不是孤立的,没有金融支持的科创是贫血的科创,没有科创支撑的金融是泡沫般的金融。促进科技和金融有机融合,推进科创中心与金融中心的联动发展、协同发展,是上海科创中心和金融中心建设的必由之路。

一、上海科创中心与金融中心联动现状

(一) 产业联动

1. 上海科技创新产业

近些年上海科技创新发展迅速,全球科创中心雏形基本具备。上海市经信委已提出了集成电路、网络信息安全、大飞机、新一代核电、卫星导航、重型燃气轮机、智能制造、海洋工程、新能源汽车、高端医疗装备、新材料、互联网产业、云

计算和大数据、智能传感器、智能显示、创意设计等一批创新工程。在企业技术创新上,上海推动各类创新资源向企业集聚,使企业真正成为技术创新决策的主体、研发投入的主体、研发活动的主体、成果转化和产业化的主体、获取创新效益和承担创新风险的主体。到2020年,企业研发投入占销售收入的比重翻一番,占全市研发投入的比重达到70%。

上海科创规模不断扩大。2000年上海研究与试验发展经费支出约为76.73亿元,到2010年研发经费支出达到481.71亿元,增长了近6.3倍,2018年高达1 359.20亿元(如表3-3所示)。

表3-3 上海研究与试验发展(R&D)经费
(内部支出按执行部门分类) (单位:亿元)

类 别	2000年	2010年	2015年	2018年
支出总计	76.73	481.71	936.14	1 359.20
科研机构	25.58	105.35	264.70	347.57
高等院校	7.43	45.80	86.65	124.91
企 业	41.44	321.31	569.31	857.73
#工业企业	34.78	274.05	474.24	554.88
#大中型工业企业	30.98	237.75	402.75	453.04
其 他	2.28	9.25	15.48	28.99

此外,上海研发支出占上海GDP的比重也逐年升高,2017年该比重达到3.93%,到2018年该比重已经达到4.16%,表明上海产业机构更加注重科技创新,未来科技创新将成为上海产业的重要组成部分,上海不断向全球科创中心迈进。

上海科创中心建设的比较优势是基础研究与高科技应用研究齐头并进。上海集聚了大量的科研院所和高校,从表3-3可以看出,2018年上海科研院所与高校研发支出约占上海全部科研研发支出的35%,为上海全球科创中心建设打下了坚实的基础。上海研发投入另外一个主体是大中型工业企业,2000年大中型工业企业研发支出占全部研发支出的比重为40%,2010年该比重为49%,2018年该比重为33%。可以看出,上海目前科创的主体基本上是以科研院所与高校研发为主体的基础性研究,及大型国有企业为主体的应用型研究,这就意味着上海必须在产学研合作领域深入推进改革和机制建设。

新兴产业科技创新也正成为上海科创中心新的增长点。在总的研发支出中,扣除高校、科研院所、大中型工业企业和其他之后的部分是中小型企业的研发支出,该支出正在以加速增长的方式不断攀升,2000年该部分研发投资额仅为10.46亿元,但是到了2010年已经达到83.56亿元,2018年高达404.69亿元。

2. 上海金融产业发展

与此同时,上海国际金融中心建设也不断加速。2021年3月,国家高端智库中国(深圳)综合开发研究院与英国智库Z/Yen集团共同发布了第29期《全球金融中心指数报告》。该指数从营商环境、人力资源、基础设施、发展水平、声誉等方面对全球主要金融中心进行了评价和排序,纽约、伦敦、上海、香港、新加坡、北京、东京、深圳、法兰克福、苏黎世成为本期世界十大金融中心。

纽约在本次全球金融中心指数排名中位列榜首,以21分优势超越伦敦,"纽伦港"全球金融中心第一"阵营"地位进一步巩固。上海位居全球第三,仅比第二名伦敦低了1分,上海在基础设施等领域领先全球(如表3-4所示)。

表3-4 第29期《全球金融中心指数报告》前10位城市

城 市	排 名	评 分
纽 约	1	764
伦 敦	2	743
上 海	3	742
香 港	4	741
新加坡	5	740
北 京	6	737
东 京	7	736
深 圳	8	731
法兰克福	9	727
苏黎世	10	720

随着中国整体经济实力的大幅提升,在第29期全球金融中心指数中,中国有上海、北京、深圳、广州、青岛、天津、成都、杭州、大连、南京、台北、武汉、西安等城市进入榜单,中国金融中心的整体实力和竞争力大幅提升。其中上海、北京、深圳分别作为中国京津冀地区、长三角地区和珠三角地区的金融中心,紧跟香港步伐,均进入全球前15位,体现了中国金融业的巨大体量。

根据排名看,上海是中国最大的金融中心,排名也最为靠前,得分高达742分,全球排名第三位。上海国际金融中心已经跻身国际一流金融中心行列,远远超过悉尼、多伦多、波士顿等全球金融中心,成为继纽约、伦敦、东京、新加坡、香港后又一个全球综合性的金融中心。

从具体城市看,各个金融中心的金融子行业规模也有所差异。与其他金融相关产业相比,伦敦的金融业更侧重于投资管理业、银行业和保险业,尽管伦敦的专业服务业全球排名第一,但是与上述三项产业相比,其在金融业中的占比依然相对较低。纽约的金融业中,投资管理业、银行业、保险业规模均相对较大,但是在专业服务业以及政府监管领域都相对落后于英国伦敦,相对来看,纽约金融机构中最大的产业是投资管理业。东京在五个方面均落后纽约和伦敦,尤其是在专业服务业方面差距明显,总体看,东京金融业的侧重点依然在投资管理业以及保险业。

(二) 区域联动

1. 上海主要产业园区

从区域分布来看,截至2019年,上海国家级开发区一共有15个国家级开发区和产业园区,如表3-5所示。其中陆家嘴金融贸易区和上海外高桥保税区均为金融机构高度积聚的区域,其他区域基本上是以信息通信、软件服务、技术研发等为核心的高科技产业集聚区。

表3-5 上海市国家级开发区

序 号	名 称
1	上海张江高新技术产业开发区
2	上海外高桥保税区
3	虹桥经济技术开发区
4	闵行经济技术开发区
5	漕河泾综合保税区
6	上海紫竹高新技术产业开发区
7	洋山港保税区
8	陆家嘴金融贸易区
9	金桥经济技术开发区

(续表)

序 号	名 称
10	上海松江经济技术开发区
11	闵行出口加工区
12	青浦综合保税区
13	上海化学工业经济技术开发区
14	上海松江综合保税区
15	漕河泾开发区浦江高科技园

除了国家级开发区外,上海还拥有大量的市级、区级高科技园区和金融产业集聚区,基本形成了以陆家嘴、外滩为核心的金融集聚区和以张江、金桥、漕河泾、闵行紫竹高新区等为关键节点的高科技产业集聚区,金融与科技创新互动的水平逐渐提高。

从区域集聚角度看,上海基本形成漕河泾开发区、紫竹高新区、浦东软件园、天地软件园等综合基地,以及云计算、数字内容、数据服务、移动互联网、互联网金融等专业基地共同发展的格局。

上海浦东软件园位于上海浦东的张江地区,截至2019年底,浦东软件产业基地共有软件企业1589家,其中入驻企业742家,从业人员45 000人,产业基地软件和信息服务业实现经营收入750亿元。软件园主导产业涵盖服务外包、移动互联、芯片设计、电子商务及互联网、文化创意和行业应用等多个领域,形成了比较完整的上下游产业链,成为上海乃至全国重要的信息产业集聚区、服务外包产业集聚区、金融信息产业集聚区和金融科技产业集聚区。

上海漕河泾新兴技术开发区是国务院批准设立的经济技术开发区、高新技术产业开发区和出口加工区。上海漕河泾新兴技术开发区规划面积14.28平方千米。截止2020年末,开发区汇聚中外高科技企业3 600多家,84家世界500强跨国公司入驻,园区内就业总人数超过25万人。电子信息产业是漕河泾新兴技术开发区的支柱产业,共有各类企业500多家。漕河泾新兴技术开发区以计算机、集成电路、光电子及通信设备等领域的信息服务业为主,按三次产业划分,第三产业收入达2 430亿元,占到开发区总收入的3/4。

2. 上海主要金融集聚区

上海拥有全国最为完备的金融机构体系和金融市场体系,是中国金融业最为发达的城市。2019年,上海金融业增加值约为6 600亿元,比上年增长11.6%;金融市场交易总额超过1 934万亿元,比上年增长16.6%;股票、期货、外汇、黄金等金融市场交易量位居世界前列。

从产业区域集聚角度来看,上海金融业除了集聚于浦东陆家嘴金融区和黄浦外滩金融区外,还有若干特色金融产业基地和现代金融信息服务业产业基地,如虹口区的对冲基金产业基地、普陀并购金融集聚区、嘉定金融谷以及徐汇滨江金融集聚区等。

虹口区金融集聚区。目前,虹口区金融产业集聚规模不断扩大。截至2020年末,虹口区金融企业总数已经从"十一五"末的78家发展到近1 800家,资产管理规模超过6万亿人民币,涵盖了除信托以外的主要金融业态,其中公募基金17家,约占全国公募基金总数的1/8。此外,虹口区还拥有中国第一个对冲基金产业基地和国内第一家区块链实验室。随着北外滩的不断升级改造,虹口区聚焦北外滩金融港建设,借助已有金融产业基础,顺应上海国际金融中心要求,面向全球,打造全球财富管理产业集聚区。

普陀金融集聚区。上海普陀区目前有并购金融集聚区和上海科技金融产业园两个产业基地。上海普陀并购金融集聚区重点发展与企业并购相关的金融服务业,区域内发展的重点产业是各类并购交易平台(产权交易所、交易中心)、并购投资顾问(包括投资银行、信息中介机构等)、并购专业服务机构(包括证券公司并购金融部、会计师事务所、律师事务所、资产评估机构等)、并购融资服务机构[包括商业银行并购支行、并购基金、股权投资、风险投资(VC)、产业投资基金等]、并购整合服务机构(包括管理公司等),力图打造完整的并购金融服务产业链。

普陀区另一个规模较大的金融产业园是上海科技金融产业园。该区域重点聚焦人工智能、大数据、云计算、区块链等与金融产业的融合发展,打造科技金融产业集聚区,形成生态良好、要素集聚明显、创新能力突出、地区贡献凸显的产业特点。2020年上海科技金融产业集聚区年总税收达到160亿元,新增税收千万以上的企业达到100家,新增高新技术企业50家。

二、上海科创中心与金融中心联动存在的不足

2020年,上海国际金融中心建设取得重大突破,已经初步建成全球性的国际金融中心,上海科创中心建设也在稳步推进,金融中心和科创中心联动效应明

显。同时,我们也要清醒地认识到,虽然经过一段时期大力推进,科创中心、金融中心建设各自均有政策举措支持,但政策的互通性,尤其是联动机制、法制方面还存在一些短板。

科创中心、金融中心建设的法律法规联动不足。《国务院关于印发〈上海系统推进全面创新改革试验 加快建设具有全球影响力科技创新中心方案〉的通知》(国发〔2016〕23号,以下简称《通知》)提出:"形成创业投资基金和天使投资人群集聚活跃、科技金融支撑有力、企业投入动力得到充分激发的创新投融资体系。"但目前除了《关于促进金融服务创新支持上海科技创新中心建设的实施意见》(沪府办〔2015〕76号)对于金融支持科创有一些单项的具体安排外,尚无关于协调、协同两个中心建设的法律法规和政策方案。

科创中心、金融中心建设的组织、机制联动不足。《通知》明确了科技部、财政部、人民银行、证监会等部门在科创中心建设中的任务,中央层面与地方层面的科技金融工作联动已有部署要求。但到目前,上海在科创中心和金融中心两个方面各自有建设推进的组织和机制,尚无关于两个中心联动发展的相关部门协调、协同推进的制度安排。

科创中心、金融中心建设的机构、业务联动不足。借助发达的金融市场,上海的天使投资、风险投资、私募投资在全国名列前茅,上海的优势在于资金充沛,金融人才数量众多。但是上海的风险投资案例数、创新企业融资规模却少于北京和深圳,这一方面是由于上海创新创业成本较高,金融对创新创业的支持力度不够大;另一方面是由于上海国有企业较多,国有企业承担的研发职能较大。建立适应上海市情的金融和科创融合体制机制,强化金融与科创单位之间的业务联系是两个中心联动的当务之急。

第四节 双中心联动对策研究

上海金融中心、科创中心建设取得了巨大的成就。2020年上海基本建成国际金融中心,当年上海金融市场交易额达到2 274万亿元,更为重要的是上海的银行间同业拆借利率(SHIBOR)已经成为全球基准利率,上海已具有显著的全球金融影响力。经过"十三五"期间的不懈努力,上海在科技创新上取得了巨大成就,专利数量呈显著上升态势,战略性新兴产业规模大幅增加,区域的原始创新能力不断提升,高水平科研机构加速集聚。英国《自然》杂志增刊《2020自然指数——科研城市》显示,上海在全球科研城市中排名第五。随着国际经济形势的不断变化以及中美竞争新格局的形成,中国出台的"十四五"规划和2035年远景目标强调科技创新在国民经济体系中的重要性,在"双循环"的大背景下,上海如何加速金融中心和科创中心的协调联动发展,关系到上海能否进一步提升全球竞争力。

一、以金融科技相关产业为发展重点

金融科技产业是金融服务与科技创新联动的重要结合点,是推动上海金融中心建设和科创中心建设联动的重要抓手。以人工智能、大数据、物联网、云计算为核心的前沿科技是金融科技产业的技术内核,这些技术在银行、证券、保险、基金等领域可以发挥重要的作用,如金融产品研发、智能客服、智能营销、智能投顾、智能运营和智能风控等。随着这些前沿技术的不断进步,尤其是人工智能技术的不断突破,金融机构复杂的中后台业务如风控、合规、稽核审计、财务、战略规划和人力资源管理,都将成为金融科技应用的新领域,金融机构将形成决策智能化和流程自动化(RPA)的服务模式。

金融科技可以通过改善中国的社会信用体系,提升金融市场的资源配置效率,进而提升上海的金融业竞争力。上海作为中国最大的金融中心,拥有大量的金融科技应用场景,可以成为检验金融科技成熟与否的重要试验场;同时,上海集聚了大量研发前沿科技的创新型公司,拥有较强的金融科技创新实力,也为上海金融科技的发展提供了科技基础。

金融科技产业可以成为上海在全球金融体系中的品牌。目前,上海的金融业各个方面都已经较为发达,但是缺少特色鲜明的招牌产业,还未形成上海特色国际金融中心的形象,和全球其他城市相比不具备绝对优势,难以形成某一领域的国际标准和国际惯例,无法在某一方面产生全球的话语权和控制力。未来必须以做大做强、打造特色鲜明的国际金融中心为目标,形成上海的品牌效应,以金融科技为特色打造上海金融中心的品牌定位,这是上海进一步发挥全球金融中心影响力的重要一步。

二、鼓励科技金融发展

从2015年开始,上海积极推动科创中心建设,大量创新型产业和企业在上海落地开花,其中包括机器人、类脑芯片、智能制造、石墨烯等相关产业。这些创新型产业和企业最需要的就是资金支持,打通资金对这些产业的支持,就打通了上海金融中心、科创中心联动的关键节点。在机构方面,上海应充分发挥作为金融中心的优势,合理引导资金流向创新型企业,进一步加强企业孵化中心的孵化职能,加强政府引导资金的支持力度,鼓励天使投资、私募股权投资(PE)和风险投资机构对创新型企业的支持。在传统金融机构领域,进一步加快人工智能、大数据、云计算等方面的研发和应用,提升信用评估模型预测的准确性,并用人工智能来评估消费者行为和支付意愿等定性因素,使筛选借款人的速度更快、成本更低、效率更高,从而降低创新型企业间接融资的难度。在金融市场方面,上海应进一步扩大创新企业直接融资的便利度,进一步强化科创板的融资功能,支持更多科创型企业上市融资。

三、深化改革,持续完善联动政策

尽管上海科创中心建设和金融中心建设更多地依托于市场化机制,但是政府必须进行顶层设计,运用法治化手段对双中心联动的一些关键问题做出必要的制度安排。

首先,金融业与科技创新产业协调、联动过程中有一些具体环节需要从法律途径上予以明确,如知识产权保护制度。知识产权是创新型企业的核心竞争力,把知识产权作为财产进行抵押贷款、股权融资以及资产证券化等金融创新活动,都需要更为明确的法律政策来保护知识产权。

其次,资本是一把双刃剑,既要重视资本对创新的推动作用,也不能忽视资本对创新的破坏作用。金融业和科技创新产业在产业结构目录里面具有较强的可识别度,两者存在明显的界限。尽管金融资本和技术创新都是为了追逐经济利益,但是方式不同:资本在支持金融创新的过程中往往重视短期利益,通过对赌等条款对科技创新给予限制和约束,当市场形势略有变化,会加速创新型企业的破产倒闭。在这一点上政府应该出台更为明确的法律规范,尽可能降低资本对创新的破坏作用。

最后,避免资本的无限渗透,反对垄断。资本对创新具有明显的正向作用,但是如果创新型企业规模已经非常大,进一步引入资本可能会推动企业形成垄断,伤害其他企业的创新行为。科技企业因为拥有核心科技,更容易成为垄断巨头,因此政府应该细化反垄断细则,尤其在制度上、法制上明确科技创新型企业反垄断细则,确保社会整体创新的可持续性。

第四章 双循环与"卡脖子"技术

第一节 影响双循环正常运转因素分析

改革开放40多年来我国已经初步建成社会主义市场经济体系,供给侧与需求侧在各种市场价格调节下基本可以实现协调一致,产品市场、要素市场、金融市场以及政府调控相互配合,价格机制的作用得到巨大的发挥,整体经济系统循环较为顺畅。近些年逆全球化思潮逐渐抬头,加之新冠疫情的全球蔓延,2020年7月,习近平总书记提出,"着力打通生产、分配、流通、消费各个环节,逐步形成以国内大循环为主体、国内国际双循环相互促进的新发展格局,培育新形势下我国参与国际合作和竞争新优势",在此背景下打通双循环"堵点"成为推动中国经济发展的战略支点。

放眼全球来看,大多数国家的经济运行都依托于国内国际双循环,这是经济运行的基本逻辑,如图4-1所示,国内循环与国际循环本身就是相辅相成相互促进的关系,两者缺一不可。此次中央提出"以国内大循环为主体、国内国际双循环相互促进",其根本出发点在于进一步推进和深化国内改革,继续扩大对外开放,理顺经济系统在循环过程中的市场逻辑,打通原有循环中的堵点,使社会主义市场经济体系运行得更加流畅和高效。总体来看,我国双循环目前还存在以下堵点。

一、技术创新、应用能力相对不足制约产业结构升级和消费升级

打造市场化的研发体制机制,实现产学研一体化是打通双循环供给侧的重

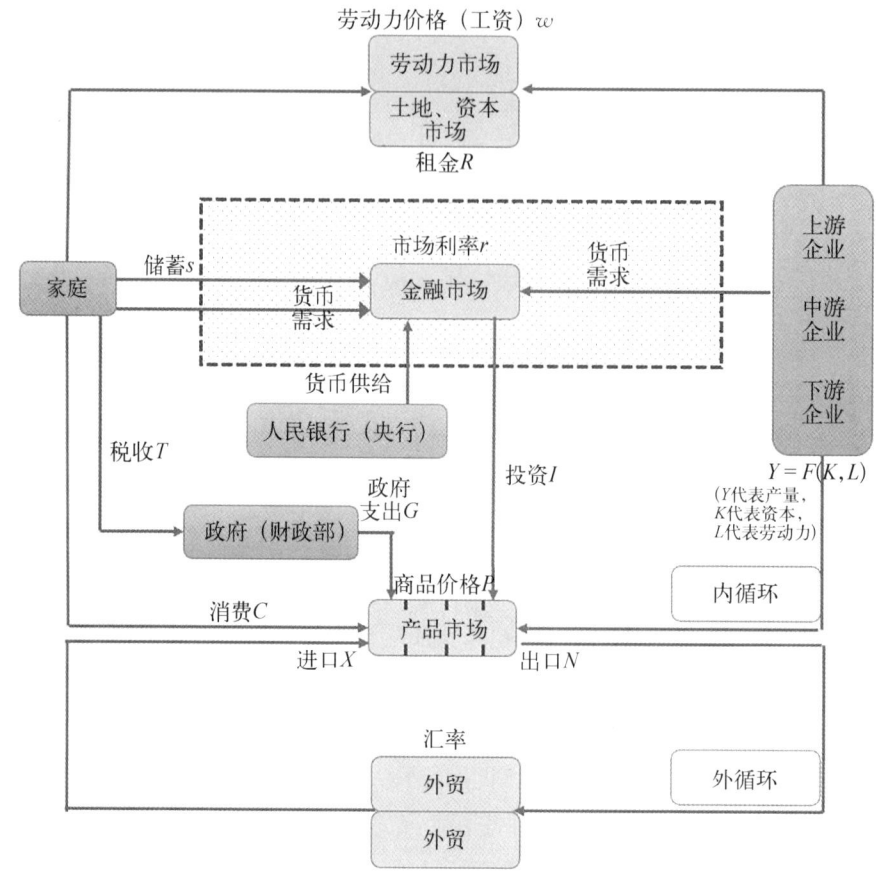

图 4-1 经济体系循环理论逻辑图

要途径。科技技术的进步是一个国家经济增长的根本动力,更是一个国家彰显全球竞争力的重要手段,也是当前中国经济双循环的重要推动力。随着网络信息技术的快速发展,全球信息共享逐渐普及,人民群众对商品的需求日渐国际化、前沿化,对商品种类和质量提出了更高的要求,在国内大循环的背景下,必然要求中国的制造业、服务业水平具有全球领先优势,能够生产出国际一流水平的商品。

当前,中国已经构建了较为完整的产业结构体系,在全球产业链中已经处于不可忽视的中枢位置,但总体上中国企业仍处于全球价值链的相对低端,存在一些市场有需求但是技术上无法生产的产品,尤其是芯片等中间投入品,在产业体系中有较多的"卡脖子"技术。这大大制约了我国产业机构升级和更新,弱化了中国在国际市场的话语权,降低产业链的完整度和韧性,同时也制约了中国的消费升级。

我国目前已经建立了由高校、科研院所、企业研发机构、科技金融机构构成的较为完整的科技创新和应用体系,极大地提升了我国的科技水平,在部分领域甚至赶超美国、欧洲,2020年中国全年专利申请量达到68 720件,超过美国位居全球第一。尽管如此,在一些关键技术上中国仍然相对落后,创新体系的短板依然突出,而且大多数科研成果和科研行为并未表现出技术引领和产业引领的态势,创新持续性不足。这主要是由我国技术创新的市场化能力相对较弱,创新机制良性循环强度不足所造成的。

技术创新的市场化能力包含两层含义。第一是指技术应用的市场化。我国当前有较多的研发主体,但是这类主体大多集中于高校和科研院所。这些研发主体研发能力强,但是将研发成果市场化的能力较弱,产学研机制尚未完全打通,导致很多科研成果、专利仅仅停留在实验室阶段。即使经过不断地努力实现市场化,其过程也可能需要消耗大量时间,等到产品上市可能已经成为落后淘汰产品,无法获得经济价值,无法为产业结构升级服务。第二是指由市场参与主体进行自主科技研发,并应用到市场中。当前我国规模以上企业大都设有研发部门,但是能够投入大量资金、以国际最高水平为目标,并进行持续研发的企业少之又少。在研发过程中不少企业可以通过金融市场获得资本支持,但是资本以逐利为目标,往往会影响企业的研发决策,重视应用研发,忽视基础研究,导致研发的技术和产品不具有持续性的优势,昙花一现随即消失在国际竞争中。

可见,缺乏市场化的研发创新机制是制约我国双循环的重要堵点,尤其对供给侧产业升级、提升产业链韧性等方面具有重要影响。构建市场化的研发机制,能够让研发主体进行自主市场化运作,是中国提升科技竞争力,引领世界科技潮流的基本前提。

二、生产要素流动性不够顺畅,区域一体化需要进一步加强

随着中国改革的不断深化,以及基础设施的不断完善,中国的一般商品流通障碍逐渐消除,商品价格也可以充分反映市场的供求,价格机制发挥了巨大的经济调节作用,但是土地、劳动力、资金、技术、数据等生产要素流动依然受到一定的限制和阻碍,我国统一开放、竞争有序的市场体系尚未完全形成。这主要体现在土地、劳动力等传统要素受制度等因素的影响,流动性相对不足,

有进一步提高的可能性,资金市场不完善使得利率的市场化机制受限。与此同时,新兴的技术、数据等新型要素的规模爆炸式增长,但是存储、使用、交换新兴要素的市场规则建设滞后或缺乏,监管制度没有快速跟进,滥用和乱用的情况比比皆是。

金融资源是生产要素的重要组成部分,大城市往往是金融资源的集聚中心和配置中心,起资金池的作用,通过集聚和扩散机制,大城市的金融资源为其辐射区内的经济主体服务。当前中国已经形成上海、北京、深圳三大国际金融中心,各省会城市为次级金融中心的城市格局体系,但是金融资源的流通依然存在某些限制,如异地授信限制等。这既是中国金融开放阶段所决定的,也是中国金融机构体系的深层次问题所造成的。构建全国统一的信用体系,降低间接融资成本,发展多层次资本市场将成为加速金融资源流动的重要手段。

三、贫富差距制约消费增长

收入差距问题是影响双循环顺畅运行的又一因素,经过40多年的改革开放,我国已经建成了全球门类最齐全的工业体系,产品产量庞大,一方面不少产品供大于求,与此同时,受到逆全球化的影响,原本出口的产品开始转内销,产能过剩;另一方面,由于我国依然有大量低收入人群,尤其是西部经济水平较为落后的地区,人均收入相对较低,低收入群体虽然有强烈的改善生活需求,但是难以形成有效需求。当前我国人均GDP虽然达到了10 000美元,成为中等收入国家,但我国依然是发展中国家,人均收入从全球水平来看依然较低,中产阶级的数量相对较少,还不足以支撑消费、投资的大规模发展。2020年我国成功打赢脱贫攻坚战,在全国范围内消除了绝对贫困,但是相对贫困依然存在,只有让绝大多数人摆脱贫困,才能够提升整体消费水平,实现双循环的可持续发展。

四、垄断降低双循环效率

垄断代表社会效率的损失,中国的垄断问题主要集中在大型国有企业和行业头部企业,尤其是平台型企业。大型国有企业尤其是央企往往控制国家经济命脉或自然垄断行业,其垄断不少是出于国家整体的战略和经济效率考虑,存在垄断的合理性。但是不少地方国企与当地政府具有某种联系,也具有一定的行政垄断性,在融资、吸纳人才资源等方面具有明显优势,会挤压其他企业的生存空间，不利于当地经济发展和全国整体经济的循环。适当地拓展国企的部分战略性功能，而非全面扩张，通过法律规章划清国有企业扩张边界，将有利于民营经济、私营经济的发展，加速国内经济内循环。

当前我国也出现了不少具有垄断性的平台企业，这些企业受资本支持，在市场上行使垄断权力或打擦边球，包括互联网企业利用网上信用放贷透支年轻人消费，强制收取高额平台使用费，乱用补贴打击竞争对手等行为，严重影响了行业正常竞争秩序，破坏社会风气。如果任其发展为大而不倒、不服监管的巨无霸，将对网上生态、经济生态、社会生态带来范围极广的危害，隐含着极大的系统性风险，甚至可能进一步加速中国的贫富差距。此外不少互联网公司与广告业、娱乐业以及互联网新媒体等产业合谋形成利益链条，制造出消费主义舆论，利用这种消费盛行的趋势持续获利，并进一步通过流量获得回报。而目前的《中华人民共和国反垄断法》可能并不适用于新的垄断形式，必须加大反垄断和反不正当竞争执法力度，积极推动《中华人民共和国反垄断法》修订工作，针对性地进行窗口指导，引导企业进行有条理的市场规划和向公平竞争的方向发展。

五、金融的资金融通功能

随着我国金融行业的快速发展，金融业在消费信贷、产业支持等方面有了明显的效果，但是企业融资难、融资贵等问题并未得到根本解决，尤其对于小微企业而言更是如此。相对于国际经验，我国普惠金融的层次偏低，金融服务的普惠性与风险防控两者的结合还有许多有待改进的地方。其次，面向中小企业的金融服务仍有不足，尤其是债权融资服务和延伸性金融工具的服务方面，针对中小企业的金融创新还不足。在国内金融机构为企业提供的担保贷款中，约60%要求提供不动产资产担保，例如房地产；但中小企业所拥有的资产中，60%以上为应收账款和存货，即它们没有那么多的不动产，这就形成了金融机构要求的担保资产类别与需要借款的中小企业所拥有的主要资产类别之间的不对称。如果这样的问题不解决，金融机构就不能很好地服务和支持中小企业，也就不能为加快构建新发展格局做出必要贡献。

在资产处置方面。在竞争性的市场环境中，一些企业总会因为这样那样的问题发生违约风险，甚至一些金融机构也会发生资不抵债的情况。在健全的法律条件下，违约企业和问题金融机构都应该按照相关程序进入重组或资产清理阶段。在这个时候,如果有非规范的因素妨碍重组或资产清理,那么,这就等于是国内市场循环中出现了新的"堵点"或"断点",这就将降低经济运行的效率,损害经济秩序的合理性。

保障双循环的顺畅运行,需要建立多层次资本市场,扩大注册制,增加小微直接融资渠道;此外积极利用新技术,运用新方法,切实改进对中小企业的金融服务,大力促进普惠金融的发展。

六、地方政府信用扩张

长期以来借助房地产市场的快速发展,土地财政成为地方政府融资的重要手段。有些地方政府依靠城投公司、大型投融资平台、"银信证"等模式进行资金融通,推动了当地基础设施建设,同时也使地方政府成为地区经济发展的主体,导致社会资源向政府及其控股公司集中,在部分行业造成"国进民退",甚至造成资源浪费。2020年不少地方暴露的地方国企债券违约事件就是典型结果,出现这一现象的深层次原因是长期以来某些地方政府的功能定位存在扭曲。重新定位地方政府在经济发展过程中的角色,理顺城市建设与地方政府职能之间的关系和界限,是提升国内大循环能级的重中之重。

地方政府信用扩张的另一个重要表现是地方政府债务规模较大。虽然中国也对地方政府的行为、债务上限做出了一些约束,但是效果并不理想。

当前,不少地方政府借"服务实体经济的名义",要求城商行、村镇银行等向中小企业进行大规模贷款,要求银行救助一些绩效较差的国有企业,还要求通过一些隐性手段为投融资平台融资,这构成了资本和要素自由流动的障碍,成为新的双循环格局中的最大堵点。

七、国内国际经济规则一致性

重视和强化"国内大循环",并不意味着脱离或劣化"国际大循环",相反,立足于"内循环"的发展,以高水平、高质量的内循环提升国内整体竞争力和全球话语权,从而更有效地利用外资和外部市场,参与国际竞争合作,提升"外循环"质量和水平,才是"双循环"的基本内涵。

"双循环"从本质上要求中国在制定经济政策时必须与国际标准和惯例保持一致,尤其是金融、贸易、对外投资等领域必须与世界其他国家接轨,与国际规则和惯例接轨。目前中国政府及相关监管部门,尤其是金融监管部门已经制定了较为完整的法律和规章,但是与全球标准相比,还有一定差距,不利于中国企业的国际化发展,如在反洗钱和反恐怖融资领域,部分国家早已建立起特定非金融机构反洗钱监管的法律法规,我国在该领域还处于起步阶段。

第二节　双循环"死穴""堵点"

双循环能否顺畅运转取决于多重的因素,上节的分析告诉我们,政治、经济、文化、社会等众多的因素,都会影响双循环的正常运转。在众多的影响因子中,经济因子的影响无疑是最为重要的。然而,在经济影响因素中,哪些是关键因素呢?所谓关键因素指的是能够决定循环能否进行的关键变量。我们的研究表明:"卡脖子"技术是影响双循环正常运转的关键变量。

一、"卡脖子"技术是双循环的"死穴""堵点"

"双循环"发展战略代表着新的发展模式、新的发展动力、新的经济安全观、新的产业升级链,是党中央在对国内外形势综合研判的基础上做出的重大决断,是中国经济在今后相当长一段时期内的基本遵循。双循环战略能否取得成功,判断的重要依据在于是否有利于生产力的发展,而生产力的发展体现在是否能够有效突破"卡脖子"技术,是否能够成功实现创新驱动。然而,现实的情形却是由于基础研究的缺失,由于原创技术、底层技术的供给不足,致使我们在许多关键核心领域存在众多"卡脖子"现象,这一问题不解决,双循环无法顺畅。我们不能让"卡脖子"技术成为"双循环"的"死穴""堵点",必须以内生技术发展突破"卡脖子"问题。

"卡脖子"技术是"双循环"的"死穴""堵点",唯有突破,双循环才能顺畅进行。如何破题?我们认为:企业自主创新是解决"卡脖子"问题的基础;政府的政策支持是解决"卡脖子"问题的关键;培育产业集群是解决"卡脖子"问题的抓手;金融助力是解决"卡脖子"技术难题的题中要义。

面对百年未有之大变局,2020年5月14日,中共中央政治局常委会会议首次提出了"双循环"发展战略。在不到三个月的时间内,2020年8月24日,习近平总书记再次提及"双循环"。习总书记在经济社会领域专家座谈会上说:"要推动形成以国内大循环为主体、国内国际双循环相互促进的新发展格局。"然而,双循环战略的推进需要科技创新的支持,需要产业升级的支撑,需要核心技术的突破。

二、突破"卡脖子"技术瓶颈是双循环的必然要求

如何理解突破"卡脖子"技术瓶颈是双循环的必然要求?以下三个层面的分析很好回应了上述问题。

其一,双循环战略代表着高质量的发展模式。双循环不是静止的懒循环,不是封闭的内循环,不是压缩的外循环,更不是割裂的两个自成体系的独立循环。"以国内大循环为主体"是指发展的动力来源和经济安全底线。内循环本质上要求更高水平的开放、更为法制化和制度化的开放;要求突破"卡脖子"关键技术,加大"国产替代"率,实现产业安全、发展动力的转换;要求完善产业链布局,打造国际合作和竞争新优势,实现由融入全球产业链到整合全球产业链的华丽转身;要求以内促外、相互促进、协同发展,并创造新的国际市场。

其二,中国参与国际大循环必须以内为主,必须以内生技术发展突破"卡脖子"难题。是否有效突破"卡脖子"技术难题已然成为检验"双循环"是否成功的重要标准。

其三,中国有能力、有实力突破"卡脖子"技术难题。一是中国是全球唯一拥有联合国产业分类中全部工业门类的国家,已经建立了全球最为齐全、规模最大的工业体系,二是产业链即使在封闭体系下也具有较好的自我循环能力,三是中国的基础研究能力强,商业创新应用强,理论研究与实践应用交替耦合的内生动力足;四是中国的市场容量规模巨大,无与伦比。

三、突破"卡脖子"难题的基本思路

"卡脖子"难题如何破题?我们认为:解决"卡脖子"难题,必须突破体制机制羁绊;消除"卡脖子"困顿,需要厘清"科学""技术""工程"之间的关系;走出"卡脖子"陷阱,需要协同发力、系统助力。

首先,解决"卡脖子"难题,必须突破体制机制羁绊。解决"卡脖子"问题首先需要对现行体制机制问题进行变革。一是既要强调政府的主导作用,又要重视市场的积极力量,形成财政资金、社会资本共同介入的格局,构建长期资本、创新资本形成机制。二是创新技术攻关机制,设立技术创新实验室,重点开展共性关

键技术和跨行业融合技术创新,同时建立测试验证和中试平台,为行业关键共性技术成果产业化过程中涉及的核心工艺、专用设备、专用材料提供计量、标准、检验检测等服务,跨越从实验室到工程化、产业化之间的"死亡峡谷"。三是改革现有考核评价体系。现有基础研究考核导向不利于开展潜心研究的长期技术攻关,关键技术的创新策源需要有长期坐"冷板凳"的决心,需要保持持续钻研的态度;而目前的基础科学研究考核导向往往是以每年度的论文专利为标准,科学家的职称待遇往往与这些考核导向挂钩,科研工作难免变得"急功近利"。建议进一步提升原始创新支持力度,营造长期潜心研究的学术氛围。四是出台"容错机制"。国资保值增值的考核目标与创新伴随风险的理念有着天然的冲突,"卡脖子"技术具有研发周期长、投入大、风险高的特性,这往往令管理者对可能的国有资产流失心存疑虑、畏首畏尾。建议进一步解放思想,对国资国企在创新投入、投资风险防控方面出台更加明确的宽容失败的政策,进一步激活国资国企创新投入热情。

其次,消除"卡脖子"困顿,需要厘清"科学""技术""工程"之间的关系。科学、技术、工程解决的是不同层面的问题,科学家与工程师也具有不同的作用,不能等同,更不能混用。那种院士万能,尤其是科学院院士万能的局面应该改变。我们必须从源头上阻止让科学家去干工程师活的苗头。现实情形中我们总是把工程师和科学家混为一谈,这两种人不是同一种人,我们想把科研和工程融为一体,但是它们始终是两张皮。尤其到了解决"卡脖子"问题阶段,分工是更加明显的。工程师很多时候就是要知道某种诀窍,这是从实践中得出来的经验;工程师的思维是把复杂的事情变成简单的,类似于沙漠寻宝;工程师是要知道哪里有宝,然后把它挖出来。科学家是要证明沙漠里的石头是宝贝。

再次,走出"卡脖子"陷阱,需要协同发力、系统助力。走出"卡脖子"陷阱,靠的是系统集成。"卡脖子"技术的解决,不能仅仅依靠科研技术人员的一家之力,它需要管理、服务、研究各系统的集成集合;需要管理部门出台激励相容机制、可持续发展政策,营造潜心研发环境;需要服务部门发扬"店小二"精神,主动服务,创造服务,在科技成果转化上,在数据有效共享上提供到位服务。走出"卡脖子"陷阱,靠的是协同发力。它需要政府、企业、高校、科研院所、金融机构"政、产、学、研、金"的协同发力;需要构建联合开发、优势互补、成果共享、风险共担的协同创新体系;需要形成知识产权信息共享、联合保护、利益分享、风险协同应对机制。

第三节 "卡脖子"技术案例研究

生物医药是35项"卡脖子"技术之一,浦东生物医药产业具有代表性,本节通过浦东生物医药产业案例的解析,分析"卡脖子"技术难题、瓶颈、解决思路、政策建议。

一、浦东生物医药产业高质量发展的内涵

2018年浦东新区GDP首次突破1万亿元,进入"万亿俱乐部"。在此重要历史节点上,浦东新区战略性地提出发展"中国芯、蓝天梦、创新药、未来车、智能造、数据港"等六大重点优势产业。2019年6月,上海市政府出台的《关于支持浦东新区改革开放再出发 实现新时代高质量发展的若干意见》吹响了浦东再出发的号角,其中也提出要"加快生物医药产业突破发展,建设张江创新药产业基地、张江医疗器械产业基地"。

金融是现代经济的血液和核心,资本是浦东生物医药产业实现高质量发展的"助推器"。为促进浦东生物医药产业高质量发展,本节对浦东生物医药产业投融资体系存在的问题进行了分析,在借鉴国内外经验的基础上,提出了金融支持浦东生物医药产业高质量发展的一些政策建议。

(一)国内外生物医药产业发展概况

生物医药产业具有高技术、高投入、高回报、高风险、长周期、低污染等特征,被誉为"永不衰落的朝阳产业"。目前国际上生物医药产业主要集中在以美国为代表的少数发达国家,而且产业空间集聚十分明显。当前国际生物医药产业正处于大规模产业化的开始阶段,已逐步成为世界经济的主导产业之一,因此各国都非常重视该产业的发展,都在不断加大政策支持力度。

近年来,我国生物医药产业增长较为迅速,生物医药产业规模、生物药物在研数量都已经位居全球前列,形成长三角、京津冀、珠三角等生物医药产业集群。但我国生物医药源头创新不足,新药研发总体上还处于从跟踪仿制阶段到模仿创新阶段转变。招商银行研究院曾梳理了我国主要的创新药产品——恩必普、青蒿素、艾瑞妮、艾瑞昔布、信立坦、埃克替尼,其中仅前两种属

于中国首创创新药,后面几种药物都是在国外原研药的基础上,经过化学修改后得到的仿制创新药。但近年来我国加快了创新药发展的步伐,2017年1月至2019年7月期间,我国获得新药证书的有139个品种,其中获得一类新药证书的有44个[①]。

基于良好的发展基础和政策大力支持,近年来上海市生物医药产业发展一直在国内名列前茅。2019年,上海生物医药产业的年产值达到3833亿元,占全国的7.4%,创新药总数占全国1/4。[②] 目前上海已形成了"聚焦张江、一核多点"的生物医药产业空间格局。2018年12月上海市政府发布的《促进上海市生物医药产业高质量发展行动方案(2018—2020年)》提出了到2025年上海生物医药产业发展的目标,即要基本建成具有国际影响力的生物医药创新策源地和生物医药产业集群。

为保障目标的实现,该行动方案还从加大财政资金支持力度、加快创新产品推广和应用、深化审批制度改革和通关便利化试点、落实定制化的土地和环保政策、发展生物医药产业投融资体系、加强创新人才的培养和引进等六个方面提出了具体措施。其中,在投融资体系方面,提出大力支持各类生物医药投资基金在本市集聚、用好用活市生物医药产业发展基金、探索设立支持临床研发与转化的专项基金、支持鼓励优质生物医药企业境内外上市挂牌融资、在上海联交所开辟生物医药产权交易专项板块等措施。

(二) 浦东生物医药产业发展的现状

经过20多年的发展和积累,浦东生物医药产业初步形成了以全球制药前20强跨国公司为支撑点,以国内知名医药企业为支撑面,以中小创新企业为基本面,以国内外一流的大学、研发机构等为研发支柱的生物医药产业格局。目前浦东生物医药企业及各类研发机构已超过500家,企业集聚效应十分明显。2020年,浦东生物医药产业规模已突破800亿元。

浦东生物医药产业发展基本情况如下。

1. 在生物医药创新上有一定先发优势

浦东生物医药产业涵盖化学药、医疗器械以及生物药三大子行业。在生物

---

① 2019年7月31日,科技部会同卫生健康委召开"重大新药创制"科技重大专项新闻发布会上公布的数据。
② 《年产值超3800亿元!上海生物医药产业逆势飘红,创新药总数占全国1/4》,《文汇报》,2020-12-17。

医药创新领域,浦东在国内优势明显。截至 2020 年 11 月,浦东累计已有 11 个一类新药获批上市,张江已经诞生了全国 15% 的原创新药①。据统计,截至 2020 年 9 月,浦东已经有 17 款抗癌"创新药"在国内获批上市,治疗管线涵盖肺癌、乳腺癌、黑色素瘤、肝癌、胃癌等多种常见或高发癌症,其中有 14 家中外医药企业总部或研发中心布局张江科学城。截至 2020 年 12 月,张江在研药物品种超过 400 个,近 30 个一类新药处于 Ⅱ、Ⅲ 期临床试验阶段②。近年来浦东在创新药上已取得一系列标志性成果:2018 年 11 月,和记黄埔医药上市国内首个自主研发抗肿瘤一类新药呋喹替尼;2018 年 12 月,君实生物首个上市国产 PD-1 产品——重组人源化抗 PD-1 单克隆抗体;2019 年 11 月,上海绿谷制药等获准上市的甘露特钠胶囊(GV-971)填补了这一领域 17 年无新药上市的空白;2020 年 7 月,三生国建-赛普汀完成的中国首个自主研发的创新抗 HER2 单抗伊尼妥单抗(商品名:赛普汀),在全国五个省市同时开出首张处方,这距离该药获批仅 12 天,实现了中国创新药目前首张处方开出的最快速度;2020 年 12 月 30 日,国家药品监督管理局正式批准和记黄埔医药的一类创新药索凡替尼胶囊上市,为非胰腺神经内分泌瘤患者提供了新的治疗选择,成为我国历史上第一个获批治疗神经内分泌瘤的自主创新药物。

在医疗器械领域,截至 2020 年底,浦东有医疗器械高新技术 106 家,在全国仅次于广州黄埔区(132 家)。截至 2019 年 8 月,浦东创新医疗器械产品获批上市 6 个,占全国的十分之一和上海市的三分之二。2018 年 9 月,世界顶尖医学杂志《柳叶刀》首次报道的中国医疗器械行业产品即是位于浦东的微创神通医疗的产品——火鹰冠脉雷帕霉素靶向洗脱支架系统。2020 年 1 月 24 日,上海市医疗器械检测所检验通过的之江生物新冠病毒核酸检测试剂盒,这是我国法定检定合格的首个新冠病毒检测产品;两天后该公司取得国家药监局颁发的国内首个新冠病毒核酸检测试剂盒医疗器械注册证。

2. 生物医药产业体制机制改革试点效果显著

早在 2008 年,张江就在国内率先探索药品上市许可持有人制度(MAH)。2015 年,上海成为全国首批 MAH 试点省市。截至 2019 年 10 月底,上海试点申请 MAH 的已有 54 家单位和 131 个品种,其中尚未在国内外上市的一类创新

---

① 《张江发力,助推浦东生物医药产业规模突破 800 亿元》,上观新闻。
② 2020 年浦东新药重大进展,浦东新区科技和经济委员会。

药31个,成为MAH试点品种的90个,获得上市许可的品种63个。这些MAH试点绝大部分来自浦东。MAH试点大大促进了浦东生物医药产业的发展。2018年,和记黄埔通过MAH试点上市了我国第一个一类创新药——呋喹替尼;2019年11月,治疗阿尔茨海默病的原创新药甘露特钠胶囊(GV-971)获批上市也是浦东试点MAH的成功案例。2020年,华领医药在全球首创的治疗糖尿病药物多扎格列艾汀在新版《中华人民共和国药品管理法》实施后首批获得药品生产许可证。MAH制度试点激发了浦东生物医药企业创新研发活力和药监部门创新监管模式的积极性,成效明显,因此中央决定扩大试点范围。2015年11月,全国人大常委会授权国务院在北京、天津、河北等10个省(市)开展MAH制度试点。截至2019年10月,国内在MAH制度试点中已纳入1833个品种和批准了3654个药品文号。

此外,浦东还通过提高生物医药试验用研发材料通关便捷性、对创新药物及医疗器械审评审批进行改革等,让浦东的新药创新环境进一步与国际接轨。

3. 张江已构建较为完善的生物医药创新体系和产业集群

张江在研发机构的集中度和创新实力方面在国内名列前茅。目前包括罗氏、诺华和辉瑞等一批全球排名前10的制药企业和17家中国医药工业百强企业都在张江设立了区域总部、研发中心和运营中心。2020年,张江生物医药产业全年实现营收849.05亿元,其中医药产业实现营收799.62亿元。

2020年10月,上海市经信委等联合制定并印发的《关于推动生物医药产业园区特色化发展的实施方案》提出,上海将构建"1＋5＋X"特色化布局,加快建设生物医药产业高地,其中张江要以建设生物医药创新引领核心区为轴心,在"四新(新靶标、新位点、新机制和新分子实体)"上加强基础和应用研究。

4. 新规划四个生物医药产业基地

为进一步促进研发和产业化的衔接,浦东在张江科学城内已有生物医药产业园区的基础上进一步提质扩容,于2019年推出4个生物医药产业基地,总面积近10平方千米(如表4-1):张江创新药产业基地、张江医疗器械产业基地、迪赛诺老港基地和张江总部园。这四个基地有不同的发展定位和重点发展方向。通过这四个生物医药产业基地的设立,进一步打开了浦东生物医药产业发展的空间,同时也为浦东不同区域生物医药产业错位发展提供了指导。

表 4-1 浦东新区生物医药产业规划范围

园区名称	区域定位	占地面积	开发主体	可用土地
张江高科技园区	生物医药创新研发、高端制造	37 500 亩(25 000 000 平方米)	张江集团/生物医药基地公司	119 亩(约 80 000 平方米)
康桥工业园区	以高性能诊疗设备为代表的医疗器械产业化	9 111 亩(约 6 000 000 平方米)	张江集团/康桥集团	3 963 亩(约 2 600 000 平方米)
国际医学园区	高端医疗服务及医疗器械	17 820 亩(11 880 000 平方米)	张江集团/国际医学园区公司	2 356 亩(约 1 571 000 平方米)
张江医疗器械产业基地	高端医疗器械研发生产	5 959 亩(约 3 973 000 平方米)	张江集团/张江东联发	1 267 亩(约 845 000 平方米)
张江创新药产业基地	创新药物及医疗技术产业化、CMO/CDMO 基地	4 695 亩(3 130 000 平方米)	张江集团	1 350 亩(900 000 平方米)
张江总部园	研发中心及企业总部	2 905 亩(1 940 000 平方米)	张江集团/生物医药基地公司	631 亩(421 000 平方米)
迪赛诺老港基地	化学药产业化及 CMO 基地	377 亩(251 000 平方米)	迪赛诺	—

(二) 浦东生物医药产业高质量发展的内涵

为抓住生物医药产业新一轮发展的机遇,2019 年 4 月,浦东新区提出了浦东生物医药产业高质量发展的目标和主要任务。

浦东新区生物医药产业高质量发展的总体目标是打造"国际知名的生物医药产业创新策源地"和"全球卓越制造基地",到 2025 年,浦东要基本建成具有国际影响力的生物医药创新策源地和产业集群。

为实现这一宏伟目标,浦东要聚焦生物医药关键领域,培育生物医药产业创新生态,营造一流营商环境,加大制度创新力度,集聚一批生物医药国内外标杆企业,提升浦东生物医药产业的原始创新能力。

人才、技术、资金是生物医药产业发展的关键因素,金融支持对浦东生物医药产业高质量发展十分关键,因此本节会专门对支持浦东生物医药产业发展的投融资体系进行研究。

二、浦东生物医药产业投融资体系的现状及存在问题

(一) 基于生命周期和产业链的生物医药产业投融资特点分析

1. 基于生命周期理论的生物医药产业投融资特点分析

企业生命周期理论将企业的生命周期分为创业、增长、成熟、衰退等不同阶段。在不同阶段,企业组织结构形式应与其特点相适应,从而发挥企业的特色优势,促进企业可持续发展。近年来,越来越多的学者将企业生命周期理论应用于科技型企业融资,提出应根据科技型企业所处生命周期不同阶段采用不同的融资策略。

一般而言,生物医药行业投入产出周期较长。生物医药企业从成立到盈利平均需花 10 年的时间(如表 4-2),期间需要大量的研发投入,在其生命周期的不同阶段其融资需求具有明显差异性。

表 4-2 海外较为成功的生物医药公司发展历程

公司	成立(年份)	上市(年份)	首个产品销售(年份)	首次盈利(年份)	成立到上市(年数)	上市到盈利(年数)	成立到首个产品销售(年数)	成立到首次盈利(年数)	产品
Amgen	1980	1983	1989	1986	3	3	9	6	EPO
Biogen	1978	1983	1989	1989	5	6	11	11	α-干扰素
Cephalon	1987	1991	1999	2001	4	10	12	14	Modafinil
Chiron	1981	1983	1989	1990	2	7	8	9	乙肝疫苗、丙肝诊断试剂
Genentech	1976	1980	1982	1979	4	—	6	3	重组胰岛素
Genzyme	1981	1986	1988	1991	5	5	7	10	Clindamycin
Gilead	1987	1992	1996	2002	5	10	9	15	Cidofovir
Idec	1986	1991	1997	1998	5	7	11	12	Rituximab
MedImmune	1988	1991	1991	1998	3	7	3	10	CMV 免疫球蛋白
平均年限	—	—	—	—	4	7	8	10	—

数据来源:根据相关资料整理。

生物医药企业在种子期和成长期对融资有较大的需求,尤其是风险投资的需求。处于这两个阶段的生物医药企业,往往需要投入较多的研发资金,但企业尚未实现盈利,甚至没有现金流入,而且这些生物医药企业往往以轻资产为主,因此难以获得债务融资。而生物医药企业的高投入、高收益和高风险则与风

投资相匹配。当生物医药企业在药品研发上取得一定成果后,一部分研发团队能力强、产品市场潜力大的生物医药企业就可以通过多层次资本市场获得资本支持。部分优质成长型生物医药企业虽然尚未实现盈利,但可以通过特定的板块如科创板来满足其融资需求。因此,生物医药产业的特点,决定了股权融资是生物医药企业在种子期和成长期的最重要融资方式。

2. 基于产业价值链的生物医药产业投融资特点分析

处于生物医药产业链的上游、中游、下游不同环节、不同市场主体的投融资特点也不尽相同:

药物发现、新药筛选、临床前研究等处于生物医药产业价值链上游的企业对资金和高层次人才的需求大,而且这些企业较长时间内处于亏损状态并且没有现金流,因此更适合股权融资。

生物药制造、仓储运输阶段等处于生物医药产业价值链中游的企业总体上对资金要求相对较少,加之这些企业在产业价值链中处于价值增值相对少的环节,对银行信贷等债权融资有更多的需求。

生物医药产业价值链下游主要包括生物医药销售、售后服务等。处于该环节的企业有较为稳定的现金流,对债权融资有一定的需求。

(二) 当前国际生物医药产业投融资现状分析

风险投资、并购、IPO(首次公开募股)等股权投资是当前国际上生物医药产业融资的主要方式,银行信贷、融资租赁等融资方式作为补充。

1. 全球生物医药产业风险投资现状

2013年以来,全球生物医药产业风险投资数量和金额都在逐步上升(如图4-2)。2020年,生物医药风险投资市场持续活跃,全球融资金额TOP10榜单中,中国有高达6家企业上榜,领域涉及数字医疗、智能制造、AI+药物研发、生物药等,表现十分抢眼(如表4-3)。

表4-3 2020年全球生物制药行业风险投资前十位

序号	融资方	国家	融资金额(亿美元)	融资月份	投资方
1	京东健康	中国	>20	8月、11月	高瓴资本、新加坡政府投资公司(GIC)、黑石集团、老虎全球管理基金、清池资本、中国国有企业结构调整基金等

(续表)

序号	融资方	国家	融资金额（亿美元）	融资月份	投资方
2	华大智造	中国	10	5月	IDG资本、CPE、基石资本、上海国方资本、华兴新经济基金、华泰证券紫金投资、中信证券、松禾资本
3	Sana Biotechnology	美国	7	7月	ARCH Venture Partner、Flagship Pioneering、Canada Pension Plan Investment Board、Baillie Gifford等
4	Impossible Foods	美国	5	3月	Mirae Asset Global Investments、Horizon Ventures、淡马锡(Temasek)等
5	Bright Health	美国	3	9月	老虎全球管理基金、T. Rowe Price Associates、黑石集团等
6	微创机器人	中国	约4.7（实为30亿人民币）	8月	高瓴资本、CPE、贝霖资本、远翼投资、易方达资本等
7	GRAIL	美国	3.9	5月	Illumina、加拿大公共部门养老金投资委员会、加拿大养老金投资委员会等
8	晶泰科技	中国	3.2	1月	软银愿景基金、人保资本、晨兴资本领投、中金资本、招银国际、未来资产集团(Mirae Asset Venture Investments)、中信资本等
9	联拓生物	中国	3.1	10月	Perceptive Advisors、RA Capitals Management、Venrock Healthcare Capital Partners、国投招商等
10	云顶新耀	中国	3.1	7月	建峘实业、RA Capitals Management、高瓴资本、康桥资本、德诚资本、国新国同、骏利亨德森投资等

资料来源：火石创造。

2. 全球生物医药产业IPO现状

2018年全球生物医药产业IPO募资总额再创新高。据Evaluate Pharma统计[①]，2018年新上市公司共计68家，最高公开融资72亿美元资金，IPO平均值首次超过1亿美元(如图4-3)。2020年，生物医药产业IPO的数量超过100次，从事药物发现和开发的生物制药公司(不包括诊断、医疗器械和生命科学工具公司)的总筹资金额超过200亿美元，超过2018年和2019年的筹资总和。

---

① Evaluate Pharma是全球医药健康领域领先的行业咨询及市场调研机构。

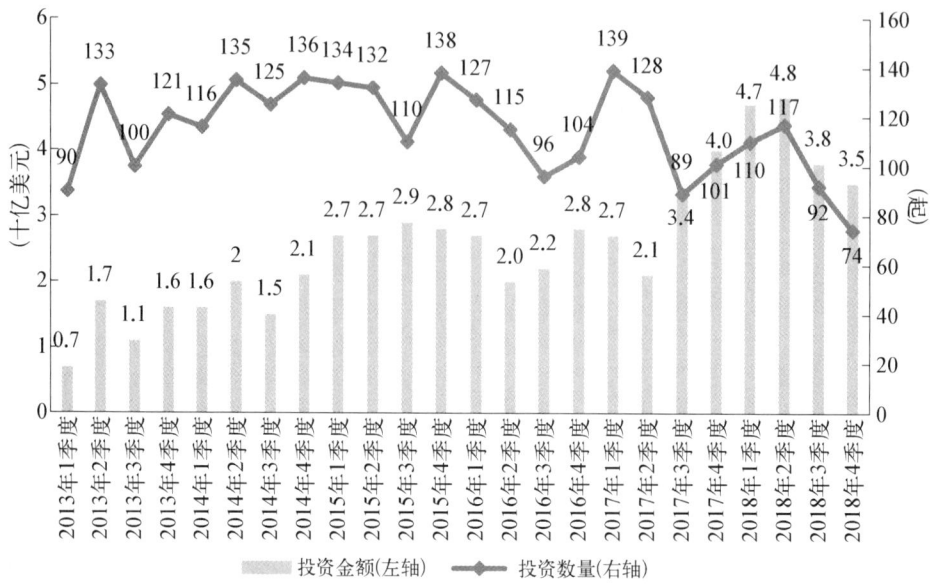

图 4-2　2013—2018 年生物制药行业全球风险投资

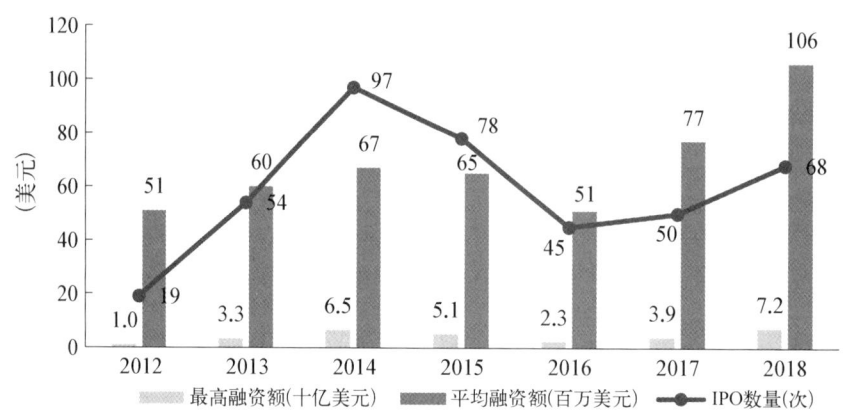

图 4-3　2012—2018 年全球生物技术 IPO

资料来源：新浪网。

2020 年全球进行 IPO 的公司募集资金远远超过 2019 年进行 IPO 的公司所募集的：2020 年的融资中位数为 1.9 亿美元，而 2019 年低于 1 亿美元。2020 年 6 月，韩国的 SK Biopharmaceuticals 在首尔 IPO 中融资近 9 亿美元，跃居 2020 年生物医药产业 IPO 榜单首位。中国的生物制药公司继续通过 IPO 筹集大量资金，在总筹资额排名前十的 IPO 中占据一半。2020 年，共有 20 家中国的生物制药公司通过 IPO 融资超过 53 亿美元，其中 11 家在香港证券交易所上市。在 2020 年 11

宗香港上市的生物制药 IPO 中,有 7 宗的候选药物处于 I 期或 II 期。

3. 全球生物医药产业并购现状

并购交易是大型制药企业拓展研发管线和实现规模扩张的重要手段。2020年生物医药领域一共有 166 起收并购(M&A)发生,交易总价值达到 1 310 亿美元。由于疫情的原因,2020 年上半年交易并不是十分活跃,第三季度和第四季度则出现了较大的上升,交易总额分别达到了 430 亿和 740 亿美元。而排在前十的交易中,九起都发生在 2020 年的下半年。2020 年 12 月,阿斯利康宣布 390 亿美元收购Alexion,从而成为 2020 年数额最大的并购交易。而吉利德则两度入榜,两起大型并购交易总额约 260 亿美元,在金额方面成为仅次于阿斯利康的企业。此外,2020年并购金额超过百亿美元的企业还有百时美施贵宝(BMS)(如表 4 - 4)。

表 4 - 4 2020 年全球生物医药领域十大并购交易事件

序号	收购方	标的方	交易金额(亿美元)	细分领域
1	阿斯利康	亚力兄制药	390	小分子、罕见病
2	吉利德	Immunomedics	210	抗体
3	Teladoc	Livongo	185	互联网医疗
4	西门子医疗	瓦里安	164	医疗设备
5	百时美施贵宝	MyoKardia	131	心血管药物
6	Illumina	Grail	80	体外诊断
7	强生	Momenta Pharmaceuticals	65	抗体、罕见病
8	吉利德	Forty Seven	49	抗体、罕见病
9	黑石集团	Ancestry	47	基因测序
10	葛兰素史克	Eidos Therapeutics	46	小分子、罕见病

资料来源:火石创造。

(三)上海及浦东生物医药产业投融资体系现状分析

1. 我国生物医药产业投融资现状及发展趋势

2015 年以来,我国明显加大了对生物医药产业投融资的支持。在政策的支持下,我国生物医药产业的投资笔数和投资金额都出现了明显增长。2015 至 2019 年期间,我国生物医药产业投资笔数和投资金额的年均复合增长率分别为 20.36% 和 58.29%。2020 年上半年,我国生物医药产业投资笔数和投资金额继续保持增长,总量分别达到 91 笔和 325.16 亿元,同比增长分别为 28.17% 和 39.62%。受疫情影响,国内生物医药企业受关注度持续增加,144 家在 2007—2019 年未涉足生物医药投资的企业、机构纷纷加入生物医药投资的行列,国内生物医药投融资市场活跃度进一步提升(如图 4-4)。

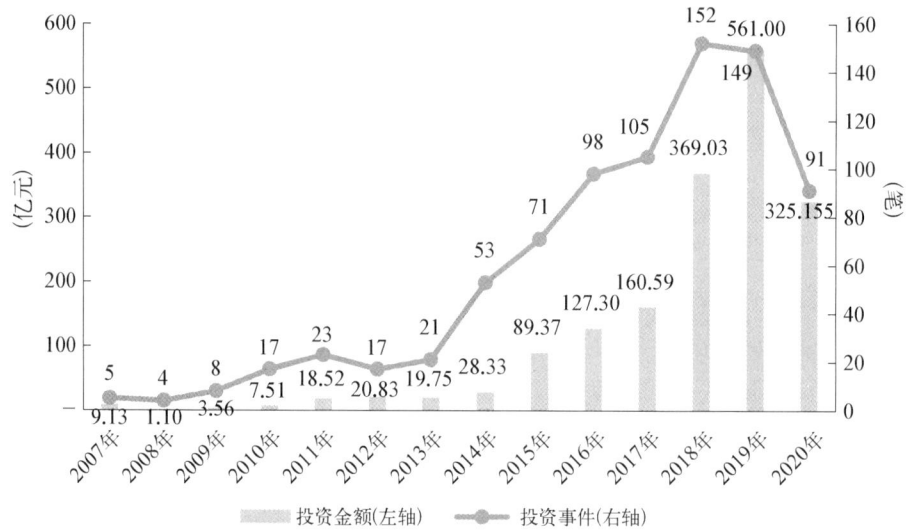

图 4-4 2007—2020 年上半年国内生物医药投资事件和投资金额情况

资料来源:IT 桔子,融中研究。

近年来我国生物医药产业在投资轮次上以天使轮、A 轮以及 B 轮为主。通过对 2007 至 2019 年的数据进行统计发现,天使轮、A 轮以及 B 轮的合计占比达到了 77.18%。其中,对 A 轮的投资笔数最多,占比达到 41.36%,平均投资金额达到 8 831.17 万元。在投资金额上,从 B 轮开始,单笔投资金额出现明显增加,其中 Pre-IPO 轮的单笔投资金额达 10.43 亿元,战略投资轮单笔投资金额达 5.80 亿元。从 2020 年上半年开始,我国生物医药产业投资轮次后移的趋势较为明显,天使轮投资笔数减少,A 轮、B 轮投资笔数稍稍有所增加,对 C 轮及以后的轮次投资笔数增长较为明显(如图 4-5)。从投资区域来看,2007—2019 年,我国生物医药行业投融资集中在长三角、环渤海、珠三角三大核心区域;长三角地区投资数量、投资金额均居首位,投资数量 353 笔,投资金额达 647.18 亿元,占比分别为 48.82%、45.70%。

2. 上海生物医药产业投融资现状

无论从投资金额还是投资案例来看,近年来上海生物医药产业都保持着较

第四章 双循环与"卡脖子"技术

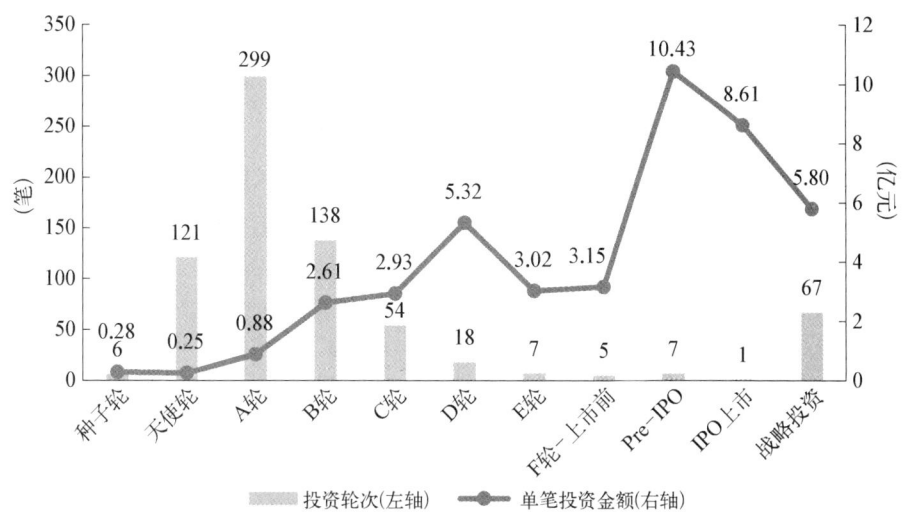

图4-5　2007—2019年国内生物医药累计投资轮次情况
资料来源：IT桔子，融中研究。

高的增长速度。2015年仅有3起融资事件，2016年达到20起，2017年增长至26起。据火石创造的数据统计，2020年，上海生物医药融资207起，融资金额400多亿元，融资项目在国内各城市排在首位，而在融资金额上也仅次于北京。

2020年12月，目标规模500亿元的上海生物医药产业股权投资基金成立。上实集团、上海医药、国泰君安、自贸区临港新片区、长宁区、上海国际集团是该基金的主要出资者。该基金重点投向符合上海生物医药产业发展战略的关键领域，首期出资100亿元，首批已投资3家企业：作为唯一战略投资方B+轮投资治疗溶瘤单纯疱疹病毒创新药研发的亦诺微医药；作为跟投方之一B轮投资——国内运营首个全周期医疗创新支付及商保创新平台的镁信健康；作为领投方，B轮投资参与了混改互联网＋医药商业平台的上药云健康。

截至2019年11月8日，在A股上市的生物医药企业共有263家，主要分布于长三角、珠三角、环渤海等经济发达地带。其中，企业拥有量排名前六位的分别是广东45家、浙江40家、江苏23家、北京20家、山东18家、上海17家，上海17家生物医药上市企业总市值为2 329.13亿元。2020年12月2日，艾力斯医药正式登陆科创板，至此上海拥有12家科创板生物医药企业（全国45家），占比达26.7%，位列全国第一。

3. 浦东生物医药产业投融资现状

张江是浦东生物医药产业最主要的集聚区，因此本小节以张江为代表，分析浦东生物医药产业投融资现状。

第一,风险投资现状。近年来张江园区已形成新药孵化的"VIC+Q"模式[①],通过这种模式,天境生物、亚盛医药等融资额折合人民币都超过了5亿元(如表4-5)。2019年1—6月,张江有16家生物医药企业获得融资,其中海和生物获1.466亿美元天使轮投资,益方生物完成7 000万美元C轮融资,和誉生物医药获4 200万美元融资。2020年,张江医疗健康企业对外披露的融资总额高达307.4亿元,其中微创医疗机器人以单笔30亿元的融资额稳居第一,投资方为高瓴资本、国新科创基金、上海科创投集团、远翼投资、易方达基金、中信产业基金、贝霖资本。

表4-5 2018年张江部分生物医药企业获得风险投资情况

企 业 简 称	轮 次	融资金额
基石药业	A轮	1.5亿美元
丹诺医药	B轮	2 500万美元
优卡迪	A轮	1亿人民币
爱科百发	A+轮	1 000万美元
和誉生物	A轮	2 800万美元
岸迈生物	A轮	2 500万美元
科越医药	A轮	1 800万美元
再鼎医药	C轮	3 000万美元
轶诺药业	Pre-A轮	1 000万美元
盟科医药	未披露	1亿人民币
泽璟制药	B轮	4亿人民币
傅利叶智能	A轮	3 000万人民币
华领医药	D轮和E轮	1.174亿美元
鹍远基因	A+轮	6 000万美元
药明巨诺	A轮	9 000万美元
宜明昂科	A轮	超1亿人民币

---

① V指知名VC,即知名资本;I指完善的知识产权保护方案与规划;C指CRO、CDMO、CMO企业;Q指质量监管和保障体系。

(续表)

企业简称	轮次	融资金额
斯丹赛	B轮	1.8亿人民币
森亿智能	B轮	1亿人民币
基石药业	B轮	2.6亿美元
腾盛博药	A轮	2.6亿美元
来凯医药	A轮	850万美元
天境生物	C轮	2.2亿美元
天士力生物	Pre-IPO	约10亿人民币
亚盛医药	C轮	10亿人民币
英派药业	C轮	3 000万美元
和铂医药	B轮	8 500万美元
劲方药业	A轮	1.2亿人民币
科望生物	A+轮	3 500万美元

资料来源：根据相关资料整理。

从2020年张江医疗健康企业整体融资情况看，企业的融资额主要集中在1亿～3亿元，达到了35起。这些企业多聚焦在创新药赛道，产品还处于研发阶段，未实现盈利。其次，1 000万～5 000万元的企业有15起，5 000万～1亿元的企业有19起，低于1 000万及以下的企业有2起。

2020年张江医疗健康企业融资事件中，B轮阶段的企业最多，达到24起。A轮和战略融资事件占据二、三名，分别为18起和17起。此外，C轮阶段的融资企业也相对较多，达到15起；进入D轮、E轮的融资事件则达到了5起，其中盟科医药仅在2020年就连续完成D轮和E轮融资。从融资阶段来看，天使轮、Pre-A轮这些处于很早期的融资事件相对较少，仅有6起和7起。这些情况意味着张江生物医药创业已经迈入快速成长阶段，大多数企业已经脱离早期孵化时期，产品已经进入临床阶段，相应的融资也匹配着公司对资金的需求，融资金额相对较大。

第二，企业上市情况。截至2019年4月16日，张江共有40家上市公司，其中医药健康企业10家，市值排名前两位的复星医药、上海医药都是生物医药企业。其中，复星医药分别在上交所与港交所两地上市，市值分别为763.54亿元和733.04亿港元;上海医药市值为601.10亿元(如表4-6)。截至2020年7月21日,张江已有君实生物、复旦张江、美迪西生物、凯赛生物、三生国健等生物医药企业在科创板上市。2020年7月15日,君实生物在科创板成功上市,募资总额为48.36亿元,募资净额为44.97亿元。2021年1月,之江生物正式登陆科创板。目前张江还有一些生物医药企业积极争取在科创板上市:皓元医药通过上市委会议审议首发过会;普冉股份、奥普生物已问询;南方模式生物已受理;盟科药业和微创医疗机器人已开启上市辅导等。

表4-6 张江部分生物医药企业上市情况

上市企业名称	上市时间	上市地点	市　值
复星医药	1998年	上交所	763.54亿元
	2009年	港交所	733.04亿港元
上海医药	1994年	上交所	601.10亿元
君实生物	2018年	港交所	265.04亿港元
基石药业	2019年	港交所	160.30亿港元
再鼎医药	2017年	纳斯达克	18.11亿美元
微创医疗	2010年	港交所	115.85亿港元
凯利泰	2012年	深交所	79.44亿元
华领医药	2018年	港交所	79.33亿港元
复旦张江	2002年	港交所	63.69亿港元
透景生命	2017年	深交所	39.64亿元

资料来源:根据相关资料整理。

第三,银行信贷情况。近年来金融机构通过科技类贷款的方式为张江一些生物医药企业提供了资金支持。这些科技类贷款包括科技快速贷、小巨人(及培育)企业、专精特新企业担保基金信用贷款、政府科技补贴贷、科技含权贷等。此外银行还通过订单融资、银票贴现、固定资产贷款、保理等方式支持生物医药企业发展。

针对生物医药企业的特点,近年来浦东加强银政保合作,通过多方共担风险的方式为企业提供银行信贷。如上海博威生物是浦东生物医药产业重点企业,该企业主要提供以单抗为代表性的大分子生物药物完整临床前开发及项目统筹管理服务。随着业务的发展,博威生物对债权和股权方面都有融资需求。在了解了企业的资金需求后,浦东新区金融工作局第一时间为博威生物对接张江创投、中泰华信、交通银行等金融机构,通过发挥浦东小微增信基金政策优势,为博威生物落实480万元担保基金贷款,中泰华信等股权投资机构也正与企业对接。再如,众强药业的主要业务是高端仿制药及罕见病的创新药物研发,在企业没有抵质押品的情况下,浦东新区金融工作局帮助企业对接了建设银行、光大银行,以科技履约贷等形式,给予企业500万元贷款。

第四,产业化基金情况。张江在生物医药产业化基金方面走在全国的前列。早在2009年4月,张江生物医药产业化促进基金就已经在张江药谷正式成立,这是国内针对具体高新技术产业进行支持的第一家区域性政府产业引导基金。该基金重点扶持园区内在生物药、化学药、中医药等产业领域中拿到新药批文的新药项目。2019年1月,张江集团参与的上海生物医药产业股权投资基金签约成立,该基金目标规模为500亿元,首期规模100亿元,其中境内已成功募资70亿元。该基金重点投向符合上海生物医药产业发展战略的关键领域,目标是成为生物医药领域国内领先、国际知名的综合性创新投资平台,力求在金融方面对张江乃至整个上海生物医药产业发展发挥重要支持作用。

2019年10月,首期规模55亿元的浦东科创母基金正式启动,重点支持中国芯、创新药、未来车、数据港、蓝天梦、智能造等浦东六大"硬核"产业。目前已在该母基金下设立包括支持生物医药产业在内的若干支特点鲜明的行业专项子基金。2020年12月,由张江集团承担的浦东新区生物医药专项子基金宣布首次关闭,首关规模人民币6亿元,以市场化的方式投资和管理。该子基金将围绕生物医药产业,重点布局创新药、创新医疗器械、AI+医疗、研发工业等细分领域内的早中期项目,兼顾成熟期项目。张江集团和张江科投将利用该子基金助力产业联动、资源叠合,同时利用上海在资本市场方面的优势支持张江生物医药产业的发展。该子基金首批意向投资项目包括:开发和推广基于液体活检的肿瘤早筛产品的鲲远基因;致力于制剂改良型新药研发和产业化的奥全生物;专注于肿瘤多模态热物理免疫治疗技术的美杰医疗等。

4. 浦东生物医药产业投融资体系存在的主要问题分析

虽然浦东在金融支持生物医药产业发展方面走在全国的前列,但仍然存在着以下八个方面问题。

第一,创新研发投入水平不高。生物医药产业投资具有高风险、周期长的特点,因此持续和大量的研发资金投入是保障技术创新的必要条件。目前,浦东生物医药企业的研发投入与跨国制药企业仍有较大差距。2019年,罗氏研发投入达到了120.6亿美元,且连续三年超过了100亿美元,研发占比19%;强生研发投入113.6亿美元,研发占比13.8%;默沙东研发投入99亿美元,研发占比21.1%;诺华研发投入94亿美元,研发占比19.8%。而浦东最大的两家上市生物医药企业在2019年的研发投入分别只有34.63亿元和15.09亿元(如表4-7)。

表4-7 2019年国内生物医药上市公司研发投入前15名

公　　司	研发投入(亿元)	增　　长
百济神州	65.88	36.00%
恒瑞医药	38.96	45.90%
复星医药	34.63	38.15%
中国生物制药	26.52	10.90%
石药集团	20.00	49.03%
上海医药	15.09	27.22%
复宏汉霖	14.06	44.66%
基石药业	13.96	64.00%
科伦药业	13.51	21.24%
华润医药	13.17	−1.30%
信达生物	12.95	5.98%
翰森制药	11.21	27.20%
华东医药	10.54	49.14%
君实生物	9.46	75.80%
健康元	9.37	27.83%

资料来源:医药魔方。

第二,股权投资支持不够。生物医药产业的成长路径决定了其融资需求主要集中在前期,即生物医药企业在发展过程中主要依靠股权融资,尤其是风险投资。但从2017年张江园区生物医药产业企业融资占比情况来看,银行融资比例最高,而风险投资仅排在第三位,为21.8%,私募股权投资所占比例只有7.2%,说明股权投资对张江园区生物医药企业的支持还不够(如表4-8)。

表4-8　2017年张江园区生物产业企业融资占比情况

类　型	占比(%)	类　型	占比(%)
银行	37.8	私募股权投资	7.2
企业投资	31.7	证券融资	0.3
风险投资	21.8	其他	1.2

资料来源：搜狐网。

第三，本地风险投资支持不足。对浦东生物医药产业风险投资情况进行梳理后不难发现，许多优质企业都是被注册在外地的风投和基金所投资。近年来以深创投、苏创投为代表的外地资本投资表现"抢眼"，远远超过了上海和浦东本土投资机构对浦东生物医药产业投资的比例。从深创投近年来的投资项目来看，早在2002年微创医疗就获得了由深创投与上海鼎嘉创投参与的44.8万美元的融资。2010年，深创投与金纺创投、浦东创投向从事临床生化试剂研发、生产和销售的上海丰汇医学科技投资2 500万，投资比例达10%。2016年，深创投参与了上海赛默罗生物科技的融资，投资比例达8%。苏创投(2012年更名元禾控股)在2016年与倚锋创投、国投创新共同投资上海亚盛医药科技5亿元人民币，在2017年与元生资本和启明创投一同投资于爱科百发和领投岸迈生物共2 500万美元，在2018年一季度又与淡马锡、红杉资本和元明资本共同投资药明巨诺达9 000万美元。2020年，投资张江生物医药产业前十榜单中，投资最多的是高瓴资本和高瓴创投，达到11次，投资企业10家。此外，礼来亚洲基金、奥博资本、红杉资本中国等全球顶尖投资机构，也投资了多家张江生物医药企业。与高瓴资本、深创投相比，浦东本地风险投资机构对生物医药产业的支持还不够。

第四，并购投资较少。近年来，浦东的一些生物医药企业加快了并购步伐，如2017年10月复星医药以71.42亿元完成了对印度仿制药企Gland Pharma 74%的股权收购。但总体上，上海和浦东的生物医药产业并购还不多，已有的一些并购也多发生在外地资本对浦东生物医药企业的并购：2017年6月，量子高科以总价23.80亿元购买睿智化学；2017年2月和6月，贝达药业通过合计4.8亿元的两次收购，收购了卡南吉100%股权；2016年3月，三生制药集团通过战略投资控股中信国健，增持至持有中信国健97.78%的股权后，将其更名为三生国健。在2020年上半年我国生物医药产业前十大并购交易中，几乎没有浦东本地的投资方(如表4-9，按金额排序)。

表 4-9 2020 年上半年我国医药行业并购前十大交易

时间	投资方	投资者类型	标的公司	投资行业	投资方向	交易金额(百万美元)
2020年4月3日	浙江省中医药健康产业集团有限公司	国企	浙江康恩贝制药	中药	国内战略投资	466
2020年4月28日	南方双林生物制药股份有限公司	上市公司	哈尔滨派斯菲科生物制药	生物制药	国内战略投资	450
2020年6月5日	金斯瑞生物科技股份有限公司	上市公司	传奇生物公司	肿瘤细胞免疫疗法	子公司上市配售	436
2020年5月20日	中金公司、银河资本、广发基金、国泰君安、华泰柏瑞基金、博时基金、施罗德基金管理	私募基金	深圳康泰生物制品	基因重组疫苗	上市公司再融资	424
2020年2月4日	万邦德医药控股集团股份有限公司	上市公司	万邦德制药集团	中药、原料药及制剂	借壳上市	386
2020年4月24日	Fidelity Investments、奥博资本、清池资本、博裕资本、Hudson Bay Capital、AIHC Capital、Hankang Healthcare、诚通基金、CRF Investment	私募基金	康方生物科技	肿瘤及免疫生物制药	IPO基石投资	333
2020年2月17日	高瓴资本	私募基金	凯莱英医药集团	CDMO	上市公司再融资	331
2020年3月30日	中国平安	上市公司	日本盐野义制药	抗感染及中枢神经药	出境交易	312
2020年6月5日	Janchor Partners、RA Capital、高瓴资本、德诚资本、Janus Henderson Investors、Rock Springs Capital、Octagon Capital、康桥资本、Cormorant Asset Management、Pavilion Capital、HBM Investments、国新国同、善合投资	私募基金	云顶新耀医药科技	肿瘤、免疫疾病、感染疾病和心肾疾病生物药	C轮融资	310
2020年3月27日	河南高瓴骅盈、新乡晨壹	私募基金	华兰生物疫苗	生物疫苗	上市公司股权转让	293

资料来源：汤森路透、投资中国及普华永道分析。

第五,产业化基金和国有创投发挥作用不够。虽然浦东早在2009年就成立了政府投资的张江生物医药产业化促进基金,也成立了多家国有创投公司,但这些生物医药产业基金和国有创投公司在支持浦东生物医药产业发展方面的作用还不够。从近年来赴港申请及上市的张江生物医药企业来看,都经过了资本力量的引导、助推甚至"操盘",如华领医药为通和资本投资,于2018年9月14日正式在港交所挂牌上市;君实生物为高瓴资本投资,于2018年12月24日在港交所上市。2020年,张江本土国有创投机构中的浦东科创集团、张江科投投资了4家生物医药企业,但与深创投、元禾控股等相比,浦东生物医药产业化基金和国有创投公司参与这些成功上市企业的还不多。究其原因,主要是目前浦东国有创投公司和政府引导基金在投资生物医药企业还受一些体制机制问题影响:首先,国资管理流程复杂,与民营资本文化差异显著,因此资本募集中与社会资本合作难度大;其次,国资决策流程一般较长,同时评估备案、风险控制管理严格,难以适应市场化节奏的投资决策;再次,国有创投机构的激励约束机制尚待完善,在人才吸引与潜力激发方面处于劣势。相对深圳、苏州等地国有创投机构而言,浦东国有创投机构的员工跟投、高管持股和容错机制还不完善,国有创投机构对风险较大的生物医药企业还"不敢投""不愿投"。

2018年7月,浦东新区产业创新中心成立,这是上海首个以项目法人化模式运作的成果转化机构。其特色是"三化":项目法人化、方案定制化、管理契约化,可委托国企相关人员以"项目经理"方式进行管理。浦东新区产业创新中心的成立对发挥国有资本支持生物医药产业发展有一定作用,截至2019年10月,该中心已审批10个项目,投资金融1.982 5亿元。但这种模式并没有完全解决国有创投机构的体制机制问题,如对"项目经理"的激励机制和容错机制还不完善。

第六,银行信贷支持不足。虽然银行信贷在张江园区生物医药企业融资比例中最高,但从张江众多生物医药企业实际资金需求来看,仍然存在着贷款需求和贷款供给在规模和期限上的不匹配:一是贷款额度偏低。张江生物医药企业融资需求普遍在500万以上,而目前银行的贷款项目其最高贷款金额往往在500万以下,不能足额满足生物医药企业的融资需求。在这些信贷产品中,执行情况较好的上海农商银行的"鑫易贷"产品最高额度为500万元、"鑫才贷"为200万元;而浦发银行"科技创客贷"最高额度则只有200万元。二是中长期贷款较少。现有服务于生物医药企业的信贷产品普遍贷款期限较短,授信期限一年及以下的居多,其中能够采用循环贷、滚动贷等方式的比例还不高。贷款期限短往往会导致生物医药企业还贷压力过重。三是贷款产品准入条件较高。除传统的需要担保抵押的贷款产品之外,近年来商业银行也推出了一些信用贷款产品,但就目前银行已推出的针对生物医药企业的信贷产品情况来看,准入条件较高也是明显的特征之一。如一些贷款产品只对主要创始人已入选国家或上海"千人计划""浦江人才计划"的企业予以支持;其次,对于创业者的信用评级,银行也有较高要求,个别银行信贷产品还要求创业者必须具有上海户口。导致以上问题发生的主要原因是商业银行还没有根据生物医药企业的特征和其产业链细分设计科学合理的贷款产品,在利用"投贷联动"模式支持生物医药产业发展方面进展不大,对生物医药企业不良贷款容忍度偏低等。

第七,保险服务覆盖率不高。创新药的研发周期长、投入大,具有高风险、低成功率的特点。在十分漫长的新药研发过程中,会遇到很多风险,如人体临床试验失败和无法注册上市等。一旦创新药研发失败,企业前期的巨额投入将无法收回。金融的核心功能之一是分散风险,因此为分担新药研发中的风险,应发挥保险的作用,通过建立生物医药产业保险补偿机制,充分利用市场化手段对生物医药产业成果转化风险控制和分担做出制度性安排。

2018年7月,上海市科委、上海保监局发布文件,在全市推进生物医药人体临床试验责任保险和生物医药产品责任保险试点,对注册在本市的具有法人资格的生物医药人体临床试验申办者(个人除外)及从事药品和医疗器械研发、生产及代加工的机构和企业予以保费50%的财政专项补贴,对单个保单的补贴不超过50万元。2020年2月,上海银保监局联合上海市科委、市金融工作局下发专项文件,将生物医药人体临床试验责任保险、生物医药产品责任保险的优惠政策延长两年至2021年12月31日,继续为符合条件的医药生产企业提供50%的保费专项财政补贴。目前已有一些保险机构为新冠肺炎的临床项目提供保险保障,如针对中科院上海药物所、上药集团联合在上海市公共卫生临床中心开展的羟氯喹治疗新冠肺炎的临床试验,恒康保险代理制定了专门的保险方案,协调保险公司、再保公司,2天时间就完成了项目投保,保障额度达500万元。但总体上这两类保险产品在张江生物医药企业中的知晓度和使用率还不高。此外,在新药研发生产中还存在生产风险、环境风险、市场风险等,但针对这些风险市场上目前还缺乏相应的保险产品和服务。

第八,风险租赁几乎是空白。在支持生物医药企业发展中,近年来国际上一种创新融资模式——风险租赁发展较为迅速。风险租赁通过将融资租赁与风险投资进行有机组合,出租人不仅可以通过租赁的方式进行债权投资,还可以通过风险投资进行股权投资,因此风险租赁为高风险的生物医药企业解决资金难题提供了一种新途径。

目前浦东对生物医药产业的融资租赁,主要只是针对医院开展传统意义上的医疗设备融资租赁,对生物医药研发和生产企业的风险租赁业务还几乎是空白。

三、金融支持生物医药产业发展的国内外经验借鉴

在金融支持生物医药产业发展方面,美国波士顿、法国里昂、新加坡新奥产业园和国内的北京、深圳、杭州、苏州、泰州有许多成功的经验,值得浦东学习借鉴。

(一)国际经验借鉴

1. 美国波士顿经验借鉴

美国是生物医药研发最前沿地区,具备完善的生物医药产业链,而这得益于美国本土具有相当规模的生物产业聚集区。其中,美国马萨诸塞州是全球首屈一指的生物医药产业集聚区域,州内有六大生物技术集聚区。其中,波士顿地区是马萨诸塞州生物医药产业最为重要的集聚区,其新药研发和生产、医疗健康产品、医疗器械和设备等领域在全球都名列前茅。目前全球前20名生物制药公司中有19家在波士顿/剑桥拥有主要业务。近年来,包括药明康德和百济神州等我国一些制药企业也都相继在波士顿设立办公室。2017年,齐鲁制药波士顿创新中心开业,这是中国制药企业在波士顿建立的首家创新中心。

波士顿生物医药产业发展的最主要资金来源是风险投资。波士顿是美国第三大金融中心和全美最大的基金管理中心,金融与保险业占当地GDP的比重超过15%。据统计,2019年波士顿地区生命科学领域风投资金达到47亿美元,占美国生命科学领域风投资金总额的24.6%。从2006到2019年,马萨诸塞州生物技术领域VC交易总值从46亿美元增长至172亿美元,年均增长率在8.8%以上,占美国生物技术风险资本总额的比例基本保持在20%～30%水平。全球许多顶级投资公司的总部位于波士顿(如表4-10)。2017年,根据美国风险投资协会的统计,生物技术领域最活跃的17家风投公司已有10家将总部或分部

设在波士顿地区。这些风投机构不仅不断加大了对波士顿生物医药产业投资,而且越来越多地投资于创新药的早期研发阶段。这些风险投资如此青睐波士顿,并敢于进行早期投资,关键是波士顿已形成良好的生物医药创新创业生态环境。

表4-10 总部位于波士顿的顶级投资公司一览表

风投公司名称	管理资产规模（亿美元）	投资	退出	投资案例
Summit Partners（顶峰投资）	160	对280家公司的298项投资	69个IPO和130个并购	Fuze, Vestmark, NetBrain Technologies
Battery Ventures	89	对269家公司的468项投资	16个IPO和88个并购	Akamai, Wayfair, Yesware
Highland Capital（高瓴资本）	83	对191家公司的351项投资	22个IPO和65个收购	Paint Nite, ClearSky Data, Turbonomic
Charles River Ventures（查尔斯河）	43	对222家公司357项投资	13个IPO和86个并购	Jibo, Rethink Robotics
Polaris Partners（北极星）	40	对209家公司的384项投资	21个IPO和60个并购	Drizly, ClearSky Data, Localytics
General Catalyst（通用催化剂）	30	对255家公司的433项投资	7个IPO和62个并购	Circle, HubSpot, Demandware, Bullhorn
BCV（贝恩资本）	30	对136家公司的223项投资	2次并购	Rapid7, Skyhook, Boston Heart Diagnostics
Matrix Partners（经纬创投）	24	对213家公司的374项投资	12个IPO和73个并购	HubSpot, Storiant, CloudSwitch
Spark Capital（星火资本）	20	对131家公司的231项投资	3次IPO和34项并购	Cybereason, Runkeeper, Wayfair

资料来源：中孵健康。

一是顶级科研和人才资源为生物医药创业提供强大的创新能力。在环波士顿地区,不仅有40多所世界顶尖高校,其中包括哈佛大学、麻省理工学院和波士顿大学等,而且还拥有麻省总医院、哈佛大学医学院、新英格兰医学中心等全美著名的优质临床医学资源。两者的深度融合形成了引领当今医药领域最新发展趋势的研发模式——"临床—实验室—临床"（"Bed-Bench-Bed",简称BBB）,成为环波士顿地区创新转化的丰富源泉。

二是政府政策多元化扶持强化了生物医药成果转化能力。2007年,当地政府推出马萨诸塞州生命科学计划,在2008—2017年投资10亿美元用于生命科学领域的研究。2018年6月,马萨诸塞州州长查理·贝克(Charlie Baker)宣布,将通过"马萨诸塞州生命科学"(Massachusetts Life Sciences)项目,帮助发展位于波士顿和剑桥的生物制药产业。此外,政府还通过改善生活环境、社会福利和提供产业人才实践平台等方式来聚集创新人才,强化成果转化能力。

三是大量的新创企业为推动生物医药创新发展提供新鲜血液。近年来一些大型的生物医药企业改变创新策略,在减少企业自身研究规模的同时,通过与一些新创生物技术企业建立联盟的方式获取来创新技术和动力。而波士顿为生物医药新创企业的产生和发展创造了良好的土壤。波士顿绝大部分的生物医药技术专利都集中在当地的医院或者研究机构手中,创新主体也主要来源于这些机构。新创企业的蓬勃发展离不开产业化链条中一个重要的环节——孵化器。"中心实验室"(Lab Central)是麻省理工学院用于孵化生物医药项目和中小企业的专业孵化器。Hi-lab是哈佛大学推进教授、学生与波士顿当地企业家及社会成员之间开展合作的综合孵化器。麻省理工学院的"5万美元创业竞争"创业基金每年资助学生中的创业者,最初成立的5年内就支持了超过35个公司的成立。这种"教授+学生"的创业模式是高校生物医药科研成果转化的有效模式。不仅如此,在波士顿,许多生物医药初创企业还可以通过被并购的方式实现退出,如亚马逊以10亿美元收购了在线处方药服务企业PillPack,而创业者拿到资金后又可以进行下一轮产业,催生出更多的生物医药初创企业。

四是领军企业在生物医药创新创业中起到关键性作用。在美国主要生物医药产业园区中,往往都有一些企业作为领军企业在生物医药创新创业中发挥引领作用。在波士顿生物医药产业园区中发挥引领作用的企业主要是辉瑞和渤健(Biogen)。以辉瑞为例,2011年启动了CTI项目。这是该公司的一个开放式新药研发孵化模式,致力于搭建顶级高校与产业间的桥梁,及早介入基础研究领域,并把基础研究成果应用于生物医药研发中。辉瑞的CTI模式可以看作是大型药企与学术科研机构交流方式的改变,一定程度上模拟了风险投资资助生物技术公司的模式,利用自身多元化的产业资源平台,提高新药研发选题的科学性和项目成药可行性。

五是官、商、学共同管理模式为生物医药创新提供有效保障。波士顿在生物医药企业之间建立了专业中介服务网络,包括行业协会、政府部门、民营中介等官方及民间组织,为企业提供从研究开发、技术信息、技术联系、成果转化、专利申请到风险投资、管理经营、税收优待、商业化和市场开拓甚至出口援助等涵盖整个产业链的无偿和有偿服务,提高了企业之间以及企业和政府部门之间的官产学研合作效率。

2. 法国里昂生物科技园经验借鉴

里昂生物科技园区位于法国里昂的格兰地区,园区主要发展诊断疫苗、创新医学疗法和传染病监控等生物医药产业,涵盖学术研究、技术研发、试产等产业链环节。经过多年发展,里昂生物科技园已成为全球最重要的生物科技产业发展集聚地之一,其中园区的疫苗产业和在传染病领域上的研究在全球名列前茅。

法国里昂生物科技园金融支持生物医药产业发展经验借鉴包括:

一是将政府资金扶持与协会式管理方式相结合。里昂生物技术理事会是由企业发起带有协会性质的组织,由园区企业、研究机构、公立医疗机构和政府机关代表组成,是园区的核心机构。该理事会主要发挥协调分配资金资源和管理技术服务资源的双重作用,即不仅要对产业项目进行技术审核,还要管理和负责申请产业启动基金。

二是建立多元化的产业基金体系。里昂生物科技园拥有规模庞大的资金体系,既包括政府投入资金,还通过里昂生物技术理事会设立了多种产业基金,包括地区项目基金、全国项目基金、欧洲项目基金和世界合作基金等,这些基金对生物医药创业企业和风险投资企业有很大的吸引力。

3. 新加坡启奥生命科学园经验借鉴

启奥生命科学园离新加坡主城区只有20分钟车程,交通便利。启奥生命科学园的具体细分产业定位在生物医药研究与生产、医疗器械研发与制造、疾病研究等领域,涵盖研发、试验环节。近年来,通过不断优化生物医药产业发展生态环境,该园区发展较为迅速。

新加坡启奥生命科学园金融支持生物医药产业发展经验借鉴包括:

一是充分发挥政府与市场在孵化企业中的作用。启奥生命科学院的产业孵化主要由政府主导,同时加强政府产业基金和VC/PE的合作,并引入雅培、葛兰素史克、诺华、罗氏等国际知名医药企业参与生物医药项目孵化。

二是重视对高校技术专利转化的资金支持。启奥生命科学园与新加坡国立大学和南洋理工大学比邻而居。为促进这两所高校生物医药专利技术在园区内转化,启奥生命科学园还积极发挥新加坡国家科学技术研究局的作用。在园区内,新加坡国家科学技术研究局通过推进项目认证、资金支持、园区资源协调等工作,有效促进了高校生物医药技术专利在园区内进行转化。

（二）国内经验借鉴

1. 北京经验借鉴

近年来北京市大力发展生物医药产业，在空间布局上积极打造"北部基础研发、南部高端制造"两大产业集聚区，大力布局基因技术、医疗人工智能、新材料＋、抗体药物等新业态。目前北京已布局一批国家重大生物医药科技基础设施，集聚了诺华、拜耳、默沙东、同仁堂等一批国际领军企业与本土龙头企业。

北京金融支持生物医药产业发展经验借鉴包括：

一是市区两级加大财政资金投入力度。近年来，北京市通过加大财政资金投入积极支持创新药领域的原始创新：在北京市科技创新基金下面设立医药健康领域子基金，对不同阶段的生物医药创新项目给予支持；鼓励为生物医药企业提供天使投资、创业投资、并购重组、企业上市等投融资服务，如中关村对于符合条件开展天使投资的，按照其实际投资额的15%给予风险补贴。2020年12月，北京中关村生命科学园产业发展基金正式成立，该基金由中关村协同基金联合中关村生命园、中关村医疗器械园和河北金汇通企业集团共同发起设立，为北京以及合作区域秦皇岛的优质医疗健康企业提供资金支持。

二是在生物医药产业园区推出"科技金融超市"模式。2017年9月，中关村生命科学园为缓解生物医药科技创新企业的融资困境推出"科技金融超市"模式。在该模式中，中关村发展集团科技金融机构作为服务主体，从三个方面提供服务：吸引银行、保险、证券等金融机构入驻，共同为企业提供金融服务；与市场推广、管理培训、财税法务等中介机构合作，为企业提供增值服务；与北京市相关委办局合作，为企业提供政策咨询等各类服务。

在科技金融超市模式中，中关村发展集团还为入驻金融机构提供会议场地和已筛选的企业资源，提供专业性分析，帮助机构分析生物医药行业发展走向，节省了金融机构调查的人力和时间成本；组织项目路演等投融资见面活动，让投融双方面对面交流等，帮助其更高效地进行项目选择。

北京通过"科技金融超市"模式已助推一些生物医药企业发展，如壹美源、希望组、湃生生物、诺灵生物、合生基因等企业均通过该模式获得了相应轮次的融资，其中作为全球最大的ONT测序中心和我国首家三代测序应用公司，希望组生物获得B轮近亿元投资；湃生生物获得Pre-A轮近千万元的融资。

2. 苏州经验借鉴

苏州目前已经完成了"1＋N"的生物医药布局，初步形成了张家港医疗器械高新产业园、常熟苏虞生物医药产业园、古里生物医疗和大健康产业园、太仓生物港、昆山小核酸及生物医药产业园、吴江科技创业园、吴中生物医药产业园、相城生物医药国际研发社区、苏州生物医药产业园、江苏医疗器械科技产业园、苏州生命健康小镇等各具特色的集聚区。其中,苏州工业园区近年来大力发展创新药物、生物技术及新兴疗法和医疗器械等产业集群,已在国内生物医药产业园区中居于第一方阵。该园区计划在2025年集聚生物医药企业达6 000家,产业规模突破4 000亿。

苏州在金融支持生物医药产业发展方面的经验主要有:

一是金融全方位支持生物医药企业发展。在苏州基金下以市场化方式参股设立大健康产业基金,通过大健康产业基金投资并促成生物医药创新项目来苏州落户。支持金融机构在金融工具上进行创新,推出生物医药企业发展指数,为企业提供全生命周期的金融支持。利用境内外多层次资本市场支持生物医药企业挂牌上市,对实现IPO的生物医药类企业按最高不超过100万元进行奖励。

二是通过园区成立产业基金,支持生物医药企业尤其是早期初创企业的发展。苏州生物医药产业园(BioBAY)不仅与新建元控股集团共同发起了新建元生物基金,还参股礼来亚洲、美敦力基金、泰福资本、通和毓承等产业基金。设立和参股产业基金为园区内生物医药企业在股权投资方面获得支持提供了机会。

3. 杭州经验借鉴

近年来,杭州市将生物医药产业作为"十三五"全市重点打造的"1+6"产业集群重要组成部分,积极培育千亿生物医药产业集群,打造具有全球影响力的生物医药创新城市。在医药产业和投资方面,杭州市经济技术开发区已经聚集各类生物医药企业450余家,实现产值250亿元,并连续多年实现15%以上的增长,是杭州市最主要的生物医药产业集聚区,其生物医药产业产值几乎占全市生物医药产业总产值的半壁江山。位于杭州市经济技术开发区的杭州医药港小镇则重点围绕生物技术制药、生物医学工程以及高端医疗器械三大领域进行产业培育和招引,目前世界前十的药企已经有7家在开发区落地,包括辉瑞、默沙东、拜耳、吉立德、礼来、强生、雅培等。2020年1至7月,杭州医药港生物医药企业完成工业产值182.68亿元,增幅12.9%。

杭州金融支持生物医药产业发展经验借鉴包括:

一是发挥产业基金在生物医药产业招商引资方面的作用。近年来杭州市以政府产业基金为依托,吸引社会资本和金融资本共同设立生物医药产业投资基金。在产业投资基金中,根据具体情况政府出资部分可适当延长退出周期,以重点支持生物医药创新型企业在杭州本地的发展。杭州还通过政府产业基金吸引生物医药产业优质项目落户杭州。杭州医药港小镇不仅设立了50亿元的生物医药产业基金,同时还与礼来亚洲基金、凯泰资本等国内外有影响力的投资机构加强合作,形成了"政府引导基金、企业创投基金和社会风投基金"三个层次的资金平台,吸引许多生物医药项目落户杭州医药港小镇。如成功将天境生物公司吸引到杭州医药港小镇,2019年该公司抗体研发及产业化项目签约落户杭州,计划总投资约56亿元。

二是充分发挥区域股权交易市场的作用。2017年,杭州经济技术开发区与浙江股权交易中心进行战略合作,在杭州医药港小镇建成投用浙江省股权交易中心生物医药专板。双方通过合作引导推荐一批杭州经济技术开发区内产业基金、创业引导基金、科技扶持基金等各类政府基金所投资的生物医药企业至浙江股权交易中心挂牌,同时为挂牌企业提供相关扶持政策;浙江股权交易中心依据挂牌企业特点与需求,制定有关规范培育、股债融资、并购对接、上市辅导等方面的精准服务,并通过对"生物医药板"的宣传、展示及服务,吸引国内外优质项目落户杭州医药港小镇。

4. 深圳经验借鉴

近年来深圳生物医药产业发展迅速,已在粤港澳大湾区乃至全国都占有一席之地。2019年,深圳市生物医药产业增加值为337.81亿元,增速达13.3%。目前深圳市生物医药产业链较为完整,在医学影像、基因检测、生物信息等细分领域具有领先优势,在干细胞、生物疫苗等细分领域有一定的特色。目前深圳已形成大鹏国际生物谷、南山高新技术产业园、坪山国家等生物医药产业核心聚集区。2019年中央发布的《关于支持深圳建设中国特色社会主义先行示范区的意见》中,专门提到对深圳生物医药产业的支持,提出要建立更加包容审慎的新经济监管制度,促进互联网技术(IT)和生物技术(BT)融合发展,打造医药领域的创新平台等。

深圳金融支持生物医药产业发展经验借鉴包括:

一是充分发挥本地风险投资对生物医药产业发展的支持作用。深圳的风险投资在国内名列前茅,因此风险资本在支持深圳生物医药产业发展中发挥了重要作用。2018年深圳市生物医药PE/VC领域共发生38起投资事件,其中投资方包括IDG、红杉资本、软银、深创投、达晨创投等在资本市场活跃的机构;从融资阶段来看,发生在 B 轮之前的融资占比超过 80%。其中深创投不仅投资深圳本地生物医药企业,而且在全国其他地区也投资了不少优秀生物医药企业。2018 年,深创投在医疗领域投资的 10 家企业中有 5 家是生物医药企业,而这 5 家企业又主要设立在广东省。

二是不断通过体制机制改革,鼓励国有创投机构支持生物医药产业发展。一直以来,深圳市政府对创业投资的支持力度是国内最大的,尤其是在支持国有创投机构的市场化运作上。2018 年 12 月,《深圳市促进创业投资行业发展的若干措施》出台,其中规定"国有创投高管可持股 30%"。深圳市创新投资集团(以下简称"深创投")之所以在生物医药投资方面业绩突出,一个非常重要的原因就是在深圳市政府的支持下建立了科学的激励机制和约束机制。除创始人员及政府工作人员外,深创投的所有员工都是社会化招聘而来,形成了拥有复合专业背景、丰富投资经验的专业团队。不仅如此,深创投很早就建立了强制跟投与主动跟投机制。所谓强制跟投,即公司高管对其在投委会表决通过并且本人投了赞成票的投资项目必须跟投;投资经理团队成员对通过投委会决策的投资项目也必须跟投。所谓自愿跟投,即员工可自愿按不得超过项目投资额的一定比例跟投,与公司同股同权。同时深创投在成立之初还建立了"8+2"模式,即将每年净利润的 8% 作为员工年终奖,将项目净收益的 2% 用于奖励项目团队。2016 年,深圳市国资委审批又通过了深创投新的激励机制,允许深创投将净利润的 10% 和项目净收益的 4% 分别奖励给全体员工和项目团队。

5. 泰州经验借鉴

生物医药产业属于泰州市传统优势产业,经济总量和利税已经多年位列江苏省首位。泰州市生物医药产业基本涵盖了化学原料药、化学制剂、中药、生物制药、医疗设备及药用辅料领域。在空间布局方面,主要以国家级泰州医药高新技术产业开发区为主。目前泰州医药高新技术产业开发区已集聚了 1 000 多家生物医药与高性能医疗器械企业。

泰州市是国务院批准的全国首个以金融支持产业转型升级为创新内容的金融改革试点地区,而试点的重点就是金融支持生物医药产业发展。泰州金融改革实施以来,通过四个方面的举措为生物医药产业发展提供全生命周期、全方位的金融服务:

一是支持创业投资发挥引领作用。近年来泰州市出台了《泰州市新兴产业创业投资引导基金管理办法》等政策,构建了"1+10+N"产业投资基金体系,通过"风投+基金"模式大力支持生物医药企业发展,尤其是初创期生物医药企业的发展。

二是支持生物医药企业挂牌上市。近年来泰州市加强与全国中小企业股转系统、深交所、上交所的合作,如与深交所合作成立泰州医药高新区路演中心。同时通过"十百千"培训工程对企业挂牌上市进行分层分类辅导,提高支持的精准度和有效性。

三是股债融合助力。探索"股权+债权"融资模式,推动本地银行与券商投行、私募股权基金合作,满足初创期、成长期生物医药企业中的长期资金需求。目前已经有60多家企业被纳入跟踪培养库,其中最具代表性的是瑞科生物,累计获得股权投资3.68亿元,股权融资占比32%。

四是发挥小微基金的增信作用。2019年,泰州市、区两级财政共同出资设立首期规模1亿元的市级信用担保基金,由江苏再保集团受托作为基金管理人,推行政府、银行、担保、再担保四方联动分担小微企业贷款风险的模式,即在政府、银行、再担保公司、担保公司之间按2∶2∶2∶4的比例共担中小微企业贷款风险,并按信保基金的10倍放大信贷规模,贷款利率上浮最高不超过基准利率的30%。为充分发挥该基金功能,帮助生物医药类企业解决融资难题,2019年7月泰州市又出台政策,鼓励和引导金融机构加大对生物医药及高性能医疗器械企业的信贷支持力度,对符合条件的企业全部采用信用放款方式予以信贷支持。

通过上述国内外经验研究表明,风险投资在生物医药产业创新创业中发挥了重要作用,但同时也需要银行信贷、保险、融资租赁等多种融资方式为生物医药企业提供全方位、全生命周期的服务;在金融支持生物医药产业发展中,应"双轮驱动",既要发挥市场的主导作用,但同时政府也应积极有为,政府不仅应为金融支持生物医药产业创造良好的政策环境和搭建公共服务平台,而且还可通过建立政府产业引导基金等方式直接支持生物医药企业发展(如表4-11)。

表4-11 国内外金融支持生物医药产业发展的主要经验

区　域	主　要　经　验
波士顿	一是顶级科研和人才资源为生物医药创业提供强大的创新能力;二是政府政策多元化促进了生物医药成果转化;三是一大批生物医药新创企业成为推动创新发展的动力和血液;四是领军企业在生物医药创新创业中起到关键性作用;五是官、商、学共同管理模式为生物医药创新提供有效保障

(续表)

区　域	主要经验
里昂生物科技园	一是将政府资金扶持与协会式管理方式相结合;二是建立多元化的产业基金体系
新加坡启奥生命科学园	一是充分发挥政府与市场在孵化企业中的作用;二是重视对高校技术专利转化的资金支持
北　京	一是市区两级加大财政资金投入力度;二是在生物医药产业园区推出"科技金融超市"模式
苏　州	一是为生物医药企业的发展提供全方位的金融支持;二是通过园区成立产业基金支持生物医药企业尤其是早期初创企业的发展
杭　州	一是将产业基金发展与招商引资相结合;二是充分发挥区域股权交易市场的作用
深　圳	一是充分发挥风险投资对生物医药产业发展的支持作用;二是不断通过体制机制改革鼓励国有创投资本支持生物医药产业发展
泰　州	一是创业投资引领;二是挂牌上市驱动;三是股债融合助力;四是发挥小微基金的增信作用

四、金融支持浦东生物医药产业高质量发展的政策建议

针对浦东生物医药产业投融资体系存在的问题,从浦东生物医药产业高质量发展的需要出发,借鉴国内外经验,建议浦东采取以下措施。

(一)进一步发挥风险投资的作用

近年来风投机构支持浦东生物医药产业发展的力度在不断加大,但从浦东生物医药产业高质量发展的要求来看,还远远不够,尤其是在创新药的早期投资方面,真正愿意承担风险的国有创投和本地风投还不多,还需采取措施进一步发挥风险投资的作用。

1. 为生物医药企业创新创业创造良好的生态环境

风险投资之所以青睐美国波士顿的生物医药产业,主要原因还是其良好的创新创业生态环境。目前浦东生物医药创新创业生态环境一直在改善,但在改善源头创新生态环境方面还要进一步努力。浦东应借助上海自贸区建设机遇,在人才、资金、技术、药品监管审批等政策上先行先试,系统施策,巩固和强化张江生物医药"创新创业"品牌,让张江成为国内外生物医药创新创业制度成本最

低的区域之一。如在药品监管审批上,争取进一步简政放权,废除不必要的行政审批,提高行政审批效率,缩短审批时间,加快创新药品的审批,实现产证分离,节约企业成本和社会成本。又如在人才政策上,应贯彻上海市人民政府2019年7月发布的《关于促进上海创业投资持续健康高质量发展的若干意见》(以下简称《上海创业投资若干意见》)精神,对符合条件的生物医药创业投资人才,按照规定缩短居住证转办常住户口年限,或办理直接落户,并在居住、子女教育、医疗和出入境等方面提供便利服务。

2. 进一步发挥国有创投对浦东生物医药产业发展的支持作用

《上海创业投资若干意见》还提出要"优化政府投资基金管理和服务模式""完善国资创业投资企业市场化运作机制",这为浦东国有创投体制机制改革创造了良好的政策环境。建议浦东加大国有创投机构和政府引导基金的改革力度,支持生物医药产业发展。

一是加大国有创投机构体制机制改革力度。建议出台具体政策,在法人治理结构方面加大改革力度,在选聘具有生物医药产业投资专业团队上提高市场化程度;建立强制跟投和自愿跟投制度,允许管理层和核心骨干持有被投企业一定的股份。

二是进一步推进浦东新区产业创新中心建设。完善"项目经理"制度,形成权责明晰、激励相容的机制,建立健全新区产业创新中心对包括生物医药产业在内的高新技术产业进行投资的容错机制。

三是大力推进生物医药专项子基金的市场化运作。充分发挥浦东科创母基金生物医药专项子资金的作用,加强基金的市场化运作,将投资效益与管理人员的薪酬相挂钩,在跟投、评估、事前约定股权退出等方面进行创新。在返投比例和向社会资本的让利机制上加大改革力度,吸引更多的社会资本,进一步放大财政资金的杠杆效应。

3. 鼓励地方风投机构支持浦东生物医药产业发展

建议进一步完善生物医药创业投资政策,集聚生物医药产业投资人、创业团队和基金管理人,在"募、投、管、退"上为风险投资机构提供全生命周期服务。

一是在"募"上鼓励和支持风险投资机构创新募资手段。支持风险投资机构通过募集保险资金、发行企业债、公司债券等方式扩大资金来源。

二是在"投"上支持银行、证券、保险等金融机构与风险投资机构的合作,在投贷联动、投保联动、投债联动等新模式上加大探索力度。搭建各类风险投资机构与企业之间的信息共享平台,开放共享生物医药项目(企业)资源,定期举办投融资项目对接活动,引导风险投资机构投资于生物医药科技成果的转移转化。

三是在"管"上建立风险投资机构信息披露和风险揭示机制。强化风投机构内控机制、合规管理和风险管理机制。对有政府直接或委托出资的生物医药产业投资基金,要求在全国政府出资产业投资基金信用信息登记系统中进行信用信息登记。

四是在"退"上支持风投机构的被投企业通过上市、挂牌、并购及协议转让等方式拓宽退出渠道。实施"创业板、科创板行动计划",探索设立生物医药产业私募股权二级市场基金,支持各类社会资本以市场化方式组建生物产业并购母基金,通过市场化认定股权转让损失的机制等方式帮助风险投资有序退出。

4. 大力支持对生物医药初创企业的风险投资

与波士顿相比,浦东在支持生物医药初创企业发展方面的风险投资还不够。波士顿的经验表明,高校师生和医院医生在生物医药初创企业发展中起到了很大作用,但浦东在这方面的差距还很大,因此建议:

一是倡导成立生物医药天使投资联盟。通过该联盟为天使投资人与生物医药企业搭建信息交流和合作平台。近年来一些高校和医院的入驻,使张江具备了运用"临床—实验室—临床"创新模式的可能,建议通过天使投资联盟的支持,使这种模式在张江得以复制推广。

二是加大对高校科研机构、医院的师生、科研人员、医生创业的支持。鼓励成立以这些人群创新创业为主要服务对象的天使投资机构和孵化器,可规定天使投资人所管理的单支基金当年投资在浦东新区注册的种子期、初创期生物医药企业投资额不低于规定比例的,能按照实际到账投资额的一定比例给予奖励。

(二)支持生物医药企业挂牌上市、并购和企业战略合作

1. 进一步支持浦东生物医药企业挂牌上市

近年来,为支持企业挂牌上市,浦东出台政策,根据企业上市进程中不同阶段按一定标准给予财政补贴,对保荐企业成功上市的券商保荐团队给予一定的奖励,对在新三板和上海股交中心挂牌的企业给予一定的财政补贴。此外,浦东还建立了推进中小企业上市工作联席会议机制,积极探索"工作机制+服务平

台+配套政策"的服务模式,成效十分明显。为进一步支持浦东生物医药产业高质量发展,建议如下。

一是加大对生物医药企业挂牌上市的支持力度。借鉴浦东对电竞企业上市支持政策,可出台政策,浦东生物医药企业上市后,在已有对所有企业上市支持标准的基础上再给予一定的财政补贴,实施差异化的财政扶持政策。

二是进一步支持浦东生物医药企业在科创板上市。建议新区利用长三角资本市场服务基地,制订浦东生物医药企业赴科创板上市工作实施方案,建立一个分层次的科创板上市企业库,收集新区生物医药企业到科创板上市的需求,针对不同层次的企业出台精准的帮扶政策。

2. 支持生物医药企业进行境内外并购

根据近期美国《医药经理人》杂志公布的数据,在全球制药公司50强中,中国仅有中国生物医药公司和江苏恒瑞医药公司2家企业,浦东尚无企业入围。浦东要实现生物医药产业高质量发展的目标,必须将打造世界级生物医药企业放在重要位置,支持生物医药企业通过多种模式发展壮大。研究表明,世界级生物医药企业的成长模式主要有四种:第一种是如默沙东公司所采取的主要靠自己的研发团队研发新产品;第二种是如罗氏公司所采取的整合资源联合创新;第三种是如辉瑞公司所采取的以收购产品和并购企业为主;第四种是如强生公司所采取的依靠子品牌集群发展。对于浦东而言,应重视通过支持境内外并购促进生物医药龙头企业的发展。

一是支持生物医药产业并购基金、并购贷款的发展。充分发挥浦东科创母基金生物医药专项子基金在境内外并购中的作用,在生物医药产业并购所涉及的产业、外汇、融资等方面出台相关配套政策,鼓励相关机构为并购贷款提供担保。

二是支持生物医药并购交易平台的发展。加强与上海联交所的合作,共建生物医药产权交易平台,并将该平台定位为跨境交易平台,发挥平台在支持生物医药企业并购方面的作用。

3. 进一步支持生物医药企业进行战略合作

针对生物医药产业高投入、高风险特征,近年来一些生物医药产业通过战略合作进行创新药的研发。在张江,已有多家企业合作研发项目获国家药品监督管理局受理,或批准进入临床研究,如贝达药业联合君实生物的PD-1免疫疗法与靶向小分子联合疗法获受理,上海医药与复旦张江生物医药联合研发CD30

单抗获批临床,海和生物和大化制药合作开发的口服紫杉醇RMX3001获得国家药监局注册临床试验批件。因此建议浦东建立专项基金,支持生物医药企业的联合研发和产业化,对于参与合作研发和产业化的一些中小生物医药企业可提供财政补贴和信贷支持。

(三) 加大对生物医药企业的信贷支持

1. 推进生物医药产业金融综合服务平台建设

借鉴中关村生命科学园"金融超市"模式,推进新区生物医药金融综合服务平台建设。建议该平台以新区生物企业服务大数据库为基础,搭建覆盖企业初创期、成长期、成熟期的金融产品服务体系,实现生物医药企业与金融机构的高效精准对接。

2. 进一步发挥小微增信基金的作用

近年来,浦东小微增信基金在解决中小微企业融资难、融资贵问题上发挥了积极作用。2017年和2018年两年内,浦东小微企业通过小微增信基金累计获得3 468笔共计44.3亿元贷款,各项数据排名均位列全市首位。2019年上半年,浦东小微企业在小微增信基金项下从银行合计获得的贷款规模达15亿元,同比增长134%,完成全年计划的77%。在市担保中心全市81.7亿元的规模中,浦东企业占比达18.5%,比2018年提高2个百分点。其中,一半以上企业属于包括生物医药产业在内的浦东重点优势产业。

为进一步发挥小微增信基金的作用,建议浦东学习泰州经验,将生物医药产业作为小微增信基金加大支持重点产业的试点,出台专门政策加大支持力度,从企业准入条件、反担保要求、业务申请审批流程、激励政策等方面进行细化,鼓励更多的金融机构支持中小生物医药企业融资,尤其是对创业投资机构参股的各类生物医药中小微企业加大融资支持。

3. 推行"政府+银行+保险+评估"共担风险的知识产权质押融资模式

目前新区许多生物医药企业虽然融资需求强烈,但由于它们大多属于轻资产企业,抵押担保不足,难以获得贷款。为支持这些企业利用知识产权进行融资,可学习广东省中山市经验,将评估机构和保险机构纳入知识产权质押贷款中,形成"政府+银行+保险+评估"共担风险的融资模式,四方按照一定比例分摊贷款损失风险。这种模式不仅可规范专利价值的评估,还可促进各参与方相互监督、风险共担,激励银行积极开展知识产权质押融资。为进一步降低企业质押融资成本,浦东还可出台政策,从银行利息、保险费用、评估费用等方面给予财政补贴,鼓励生物医药企业积极申请知识产权质押贷款。

4. 创新"投贷联动"模式支持生物医药产业发展

目前"投贷联动"模式对新区生物医药产业发展起到了一定的促进作用,但仍然存在许多问题。要通过投贷联动支持浦东生物医药企业发展,就必须加强银行与投资机构间的资金和资本联系,让银行分享到生物医药快速增长后资本重新估值所带来的资本溢价。因此建议浦东进一步支持"投贷联动"模式的创新,通过出台政策支持"小股权、大债权"投贷联动模式、外部投贷联动模式等激励商业银行和投资机构支持浦东生物医药企业发展。

(四) 进一步发挥保险、融资租赁和跨境融资的支持作用

1. 进一步发挥保险的支持作用

针对目前生物医药人体临床试验责任保险和生物医药产品责任保险在浦东生物医药企业的知晓度和使用率还不高的情况,建议浦东进一步加大宣传力度,同时出台配套政策进一步加大财政支持力度。此外还可借鉴学习宁波和南京经验,支持保险机构推出科技项目研发费用损失保险,即在保险期间内,被保险人的科技项目由于研发不确定性无法按照立项预算完成时,保险人按照保险合同的约定,负责赔偿被保险人损失的研发费用,以支持生物医药企业发展。

2. 进一步发挥融资租赁的支持作用

建议进一步发挥上海自贸区先行先试的优势,学习借鉴天津自贸区经验,允许融资租赁医疗器械经营企业不设置库房、不配备储运设备、放宽经营场所面积,降低企业经营成本;支持大型医疗器械融资租赁企业集聚,在符合国家政策、保障产品质量前提下,支持市场监管部门先行先试,探索通过医疗器械租赁进行有效融资的管理制度。此外浦东还应大力发展风险租赁,推动融资租赁与风险投资的有效结合,支持新区生物医药产业的发展。

3. 利用上海自贸区新片区建设机遇发挥跨境金融的支持作用

2019年8月,《中国(上海)自由贸易试验区临港新片区总体方案》(以下简称《总体方案》)公布。根据《总体方案》,上海自贸区新片区要建设成为具有国际市场影响力和竞争力的特殊经济功能区,重点发展集成电路、智能制造、生物医药、航空航天等产业。而这些产业具有更深层次国际分工合作的特征,需要更高水平开放的金融服务。因此新片区金融改革应以服务实体经济为出发点,以资

金自由流动为目标,率先推进资本项目可兑换和实施金融业对外开放,进一步拓展人民币跨境金融服务深度和广度,支持金融机构借鉴国际惯例提供跨境金融服务。

为吸引海外具有生物医药早期项目运作经验的资本支持新片区创新创业型生物医药企业发展,建议在新片区内拓展自由贸易账户的功能,在为生物医药创新企业提供跨境金融服务上加大改革力度,进一步提高生物医药产业投资贸易的便利化水平,积极支持新片区内生物医药企业"引进来"和"走出去"。

第五章 双循环与消费升级

第一节 双循环与内需拉动

"构建以国内大循环为主体、国内国际双循环相互促进的新发展格局"是我们在面临百年未有之大变局背景下,面对错综复杂的国内国际形势而做出的一种战略部署,是顺势而为的主动选择,不是权宜之计,不是被动应战。以国内大循环为主体,并不排斥国际循环,不是一味地国内"单循环";以国内大循环为主体,需要拥抱国际循环,需要将国际循环作为国内循环的重要延展;以国内大循环为主体,需要具备"虹吸"国际循环的能力,需要将强有力的国内大循环作为吸引、汇聚国际资源的重要推手,从而承接国际循环;以国内大循环为主体,更应重视国际循环辅体的作用发挥,做到国内国际双循环的联动耦合。"国内大循环为主体、国内国际双循环相互促进"是个整体,不可分割,也不容分裂;"国内大循环为主体、国内国际双循环相互促进"不能解读为闭关锁国,而应理解为更高水平、更深层次、更宽领域、更大范围、更长时期的开放开发。

一、内需是双循环运转的基础

经济学经典理论告诉我们:投资、消费、出口是拉动经济发展的"三驾马车"。不同国家由于自身国情的不同、自然禀赋的不一、发展阶段的变化、经济基本面的差异,"三驾马车"作用发挥不尽相同,亦即,不能指望,也不需要"三驾马车"并驾齐驱、平均发力。

在中国的经济发展过程中,相当长一段时期内,投资、出口这"两驾马车"跑得较快,消费这架马车跑得相对较慢,这与我国当时基本经济面、发展所处阶段、发展战略选择高度相关,也符合彼时的实际情况。经历了40年高速发展,中国经济步入了"新常态",中国经济发展需要"新模式"与之匹配。我们必须正视消费在国民经济中的地位和作用:消费是经济高质量发展的必需,也是经济可持续发展的必需。

面对日益复杂的国际国内形势,中央提出了"构建以国内大循环为主体、国内国际双循环相互促进的新发展格局"的战略。"双循环"战略的落地必须依靠内需的拉动,内需是"双循环"运转的基础因素。

相较于世界上绝大多数国家,尤其是作为拥有庞大人口和市场的大国而言,中国消费对经济增长的贡献有限。下列组图(图5-1至图5-5)列示的是发达大国在10年内总消费占其本国国内生产总值的比重。法国10年间总消费占GDP比重最高值为79.5%,最低值为76.9%,平均值为77.9%;日本10年间总消费占GDP比重最高值为80.6%,最低值为74%,平均值为77%;德国9年间总消费占GDP比重最高值为74.1%,最低值为71.9%,平均值为72.6%;英国9年间总消费占GDP比重最高值为84%,最低值为81.2%,平均值为82.9%;美国9年间总消费占GDP比重最高值为84.7%,最低值为82.7%,平均值为83.31%。折线图显示,对于世界上最发达的大国而言,消费占GDP的比重都远超70%;折线图还清晰地告诉我们,消费是发达国家赖以发展、发达的不竭动力,内循环为主是发达国家到了一定发展阶段应该也必须要走的路。

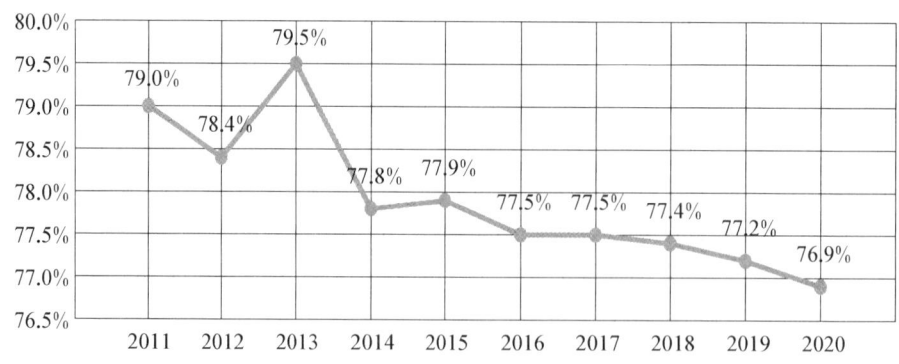

图5-1　2011—2020年法国总消费支出占国内生产总值比例

资料来源:根据http://www.ceicdata.com/en 网站历年数据统计整理而得。

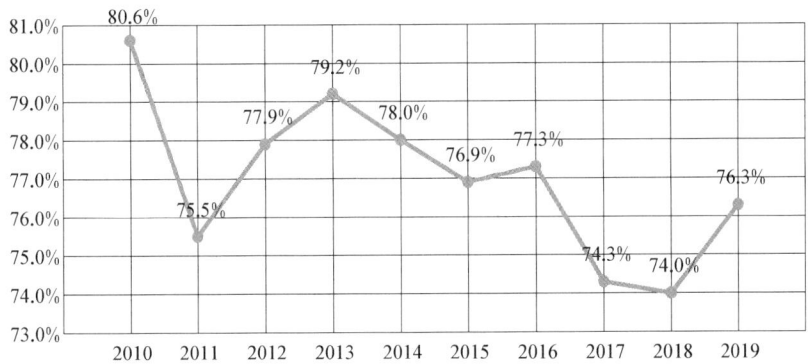

图 5-2 2010—2019 年日本总消费支出占国内生产总值比例

资料来源：根据 http://www.ceicdata.com/en 网站历年数据统计整理而得。

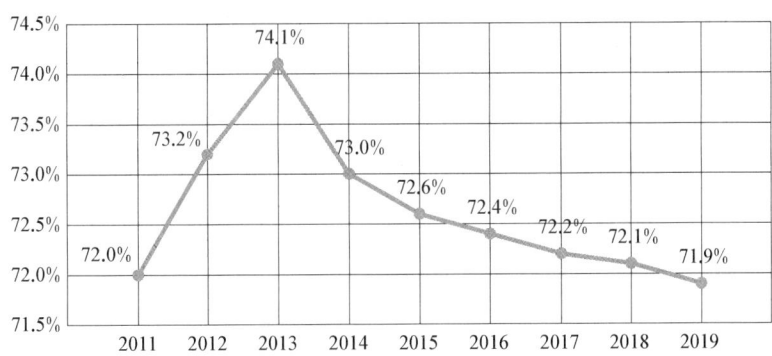

图 5-3 2011—2019 年德国总消费支出占国内生产总值比例

资料来源：根据 http://www.ceicdata.com/en 网站历年数据统计整理而得。

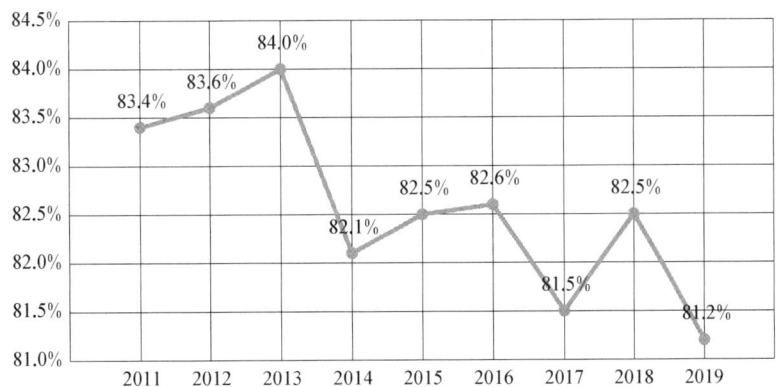

图 5-4 2011—2019 年英国总消费支出占国内生产总值比例

资料来源：根据 http://www.ceicdata.com/en 网站历年数据统计整理而得。

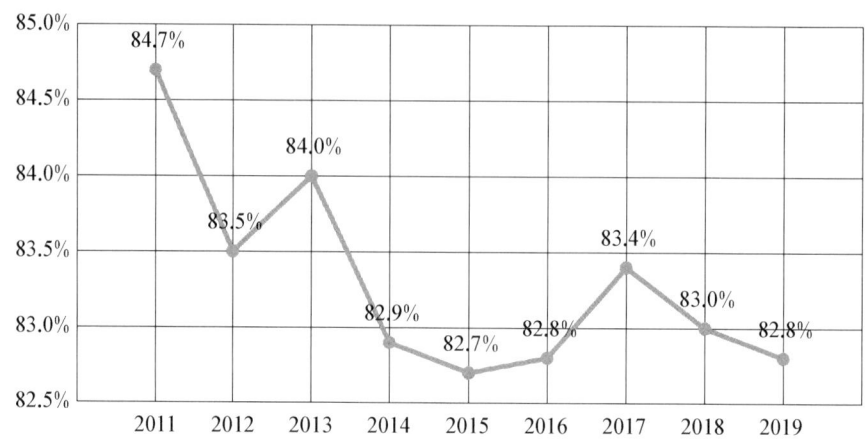

图 5-5 2011—2019 年美国总消费支出占国内生产总值比例

资料来源：根据 http://www.ceicdata.com/en 网站历年数据统计整理而得。

反观中国，总体而言，消费在中国 GDP 中的占比从 2010 年的 47.4%，一度攀升至 2015 年的最高点 69%，目前接近于 60% 的水平（图 5-6）。消费在中国 GDP 中的占比尽管有反复，但总趋势是向上的，总基调是积极的。与上述发达国家相比，差距仍是巨大的：近 10 年间，消费在中国 GDP 中的占比的平均值为 59.3%，远低于发达大国的平均水平。

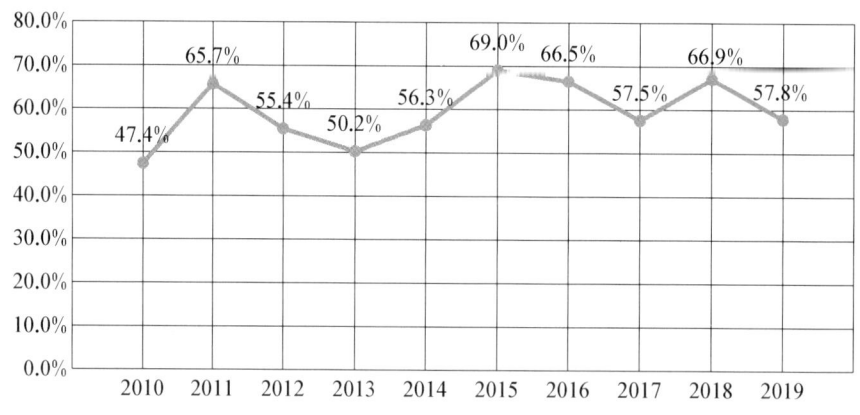

图 5-6 2010—2019 年中国总消费支出占国内生产总值比例

资料来源：根据《中国统计年鉴》历年数据统计整理而得。

为了更好地进行比较，我们将各国总消费在 GDP 中的占比共置于一张图中（图 5-7），其中差距一目了然。

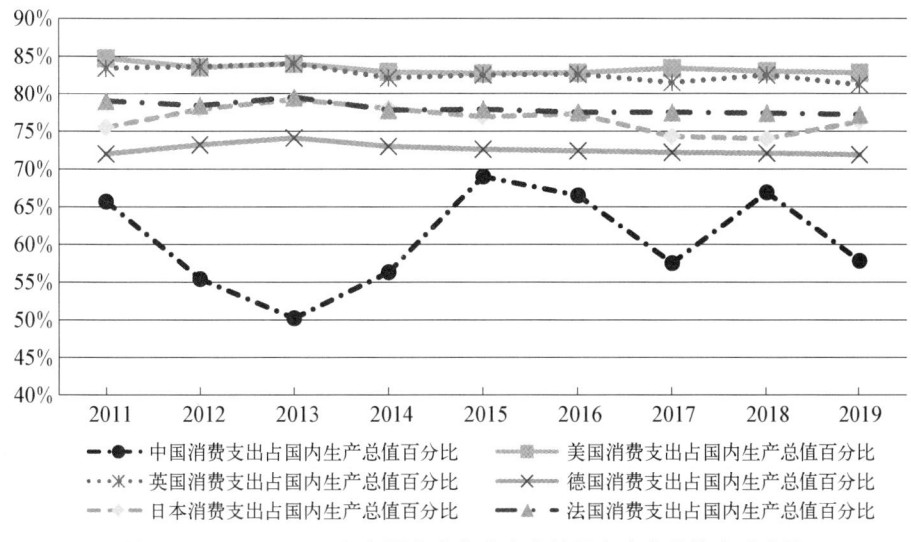

图5-7 2011—2019年各国总消费支出占其国内生产总值比重比较

上述事实告诫我们,必须重视消费对经济增长的拉动作用,中国在扩大内需、消费升级上必须下大力气,花大功夫。

二、"质""量"配合应成为扩大内需的应有之义

扩大内需不仅需要增"量",而且需要提"质"。所谓的"量""质"齐升指的就是这种情形。

(一) 扩大内需需要增"量"

扩大内需首先需要"量"的配合,没有一定的量,内需扩大无从谈起。那么如何增"量"?消费者需要什么样的"量"?笔者以为:此"量"指的是"必需量""潜在必需量""必需拓展量""必需升级量"。"必需量"是指消费者出于自身本意的真实需求,是必需的、与生俱来的、自然而然的、自发形成的消费需求;"潜在必需量"是指有一定的必需成分,但必需程度不那么紧迫的消费需求;"必需拓展量"是指不那么急迫,可有可无,但"有"比"没"好的消费需求;"必需升级量"是指超越传统阶段的,符合新技术、新经济、新形势下的新的消费需求,这一"必需升级量"又可以划分成为新的一轮的"必需量""潜在必需量""必需拓展量",但这一情形不是简单的循环反复,而是一个螺旋上升的过程。

通常而言,"必需量"是油然而生的,这部分内需的扩大只需要生产的配合即

可满足。"潜在必需量"需要发现、挖掘,这部分内需的扩大需要启发、需要引导。"必需拓展量"需要激发、催化,这部分内需的扩大更多地需要供给端发力、配合。

(二) 扩大内需需要提"质"

当在增"量"部分提及"必需升级量"这一概念时,我们实际已经进入了内需提"质"的领域范畴。那么内需的"质"又如何界定?笔者以为:高质量的内需首先应该是满足人们对于消费的"全景"要求,这样的需求既包括商品,也包括服务,而非之前我们一般理解意义上的简单的商品需求;其次高质量的内需应该是消费者的真实消费需求,这些需求可以被激发,但绝不能被忽悠;最后高质量的内需应该是可持续绿色发展的消费需求,它不以浪费资源、损坏环境为代价。

因此,要回应扩大内需如何"提质"这个问题,我们必须明确的是,一切的出发点和归属点都在于满足经济高质量发展、人民高品质生活。要坚决摒弃那种实现消费就是贡献GDP,贡献GDP就是拉动经济增长的错误观点。高质量的消费是建立在经济高质量发展之上的消费;高质量的消费是建立在环境友好、可持续发展之上的消费;高质量的消费绝对不是消费者不消费觉得可惜,消费了又觉得鸡肋的无用消费。

三、消费升级是拉动内需的重要途径

要做到内需量质齐升,没有消费升级的配合是万万不行的。那么什么是消费升级?消费升级从广义而言,是指消费主体消费能力提升,消费对象消费内涵深化,消费模式不断迭代升华。具体体现在:(1) 消费结构优化,亦即,相较于商品消费需求,服务消费需求占比上升;(2) 消费层次提升,亦即,相较于生存型消费需求,发展型消费需求占比提升,相较于普适性消费需求,个性化消费需求占比上升;(3) 消费模式迭代,亦即,相较于传统的平面化消费模式,新颖的立体化消费模式层出不穷。

消费升级需要消费者保护的助力。消费者保护,可以增强消费者信心,使消费者形成正向预期,从而促进消费升级。国内外实践告诉我们,消费者保护往往有助力消费升级的功效。

基于中国广大的市场及众多的人口这一现状,我国向来重视内需的拉动。早在1998年,为抵御彼时的东南亚金融危机,在启动投资政策的同时,也开启了扩大内需政策之门;"十五"期间,扩大内需成为国家长期战略方针;"十一五"期间扩大内需的重心向消费倾斜;"十二五"从消费对 GDP 增长贡献度出发,强调了消费对经济的提升作用;"十三五"聚焦消费结构转型,提出"居民消费结构升级"概念,一系列消费升级政策随之而生。如今,面对百年未有之巨变,党中央果断提出"双循环"新发展格局,"消费升级、拉动内需"被提升至前所未有的新高度。

消费升级是拉动内需的重要途径。随着经济的发展,当人们的基本生存需求得以满足之时,必须通过消费的升级来进一步启动新的消费,从而激发新的内需动力,而中国正是到了这样一个关键时刻。图5-8展现的是2009—2020年中国恩格尔系数的变动状况,整体而言,恩格尔系数经历了一个持续下降的过程,这表明消费升级到了该开启的时间窗口了。

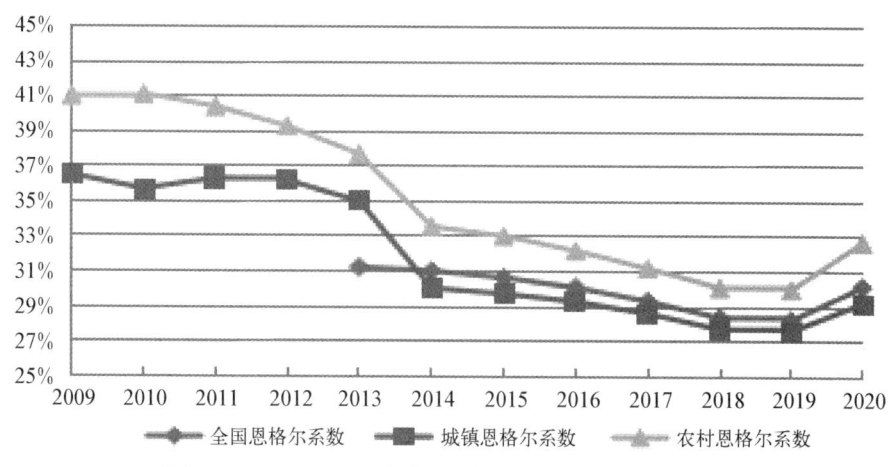

图5-8　2009—2020年全国、城镇及农村地区恩格尔系数

数据来源:国家统计局官方网站。

为使消费升级由可能变为现实,必需要以系统的政策匹配,这些消费升级政策的目标不是孤立的为刺激消费而设立,其政策目标是提升消费供给、保障、调控等能力,并借以实现产业升级和经济可持续发展。

第二节　国际消费中心城市建设

2020年席卷世界的新冠疫情对全球经济造成了巨大冲击,提振全球经济发展、恢复消费信心已成为各国共识。国际消费中心城市作为全球消费的制高点,是全球消费资源的配置中心和融通中心,影响着全球消费要素的流动方向和消费产业链的发展格局,建设和完善国际消费中心城市已成为各国应对经济衰退和产业竞争的重要举措。

一、国际消费中心城市建设的背景

首先,世界经济发展面临着百年未有之大变局。全球经济发展面临着越来越多的不确定因素,贸易保护主义泛滥,单边主义盛行,疫情席卷全球,人类社会发展面临的不稳定性增强。消费作为人类生存发展的基本需求和永恒主题受到了越来越多的关注,特别是在后疫情时代,人们的消费心理和消费倾向发生了巨大的变化。提振全球消费市场,以消费促进经济恢复、拉动世界经济发展成为各国的共同发展要求。

其次,新型的国际消费格局正在建立。互联网和电子信息技术的发展正在改变着消费的价值创造方式、商品和服务的互联互通方式,传统的消费方式正在被打破,创新型和引领型的消费格局正在建立,国际城市的消费新格局正在重建。抓住这个发展契机可以更好地确定城市在全球消费中的网络地位,从而代表国家参与全球消费治理。

最后,提升全球消费资源的配置能力。世界顶级城市走的都是"双循环"发展道路,而双循环的正常逻辑靠的是增强全球资源配置能力,提高对资金、信息、技术、人才、商品等要素配置的全球影响力。国际消费中心城市的建设从供给侧的角度来讲就是要提升消费资源的全球配置能力,在更高水平上促进国内大循环的形成,提高全球网络的连通性来掌控全球供应链和价值链,打造完整的消费产业链和消费生态系统。

二、国际消费中心城市研究的文献综述

国际消费中心城市的研究经历了三个阶段,许多学者都对这三个阶段提出了不同的看法,可以说从消费城市到国际消费城市再到国际消费中心城市不仅仅是名称的变化,更多的是内涵的变化。

(一) 消费城市研究阶段

德国经济史学家马克思・韦伯(1997)被公认为是消费城市概念的首创者,他在其著作《经济与社会》中,将依靠君侯、官僚、地主等特权阶层购买力的城市

称为消费城市。显然,国际消费中心城市的雏形被马克思·韦伯认为是前工业化时期的消费城市,此时社会生产力普遍落后,城市生产属性也不显著,是存在阶级剥削和消极意义的传统消费城市。进入21世纪后,社会生产力水平逐步提高,城市的划分逐渐清晰,消费在人们生活中所占的比重越来越大,人们不再满足于20世纪对消费城市的定义。克拉克(Clark,2011)却发现新时代的都市休闲娱乐产业已经取代传统工业,这和之前马克思·韦伯所说的靠君侯、官僚、地主等特权阶层购买力大不相同,娱乐产业成为大城市新的动力引擎,消费对城市发展的重要性已经超越生产,城市本身成为一个整体消费品。近几年,武优勐等(2019)运用能力成熟度模型(GMM模型)、门槛模型证明了城市消费集聚对劳动力流入有显著正向影响。他们提出在城市化推进过程中,城市要重视消费集聚功能的发挥,提高城市居民和流动人口的生活满意度,以此来吸引充足劳动力。

(二) 国际消费城市研究阶段

国际交流越来越频繁,消费已经不是一个国家内部的事情了,而是多国之间的交流合作,国际消费正在逐渐成为消费研究的主流。周健(2013)也发现城市服务业发展国际化的趋势日益加强。在目前全球经济不景气的情况下,跨国公司开始了新一轮的全球产业布局,而服务业向新兴市场国家城市转移的趋势也是愈发突出。由此可见消费城市的基础与都市设施提供的舒适性与便利性是息息相关的,消费城市的动力来源于收入提高、技术变革与创意阶层。陈珂(2019)认为消费环境是首位,我国建设国际消费中心城市有得天独厚的优势。随着经济形势的发展,我国经济从出口导向型转向内需导向型是必然趋势。近年来,越来越多的中国消费者选择境外旅游和境外购物,消费力大量外流的现象引起关注,国际消费也越来越常见。陶希东(2020)则认为拥有国际化链接渠道、发达多元的现代服务业体系、极强的创新能力、开放包容的环境和完善的制度政策是国际消费城市的特点。

(三) 国际消费中心城市研究阶段

随着商务部《关于培育建设国际消费中心城市的指导意见》的提出,更多的学者完善了国际消费中心城市的概念。叶胥(2016)指出城市的未来在于消费者,当今人类社会的发展表现为居民收入财富不断提高和现代科学技术不断进步,城市功能将更侧重于消费。消费者的时间成本随着收入和财富水平相应提高,城市里高频次的消费模式才能适应快节奏的生活。研究表明,后工业化时代的城市发展思路与过去有很大差别,已经无法完全从生产的角度解释今天的城市发展现状和未来城市的出路。汪婧(2019)进一步分析了国际消费中心城市的特征和形成机制,结合现代国际消费中心城市理论,界定了城市消费应在全球消费网络中居较高层级,具有较强的影响力,划定了功能的相对重要性。

三、国际消费中心城市的内涵

通过对相关文献的梳理,笔者认为国际消费中心城市是消费城市发展的高级阶段,指消费规模大、消费能级高、消费对经济社会发展贡献突出的国际大都市,具有显著的引领潮流能力、全球消费集聚力和影响力。国际消费中心城市内涵可以围绕其名称从三个方面来解析:"国际"界定消费的空间尺度,突出了对全球消费资源的集聚能力和辐射能力;"消费"界定了城市的主体功能,强调消费本身对城市的经济贡献,既包括个人消费也包括政府提供的公共消费;"中心"界定了城市在全球城市中的网络地位,突出了对全球消费资源调度的枢纽能力、对全球消费供应链和价值链的掌控能力。

国际消费中心城市的形成和发展经历了一个漫长的过程,从早期的消费城市到后来的国际消费城市,再到近些年的国际消费中心城市,消费始终是推动城市发展的主要动力。其中,高消费水平是城市高消费满意度和高消费满足度的前提,是消费城市存在和发展的基础;高消费水平通过与消费舒适度、城市消费环境相结合,产生较高的满意度,增强城市的消费凝聚力;高消费水平和城市不断集聚的消费者生产和消费实践相结合,推动着城市的进一步发展。国际消费中心城市是区域经济中的重要节点城市,是城市群的核心,具有巨大的辐射和带动作用。不同类型的国际消费中心城市建设具有不同的特色,这是由其城市禀赋和消费特点决定的。总的来说,国际消费中心城市具有以下三个特征。

(一)城市基础条件好

国际消费中心城市整体经济实力雄厚,对本国、地区甚至全球经济有重要的影响,消费在城市经济发展中占有突出的地位。居民消费实力和消费水平高,与消费相关的产业发达,商业业态丰富,消费科技创新能力较强,在全球城市网络中位居前列,深受国际高端消费品牌的青睐。城市的高度繁荣和竞争实力使其在国际上拥有较高的国际地位。

(二) 消费潜力巨大

国际消费中心城市的消费能力强、消费品质高,能够聚集国际消费优质资源,拥有国际高端消费品牌和服务,首发效应明显,是全球消费的创新者、引领者和风向标。城市消费环境舒适、安全,具备良好的自然景观和人文景观,拥有完善的基础配套设施和高效便捷的交通网络,消费者满意度高。

(三) 国际化水平高

国际消费中心城市连接全球的消费资源,拥有汇聚国际、传播国际的交通、信息和物流基础设施,可以为商品消费的流通周转和服务消费的资源配置提供有力保障。国际交往密集,国际会议、会展数量众多,国际赛事举办频繁,消费群体流动性大。典型的国际消费之都纽约、伦敦、巴黎等都拥有辐射全球的交通网络,经常性地举办大型国际体育赛事,吸引和汇聚着全球的消费群体和消费资源。

四、国际消费中心城市的国际经验借鉴

国际消费中心城市的发展经历了一个漫长的过程,借鉴发达国家城市的经验,有利于更好地推动我国城市的建设和发展。

(一) 通过建立政府层面的大数据平台,实现数据共享

为适应互联网和大数据时代的发展要求,许多发达国家城市都在政府层面建立了数据平台,通过数据的共享和管理,优化城市管理,促进和引导消费。纽约于2012年通过《开放数据法案》,这是美国历史上首次将政府数据大规模开放纳入法律,由此建立了一个基于城市经济社会运行的数据"生态系统"。其中,既有按邮政编码分区的历史统计数据,也有地铁、公交系统的实时数据,还包括停车泊位、旅游景点、餐饮卫生、住房租售等相关数据,它们促进了纽约国际消费中心的不断发展。国际消费中心的发展不是以单一行业为支撑,而是商业、旅游、文化、体育、会展等诸多行业联动发展的有机整体,从而实现消费的规模效应和整体优势。作为数字化城市的重要组成部分,通过公共数据平台的搭建把握城市运行的信息、经济信息和各种消费信息,有利于在更精细的数据化层面分析消

费动态,引导消费,制定合理的政策。

(二) 拥有完整的高端时尚产业链条

国际消费中心城市作为消费创新中心和时尚引领者,时尚产业必定十分发达。纵观世界主要发达城市,时尚的发展不仅限于展示环节,而是大多拥有一个完整的时尚产业链。伦敦是主要的时尚之都,大约一半的专业时装设计工作在英国伦敦金融城及周边开展,目前有 46 400 人以各种方式在伦敦从事时尚产业。许多领先的时装设计师工作室和公司位于骑士桥地区,以这些时装设计师为核心或主导的伦敦时装周吸引了来自全球的时尚买手,每年产生的直接价值在 200 亿英镑以上。

纽约引领着美国乃至世界时装新潮流,在世界橱窗的背后站着一万多名服装纺织工人。纽约将都市工业作为城市发展的一抹亮色,为各种小批量、非标准化、周转时间短、创意性强、需要快速反应的中小型公司保留发展空间。目前曼哈顿地区仍有约 1 600 家成衣制造公司,其中 400 多家位于毗邻繁华的第五大道的纽约时装区,从事定制编织、镶嵌切割、样品制作等。政府在政策、空间、资金等方面,通过微型制造、垂直制造、共享生产空间等模式,努力保护服装、创意、设计的生产制造空间,通过制造平衡战略维护其在全球时尚业生产链、商品链及价值链的领导地位。

在流行时尚迅速变化的当下,时尚产业的发展一方面需要大量一流的时装设计师,另一方面也需要与时尚产业相关的本地产业链的快速反应能力、区域的产业组织能力、全球资源的动态链接能力,这些能力直接决定了一个城市时尚产业的高度,也使得消费中心能生生不息。

(三) 拥有国际医疗中心和完善的私人医疗保健服务

国外主要发达的消费城市大多拥有先进的医疗技术和设施,除能满足本地居民的医疗服务外,还能提供高端的医疗保健服务。比如伦敦的卫生服务的提供范围种类繁多,数量巨大,从生育到减脂,从肿瘤治疗到整容手术,在伦敦市中心仅整形手术就有 60 多家专业私人诊所,哈利街区有 26 家诊所和 100 多个注册从业人员可从事健康牙科正畸治疗。同样,新加坡依托本地医学院、大学和相关研究机构的发展,拥有国际知名的国际医疗中心和私人保健服务中心,每年仅接收境外求医就超过 100 万人次,带来了大量的相关延伸消费。

(四)注重打造不同区域优势互补的消费和旅游品牌

国际消费中心城市在规划建设时结合不同区域的优势和资源实现差异化发展。阿联酋各酋长国利用各自的优势发展特色旅游。同是体育赛事,迪拜主要是赛马、网球、沙滩排球、七人橄榄球等;阿布扎比侧重F1赛车、赛艇、飞行特技表演赛、骆驼赛等;沙迦主推文化游,利用自己的地理和价格优势提出"工作、旅游在迪拜,吃住在沙迦";哈伊马角有丰富的历史古迹和文物保护景点,主打历史文化游;富查伊拉利用其自然旅游资源,开展山区旅行、沙漠冒险、海上运动等旅游项目;乌姆盖万则充分利用海滨优势,开发海滨旅游项目。正是这种不互相效仿、避免恶性竞争、两败俱伤的做法,使阿联酋各酋长国的旅游业得以形成一种共同发展的态势。这种优势互补、差异化定位的经营策略在英国伦敦也被广泛使用,世界著名卡姆登大街市场每个周末吸引了超过十万名游客,是伦敦最有吸引力的景点之一。其中的六个小市场各有特点:电动舞厅市场出售古董和时髦的装备;因弗内斯街市场小贩兜售水果和蔬菜、廉价服装和纪念品;巴克街市场专门从事另类服装、T恤和时尚配件的售卖;卡姆登管市场出售时尚饰品和礼品;卡姆登锁市场销售著名的工艺品、服装、珠宝和不寻常的礼物;卡姆登马厩市场里店主售卖衣服和配件。

在现代城市发展中,消费品牌是一个城市战略性资产和核心竞争力的重要源泉,国际消费中心城市应兼顾不同年龄、性别和消费水平的差别,实行差异化定位。结合城市不同区域的资源和特点,在城市面貌建设、节庆事件设计和组织上注意明确主题,打造各具特色而又品牌特色突出的消费和旅游项目;政府通过政策和规划上的引导,鼓励不同区域发挥人无我有、人有我强、做大做强的精神,强化品牌定位与品牌意识。

(五)通过打造"未来社区"来提升社区消费

"未来社区"是国际发达城市正在探索和构建的一种社区计划,通过围绕社区全生活链服务需求,以人本化、生态化、数字化为价值导向,以未来邻里关系、教育、健康、创业、建筑、交通、能源、服务和治理等众多场景创新为引领的新型城市功能单元。"未来社区"摒弃了传统的社区点状更新的弊端,从系统性和整体性上规划出行、交往、创业、教育、医疗、养老等功能,覆盖了日常生活几乎所有场景,各场景之间相互衔接,层层推进,保证社区功能得到更好的完善。社区的运营和治理依托物联网、云计算等智慧手段,整合"线下"现实社区和"线上"虚拟社区,将政府、开发商、第三方部门、居民等各类参与主体都纳入智慧化的网络治理平台,通过资源整合与协商合作,共同致力于提高社区的治理效能。

具有典型代表的就是新加坡组屋采用的"邻里中心"规划,摒弃了沿街为市的粗放型商业形态,坚持以本区居民日常生活为中心的理念,全部设施满足人们在住所附近寻求生活、文化交流的需要,构成了一套强大的家庭住宅延伸体系。以大巴窑地区为例,除了商业、公共服务等实际功能之外,还建造新组屋单位、翻新步行街和民众广场,为行人修建道路顶棚,设置新的自行车架和自行车道,建立整栋停车楼等,以此扩展更多绿色空间和无障碍设施,配备邻里公园等供居民休闲放松的绿色场所,通过搭建"艺术与历史角落"来传承大巴窑的文化和历史。

欧洲的BLOCK街区设计理念也是"未来社区"的一种模式,将街区与居住、休闲、娱乐、商务等组合在一起,规划创造一种全新的居住和生活模式。国际BLOCK街区体现的是新型居住模式,它本身向城市空间开放,具备一定的规模,能聚集一定数量的人口,又有亲切和谐的邻里关系,是未来社区建筑场景建设的重要模式。

第三节 国际消费中心城市指标体系

一、国际消费中心城市评估的概念模型

根据上述定义和特征,笔者确定可以从城市指标、消费指标和国际化指标三个方面衡量国际消费中心城市的发展水平。其中,城市指标代表了一个城市政治、经济、文化的综合实力,是衡量一个城市是否具备成为国际消费中心城市的基础条件;消费指标代表了一个城市消费供给、需求及其满足程度,勾勒了消费生态的整体情况,是国际消费中心城市指标体系的核心;国际化指标代表了一个城市对全球资源的辐射程度和枢纽程度,是一个广度指标。对每一个方面进行细化分析,从而确定国际消费中心城市评价的指标体系概念模型。

(一) 城市指标

国际消费中心城市的城市指标包括繁荣的城市经济发展和强有力的消费相

关产业支持,其中前者反映当前的经济发展状况,后者是保证未来城市消费产业可持续发展的关键。国际消费中心城市拥有雄厚的经济实力,城市繁荣度高,在全球城市中具有较高的国际地位,在消费领域作为国家代表参与国际竞争。城市的经济规模可以衡量城市的整体经济实力;零售业销售规模衡量了城市的整体消费能力和层级;人均可支配收入衡量居民的收入能力和消费潜力;人均消费支出衡量了城市居民的综合消费能力和消费水平;而国际地位是城市综合实力的体现。这些要素紧密结合,整体上刻画了城市的繁荣程度。

城市消费的持续发展需要发达的相关产业的支撑。提供高端消费产品和服务,特别是全球知名品牌和拥有消费产业链中的核心企业是国际消费中心城市的基本特征。全球百强消费品企业数量衡量了城市高端消费品和服务的供给能力;与消费相关的独角兽企业的多少衡量了消费新零售、新模式、新业态的供给能力,是引领消费创新和挖掘消费潜力的直接引擎。全球知名零售企业集聚度表明了城市消费市场和渠道对国际知名企业的吸引力,是打通国际消费产业链、实现商品全球流通的关键。本土零售企业跨国经营水平是反映城市商业特色、吸引外来购买力的重要因素。

(二)消费指标

国际消费中心城市是全球消费的风向标,引领着全球消费资源的流向。消费指标包括城市目前的消费水平和未来的长期消费发展能力。它们不仅在量与质上反映城市的供给水平,还从消费的引领性、体验性和便利性等方面反映城市消费功能的整体领先程度。

消费引领度强调国际消费中心城市在全球消费创新和消费引领方面的突出功能。境外消费吸引力是衡量消费国际化水平的重要标志;国际时尚影响力是从流行时尚和潮流趋势的角度衡量消费的引领作用;在线消费规模体现了新型消费对于城市消费的推动作用;而国际奢侈品牌门店数则是衡量高端品牌和服务的供给对于消费的引领力。

消费体验度反映的是各种商品、服务设施和环境带给消费者的感受和体验。它是一个主观因素,但是会受到许多客观因素的影响。高端服务设施供给主要衡量城市能够提供的高端服务以及相关高端服务设施的配套情况。文化消费设施供给则主要从商旅文体一体化的角度衡量城市为文化消费而建立的组织机构和建筑等,是城市消费精神层面的要素。夜生活丰富是城市生活的一个重要写照,夜生活活跃度从夜生活服务设施的配备和灯光环境等方面衡量夜间消费的繁荣程度。而消费者满意度全面刻画了消费者对于城市消费的综合感受。

消费便利度衡量消费者对于城市消费方便和快捷程度的感受,其本身也是一个主观指标,但会受到城市交通、消费基础设施、网点等的综合影响。城市交通便捷度主要衡量城市出行的便捷程度,公共交通设施如地铁、公交、轻轨等都是重要指标。城市信息基础设施水平衡量城市的信息化水平和网络覆盖水平,是实现网络消费和快速交流的基础。便利性消费网点数量主要是针对城市生活快节奏的特点而设置的便捷性消费设施和网点。国际消费中心城市有大量的外来人口和消费,退税网点的便利化程度直接影响着境外消费人士的消费行为。

(三)国际化指标

国际消费中心城市作为全球消费的中心枢纽,是全球消费商流、物流、人流和信息流的中心节点,具备连接全球的交通、信息和物流设施体系,形成"买全球、卖全球"的消费格局,对全球消费具有强大的集聚和辐射效应。国际枢纽度从商品、消费人群和信息的角度全面衡量国际消费中心城市的国际影响力。进出口货物集散功能从物流的角度衡量城市实现国际消费资源调度和协调的能力;发达的国际交通是吸引境外消费人群的重要前提,国际机场旅客吞吐量从宏观角度衡量国际化消费人群的规模和消费的流动性。国际赛事影响力衡量着城市的文化体育影响力;发达的会议会展产业衡量国际交往的频繁程度,是提升消费品牌影响、促进消费升级的有效动力。

二、国际消费中心城市指标体系构建

(一)指标体系构建的基本原则和过程

构建指标体系应遵循如下原则:

1. 平衡指标体系的理论专业性与现实操作性。指标体系反映评估对象的概念内涵与评估方法之间的内在逻辑,并运用了相对准确的指标测度来反映目标城市在相关属性上的发展程度。在指标选择上,本文采用"契合理论、国际可比、数据可得、方法透明"原则,根据国际消费中心城市的概念内涵,选取可以通过资料收集获得和量化比较的变量作为评价指标,并充分考虑指标的简明、清晰和可操作性。

2. 兼顾指标体系评估现状和引领未来的功能。指标体系要能反映出评估对象的动态变化情况,既要客观反映国际消费中心城市的历史积淀和现实情况,也要反映城市在消费领域的发展趋势与增长潜力。

3. 确保指标体系的独立性、稳定性和趋势性。本文选择的指标体系具有独立、客观和稳定的数据来源,所选择的指标具有可持续性和可拓展性,为持续开展评估、动态调整既有指标留下了充分的空间。

4. 保持指标体系内在的逻辑一致性。指标与指标之间尽量独立,不互相干扰,不重复叠加计算某方面的城市属性,使每项指标都能反映出消费中心发展的某个显著特征。

指标体系的构建过程分为定性设计、定量筛选与反馈检验三个阶段。定性设计阶段,主要是在反映评估对象概念内涵的基础上,考虑评估逻辑,选取符合上述构建原则的指标进行分析研判。在定量筛选阶段,对照收集到的数据逐个分析指标的数据变异度和时间分布特征,剔除了区分度较低、时间敏感度过高或过低的指标。在反馈检验阶段,将综合评估结果与专家和普通人的直觉进行对比,检验评估结果是否违背直觉和常识,剔除难以进行科学解释的因素,进而对指标体系做出修正。

由于受到数据可获得性和时间的限制,加上新冠疫情的影响,2020年度的国际消费中心城市评估体系只针对10个城市开展评估。对于一些特定国际消费中心城市,当某些类型的指标在城市级别上的数据无法获得时,我们采用国家级别数据作为替代。在各指标的权重分配上,基于三级指标数目,采用层次分析法来确定权重的级别。未来,评估团队将会在此版本基础上,根据情况调整和优化指标体系、扩大评估范围,进一步深挖指标相应数据,使之成为科学、可信和可被广泛接受的国际消费中心城市评价指标体系。

(二)指标体系

基于国际消费中心城市概念模型和指标构建原则,本课题构建了国际消费中心城市的指标体系。城市繁荣度、产业支撑度、消费引领度、消费体验度、消费便利度和国际枢纽度共同构成国际消费中心城市指标体系的一级指标。各维度所包含的关键要素构成国际消费中心城市指标体系的二级指标。国际消费中心城市指标体系的权重分布如下:一级指标权重总值为100%,其中城市繁荣度为19.8%,产业支撑度为18.3%,消费引领度为17.8%,消费体验度为16.1%,消费便利度为12.8%,国际枢纽度为15.2%。最后使用线性加权法计算综合评分。

国际消费中心城市指标体系如表 5-1 所示。

表 5-1 国际消费中心城市指数指标体系

一级指标	一级指标权重	二级指标	二级指标权重	三级指标
A 城市繁荣度	19.8%	A1. 城市国际地位	21.14%	全球城市竞争力排名
		A2. 城市经济规模	17.41%	地区生产总值
		A3. 零售业销售规模	20.79%	零售业销售额
		A4. 人均可支配收入水平	20.23%	人均可支配收入水平
		A5. 人均消费支出水平	20.43%	人均消费支出额
B 产业支撑度	18.3%	B1. 全球知名零售企业集聚度	27.75%	全球零售商集聚度
				全球 30 强零售企业入驻率
		B2. 全球百强消费品企业数量	27.48%	全球百强消费品企业数量
		B3. 消费相关独角兽企业数量	22.68%	消费相关独角兽企业数量
		B4. 本土零售企业跨国经营水平	22.09%	本土零售企业（全球 250 强）平均经营国家数
C 消费引领度	17.8%	C1. 境外消费吸引力	28.93%	境外游客消费规模
		C2. 国际时尚影响力	23.75%	时装周活力指数
		C3. 在线消费规模	23.41%	在线零售销售规模
		C4. 国际奢侈品牌门店数	23.91%	全球前 20 强奢侈品牌门店
D 消费体验度	16.0%	D1. 高端服务设施供给	26.40%	五星级酒店数量
				米其林星级餐厅数量
		D2. 文化消费设施供给	21.10%	博物馆数量
				剧院音乐厅数量
		D3. 夜生活活跃度	25.47%	城市夜间灯光强度
				酒吧/夜间俱乐部数量
		D4. 消费者满意度	27.03%	旅游满意度排名
E 消费便利度	12.8%	E1. 城市交通便捷度	27.14%	轨道交通营运里程
		E2. 城市信息基础设施水平	20.83%	城市 4G 网络覆盖率
		E3. 便利性消费网点数量	23.40%	便利店网点数量
		E4. 免退税消费便利度	28.63%	免税店数量

(续表)

一级指标	一级指标权重	二级指标	二级指标权重	三级指标
F 国际枢纽度	15.2%	F1. 进出口货物集散功能	23.70%	进出口货物贸易总额
		F2. 国际机场旅客吞吐量	19.76%	国际机场旅客吞吐量
		F3. 国际赛事影响力	27.58%	国际知名体育赛事影响力
		F4. 国际会展和会议数量	28.96%	国际展览联盟(UFI)认证展会数量(举办地)
				国际会议数量

国际消费中心城市指标体系具备以下三个显著特色：

一是指标体系具备科学性、全面性与权威性。总体指标的确定方法与商务部关于国际消费中心城市的要求一致；一级指标与商务部的指标体系基本一致；二级指标对一级指标的分解具有独立代表性，指标间相互独立，辨识度、区分度高，能够准确反映一级指标所侧重的现实层面；三级指标量化合理，选取可测度、可比较的数据，如既有反映城市硬件基础设施的数据，也有反映服务质量、文化积淀等软实力指征的数据。

二是数据粒度相对细化。为提高指标体系的客观性和准确性，国际消费中心城市指数尽可能采用能够直接获得的城市微观数据，包括各地区的全球百强消费品企业数量、消费相关独角兽企业数量、国际会展和会议数量、国际机场旅客吞吐量等，并建立了庞大的数据库。

三是指标分布均衡，侧重鲜明。指标分解的数量分布无明显偏向性，权重的设置充分考虑了客观现实性与专家评价合理性，在兼顾各项指标的同时又能侧重评价的主要方面，使对城市未来发展具有较大影响力和较高时效性的指标能够突出，具有鲜明的时代特征。

(三) 评估对象

课题组选取了国内外 10 个主要消费中心城市作为调查对象，其中国际代表城市 6 个，中国代表城市 4 个(中国内地 3 个，中国香港地区 1 个)。为了确保评估对象覆盖范围的客观性、全面性和有效性，本文参考同类城市排名报告，如《科尔尼公司全球城市指数 2020》《全球时尚产业指数·时装周活力指数报告》《2019 全球旅游目的地城市百强排名》《全球体育影响力城市排行榜》等，遴选出候选城市名单,再通过核心指标综合排名和分类逐层排名两套方案的交叉对比,形成预评估城市名单,最后通过专家"城市画像"的方式确定最终评估城市。国际消费中心城市指数评估对象共10个城市,名单如表5-2所示。

表5-2 国际消费中心城市指数评估城市名单

序 号	城 市	所 属 国 家
1	纽 约	美 国
2	伦 敦	英 国
3	巴 黎	法 国
4	东 京	日 本
5	新加坡	新加坡
6	迪 拜	阿拉伯联合酋长国
7	香 港	中 国
8	上 海	中 国
9	北 京	中 国
10	广 州	中 国

注:纽约是指纽约市;伦敦是指大伦敦(Greater London);巴黎是指巴黎大区;东京是指东京都。

(四) 数据标准化与计算公式

1. 权重的获取

各级指标的权重是通过各指标相对重要性进行层次分析得到的。课题组邀请来自研究机构、高等院校、行业、企业和政府的消费和统计相关领域17位专家,利用层次分析法(AHP)对指标的相对重要性进行打分赋值,对每一位专家的打分计算权重,然后取平均值得到一级与二级的权重。再结合消费引领度、消费体验度和消费便利度三个一级指标总体权重不低于50%的总体考虑,对权重进行微调,最终确定权重。

2. 计算过程

本章的数据主要取自2018—2020年,针对数值型指标数量级之间的悬殊差异,对指标作无量纲化处理。对各三级指标采用线性阈值法,将计算指标值与指标阈值对比,得到数值位于[0—1]的标准化指标值。

数值越大越优型指标计算公式:

$$y_{ij}^s = 1 - \frac{\max(X_{ij}) - X_{ij}}{\max(X_{ij})} = \frac{X_{ij}}{\max(X_{ij})} \quad (5.1)$$

数值越小越优型指标(如排名类)计算公式:

$$y_{ij}^s = 1 - \frac{X_{ij} - \min(X_{ij})}{\max(X_{ij})} \quad (5.2)$$

(5.1)—(5.2)中,y_{ij}^s 表示三级指标的第 j 个城市的第 i 个指标的标准化值,x_{ij} 是三级指标的第 j 个城市的第 i 个指标的原始数据。

各三级指标综合评分即为该项指标内三级标准化指标百分化后的平均值,评分的取值范围为[0—100],然后再标准化。计算公式为:

$$y_{aj}^s = \frac{\sum_{i=1}^n y_{ij}^s \times 100}{n} \quad (5.3)$$

$$y_{aj} = \frac{y_{aj}^s \times 100}{\max(y_{aj}^s)} \quad (5.4)$$

(5.3)—(5.4)中,y_{aj}^s 为三级指标中的第 j 个城市的第 a 个指标综合评分值,y_{aj} 为标准化后的第 j 个城市第 a 个指标的综合评分标准化值。

各城市的各级综合得分 y_{mj} 即为 j 城市所有基于二级指标加权再进行标准化所得,计算公式如下:

$$Y_{mj}^s = \sum_{i=1}^n w_i y_{mj} \quad (5.5)$$

$$y_{mj} = \frac{y_{mj}^s \times 100}{\max(y_{mj}^s)} \quad (5.6)$$

(5.5)—(5.6)中,y_{mj}^s 表示综合得分中的第 j 个城市的第 m 个指标的综合评分值,y_{mj} 为标准化后的第 j 个城市第 a 个指标的综合评分标准化值。

三、国际消费中心城市指数测算

(一)城市繁荣度

繁荣的城市经济和较高的国际地位是国际消费中心城市的基础要素,也是城市持续发展的动力。国际消费中心城市指数通过测度城市国际地位、城市经济规模、零售业销售规模、人均可支配收入水平和人均消费支出水平五个二级指标考察"城市繁荣度"。总体排名前三的城市分别是纽约、东京和伦敦。上海位列第八。

图 5-9 展示了 10 个城市在城市繁荣度上的发展模式。其中纽约在城市每个指标方面都居榜首,遥遥领先。东京、伦敦和巴黎总体差异不大,得分都在 60 分以上,除人均消费支出外其他各项指标均较为均衡,属于第二梯队。香港、新加坡、北京、上海属于第三梯队,得分在 40 至 60 之间。得分最低的是广州,在 20 分左右。

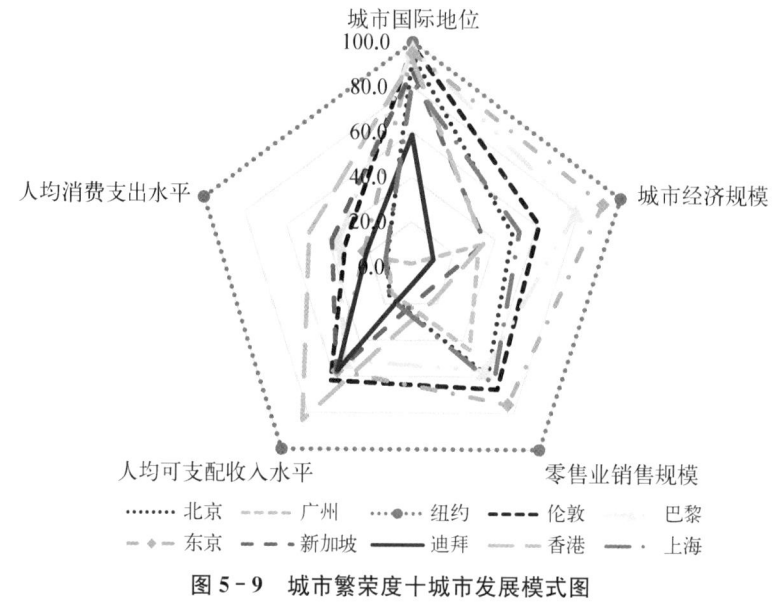

图 5-9 城市繁荣度十城市发展模式图

1. 城市国际地位

全球城市是全球经济集聚与分散的节点,是以信息网络为桥梁、以城市网络为枢纽发展起来的场所。城市国际地位是城市在城市体系中所处的位置,是与其他城市行为主体相互联系、相互作用而形成的城市力量对比结构中的状态。城市国际地位主要测度全球城市竞争力水平,城市的国际地位不仅带动着城市经济的发展,也影响着全球经济的走势。

在城市国际地位综合得分中,纽约位居榜首,如图 5-10 所示,伦敦、巴黎、东京、北京位列二至五位,上海位居第八位。纽约是美国的第一大城市,也是全球的金融中心,是全球城市中最具代表性的城市。由于在创新领域的突出表现,包括上海、广州、深圳在内的中国一线城市均有显著的排名提升。中国城市中,北京超越香港,进入全球第五名。上海主要受商业活动、人力资本和文化体验驱

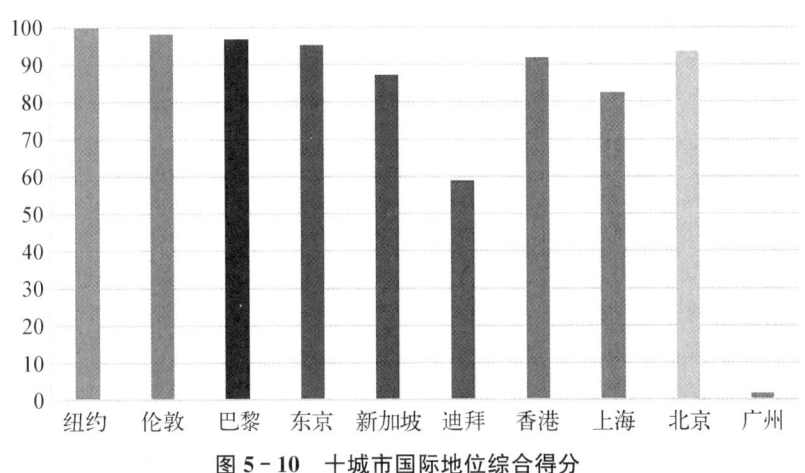

图 5-10 十城市国际地位综合得分

动,跃升至全球第八名。

2. 城市经济规模

城市经济规模是指城市经济的综合体量与范围,主要包括城市人口规模、用地规模、资产规模、市场规模和经济当量,衡量一个城市经济规模最重要的尺度是地区生产总值的大小。城市经济规模有助于形成合理的城市规模网络等级体系,提升城市规划的合理性和可行性,促进城市经济健康快速的发展。

城市经济规模得分前三强的城市分别为纽约、东京、巴黎。上海位居第五。根据2019年国家统计局网站数据显示,上海2019年地区生产总值为5 507亿美元。纽约是地区生产总值最高的城市,为10 651亿美元,是上海的1.9倍。东京和巴黎分别为9 754亿美元和8 375亿美元。十城市经济规模如图 5-11 所示。

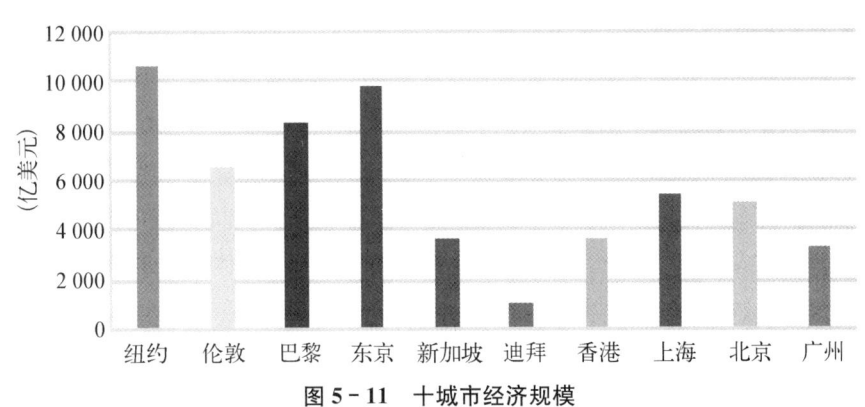

图 5-11 十城市经济规模

3. 零售业销售规模

零售业销售规模是工农业生产者生产的产品直接售给城市居民作为生活消费用或公共消费用的商品销售总量,反映了人们物质文化生活水平的提高,一定时期内城市商品购买力的实现程度和城市零售市场的规模。零售业的销售规模成为城市进行消费升级的重要着力点,也逐渐成为衡量城市竞争力的一个重要指标。根据数据显示(如图5-12),零售业销售额排名前三的分别是纽约、东京和伦敦,上海跃居第四位。纽约作为世界经济中心,第三产业发达;东京和伦敦作为亚洲和欧洲的经济中心,也是全球顶级的国际大都市,商业零售业繁华。得益于中国庞大的市场和人口,上海一直是中国零售业销售规模最大的城市,是我国引领国际消费的首选商业重镇,在当下互联网技术与零售融合的过程中,上海发挥龙头作用,竞相吸引全球品牌落户,吸引了大量的新零售新物种典型代表在上海开店,此外切实的政策和制度为上海零售业的发展提供了重要保障。

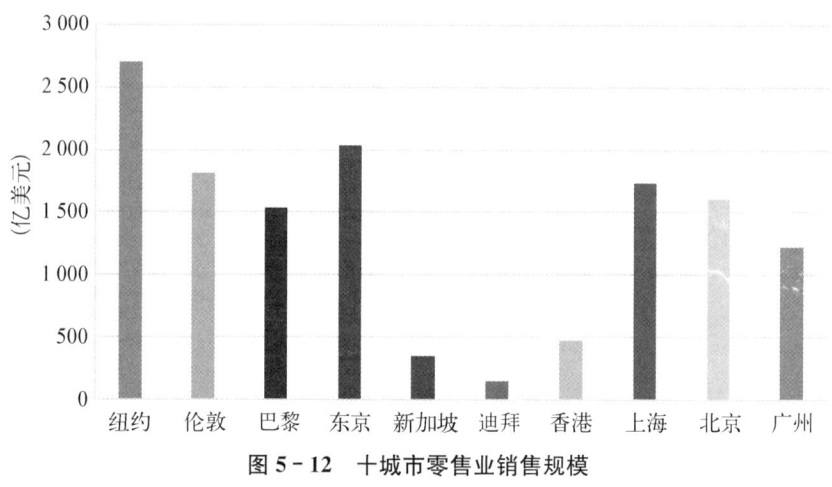

图5-12 十城市零售业销售规模

4. 人均可支配收入水平

人均可支配收入是城市居民消费开支的最重要的决定性因素,主要用于衡量城市生活消费支出和储蓄水平的变化情况。人均可支配收入是判断城市经济发展的重要参考指标之一,主要反映了城市居民整体生活水平和收入水平。

人均可支配收入得分前三的城市分别是纽约、香港和伦敦(如图5-13)。其中2019年纽约人均可支配收入为60 185美元、香港50 698美元、伦敦37 499美元。中国香港进入前三甲。上海人均可支配收入为10 066美元,全球排名第八。纽约、香港、伦敦分别是上海人均可支配收入的6倍、5倍和3.7倍,北上广总体处于第三梯队。目前上海经济延续了总体平稳、稳中有进、进中固稳的发展态势,主要得益于就业和物价总体稳定,投资消费表现较好,主要行业的增长作用显著,经济发展新动能持续释放,显示出较强的韧性和活力。

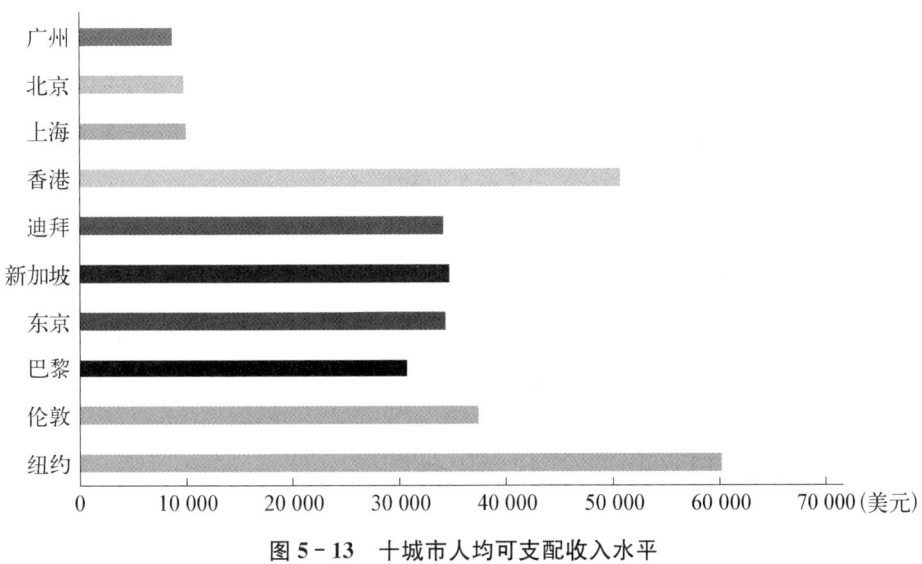

图5-13 十城市人均可支配收入水平

5. 人均消费支出水平

城市人口加速集聚,城市已经成为居民消费的主战场,人均消费水平是一定时期内城市居民占有和享受的物质生活资料和服务的数量。它是一个城市整个经济活动成果的最终体现,反映了城市居民物质和文化生活需要的满足程度,是测度城市的整体消费实力和消费层次的重要指标之一。

人均消费水平评分第一的是纽约,其次是中国香港、新加坡、巴黎、伦敦、东京和迪拜。上海位居第八位,北京、广州紧随其后。上海经济增长和就业情况稳定为居民工资性收入的增长带来积极保障,2019年人均消费支出水平为6 668美元,城市经济增长和就业情况稳定为城市居民工资性收入的增长带来积极保障。纽约人均消费支出水平为54 890美元,香港为27 000美元,分别为上海的8.23倍和4.04倍(如图5-14)。

(二) 产业支撑度

消费相关产业的支撑是引领消费创新、提高消费体验度和满意度的基石。

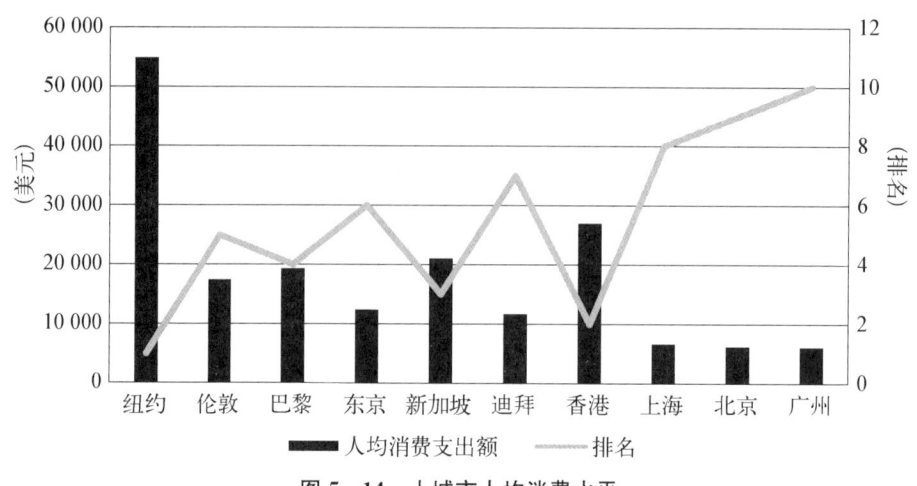

图 5-14 十城市人均消费水平

产业支撑度指标由 4 个二级指标组成：全球知名零售企业集聚度、全球百强消费品企业数量、消费相关独角兽企业数量、本土零售企业跨国经营水平。

产业支撑度指标排名中，统计的 10 个城市排名顺序依次为：纽约、巴黎、伦敦、东京、北京、上海、香港、迪拜、新加坡和广州。图 5-15 展示了通过 4 个二级指标，对上述 10 个中心城市刻画产业支撑度的不同发展模式。它们在全球知名

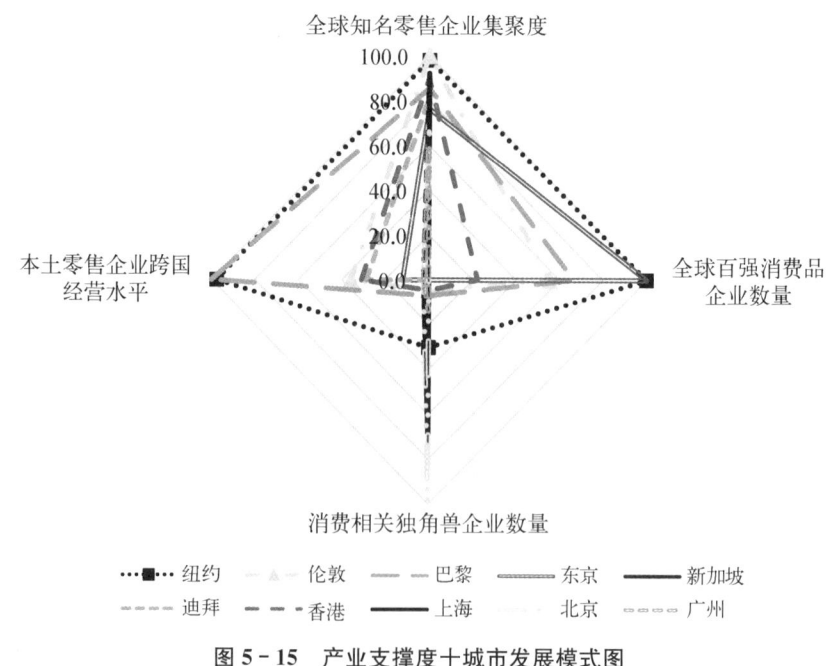

图 5-15 产业支撑度十城市发展模式图

零售企业集聚度上得分相对集中,但在全球百强消费品企业数量和本土零售企业跨国经营水平方面差距较大,特别是在消费相关独角兽企业数量方面,只有北京和上海一路领先。

1. 全球知名零售企业集聚度

全球知名零售企业通过发展不同的零售业态和业种为城市消费直接提供国际化的商品和服务。本报告选取全球零售商集聚度和全球30强零售企业入驻率两个指标。

在全球知名零售企业集聚度方面(如图5-16),各城市得分呈现接近正态分布的趋势,伦敦独占鳌头、纽约紧随其后、上海和香港名列第三、第四,得分均在90以上;其余排名依次为巴黎、迪拜、东京、新加坡、北京、广州。伦敦和纽约作为老牌国际城市,本身就是很多国际零售企业的发源地,消费能力强,吸引了一大批的知名零售企业;上海作为中国经济的龙头城市,也是对消费新方式接受能力最强的国内城市,往往成了国际知名零售企业进驻中国内地的首选城市。

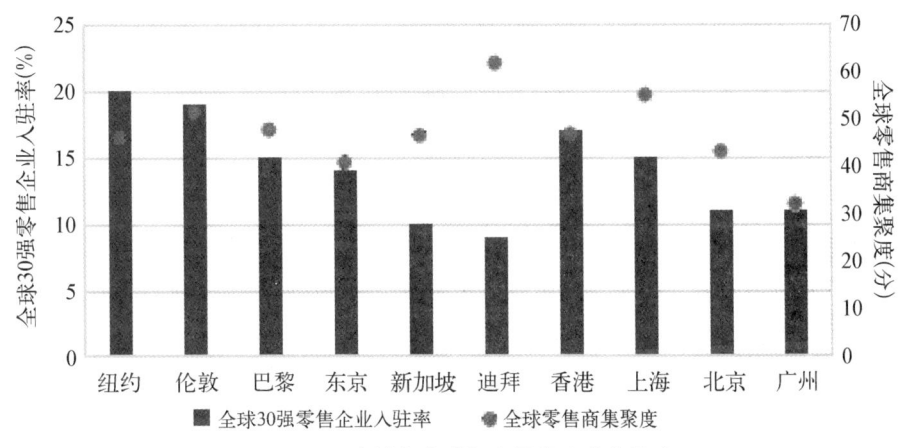

图5-16 十城市全球知名零售企业集聚度

全球零售商集聚度指标,排名靠前的分别是迪拜、上海和伦敦,表明全球新兴城市已赶超传统城市受到更多零售商的青睐。全球30强零售企业入驻率指标较高的为纽约、伦敦、香港和上海,表明传统城市在吸引零售大企业方面依然会获得更多的关注。

2. 全球百强消费品企业数量

在全球百强消费品企业数量二级指标排名上(如图5-17),纽约和东京并列第一,各有 9 家全球百强消费品企业,巴黎、伦敦和香港排名分列第三、第四和第五。传统国际城市长期历史形成的积淀使得它们在消费企业的培育、发展和壮大方面拥有更多的优势,这种状态在未来一段时间内还会继续存在。上海、北京、广州、新加坡和迪拜的全球百强消费品企业数量均是 0,这表明新兴的国际城市在完善消费产业链、打造具有全球影响力的消费品企业方面还有很长的路要走。

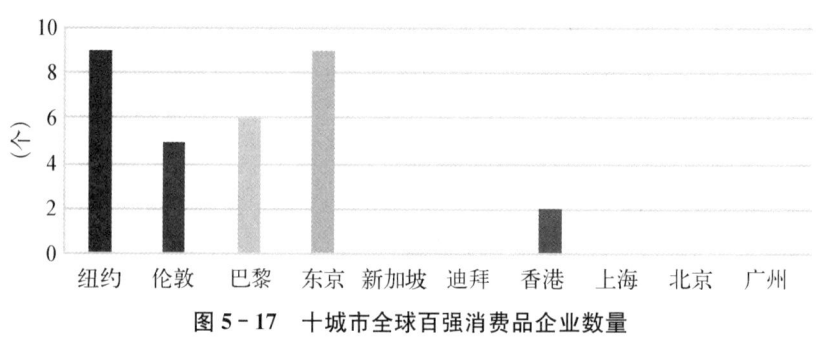

图 5-17 十城市全球百强消费品企业数量

3. 消费相关独角兽企业数量

在消费相关独角兽企业数量这个二级指标的排名上(如图 5-18),北京和上海以绝对优势排名前二位,各有 43 和 31 个,纽约、广州和巴黎排名第三到第五位,伦敦、新加坡和香港并列第六位,而东京和迪拜则为 0。近些年得益于我国网络和信息技术的大发展,中国内地一大批互联网独角兽企业快速崛起,并迅速向其他行业渗透和席卷,消费品行业和商业零售业是这些独角兽企业进入最多的产业之一。北京和上海往往是这些消费相关独角兽企业的首选地。

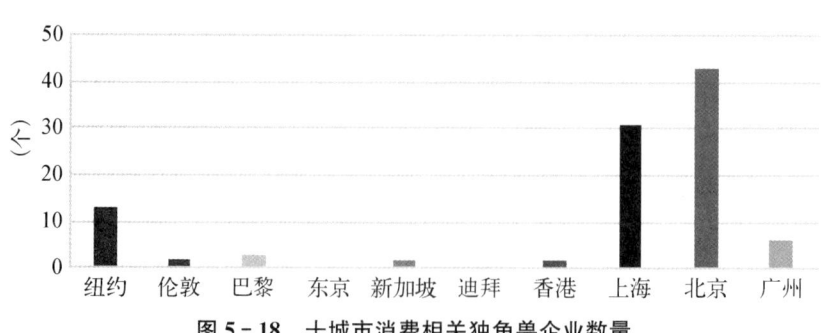

图 5-18 十城市消费相关独角兽企业数量

4. 本土零售企业跨国经营水平

在本土零售企业跨国经营水平二级指标排名上(如图 5-19),巴黎和纽约分别以 42 和 41 个的数量绝对优势排名前二位,伦敦、香港、迪拜和东京排在第三至第六位,而上海、北京和广州并列第七位。巴黎和纽约作为全球时尚之都,拥有完整的消费产业链,本土零售企业的跨国经营能力强,通过在全球进行消费资源的协调和整合实现全球布局战略。同全球主要的跨国商业企业相比,我国内地的本土商业企业实力还是比较弱的,许多还是区域性企业,跨洋出海还有很长的一段路要走。

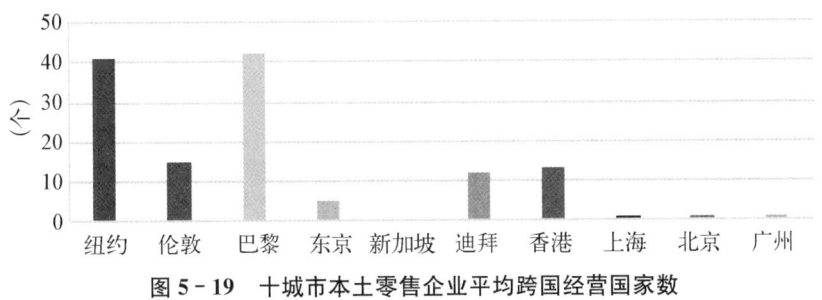

图 5-19 十城市本土零售企业平均跨国经营国家数

(三) 消费引领度

消费引领水平与能力为国际消费城市建立品牌声誉打下坚实基础,直接影响着消费者的体验度和满意度。本报告选取境外消费吸引力、国际时尚影响力、在线消费规模和国际奢侈品牌门店数四个二级指标及其四个三级指标测评国际消费中心城市引领消费的能力。在消费引领方面,各城市的排名依次是巴黎、纽约、伦敦、上海、东京、迪拜、香港、北京、新加坡、广州(如图 5-20)。

在消费引领度方面,各城市的优势与特点各异。排名靠前的城市在国际时尚影响力和奢侈品牌门店数方面优势明显,排名第一的巴黎这两项得分都是最高的,体现出传统国际消费中心城市在历史积淀和声誉积累上具有极强的优势。这两项第二梯队为东京和香港,上海在国际时尚影响力上则有明显的后来居上之势,其他城市在这两项上的得分普遍较低。境外吸引力方面,以迪拜和香港得分较高,与这两个城市特色打造的消费声誉有很大的关系,纽约、伦敦、巴黎和东京等传统国际城市得分较好,上海、北京和广州等新兴国际城市存在消费吸引乏力现象,需加强城市消费形象建设。上海和北京在线消费规模上表现得极为亮

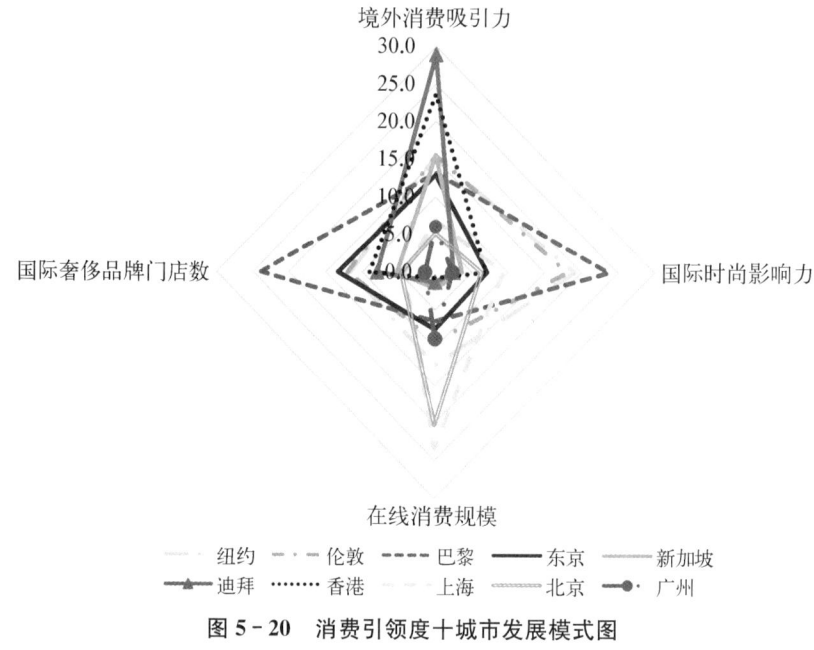

图 5-20 消费引领度十城市发展模式图

眼,其他城市在该项上的差距表现明显,体现出新兴国际消费城市技术推动消费能力、改善消费环境的后发优势。

1. 境外消费吸引力

境外游客的消费规模体现了城市对境外游客的吸引力,成为国际游客消费目的地的可能性。本报告以境外游客消费总规模作为衡量国际消费城市对境外人群吸引力的指标。

在境外游客消费规模数据排序中(如图 5-21),迪拜以 308.2 亿美元的规模位居第一,说明迪拜的城市定位正在发生作用;香港名列第二,显示其自由贸易港和购物天堂的魅力。新加坡、伦敦、纽约、巴黎和东京处于同一区间之内,境外游客消费规模差异不大,发挥传统国际消费城市功能;上海、广州和北京则属于第三梯队,与前两个梯队相比,表现出的对境外消费的吸引力有明显差距,提升空间巨大。

2. 国际时尚影响力

国际时尚影响力体现了城市对流行趋势和时尚前沿的引领作用,是消费城市打响品牌形象、提升城市吸引力的重要源泉。以时装为代表的时尚印象可以作为各城市的时尚影响标签,本报告以时装周活力指数来衡量城市的国际时尚

第五章 双循环与消费升级

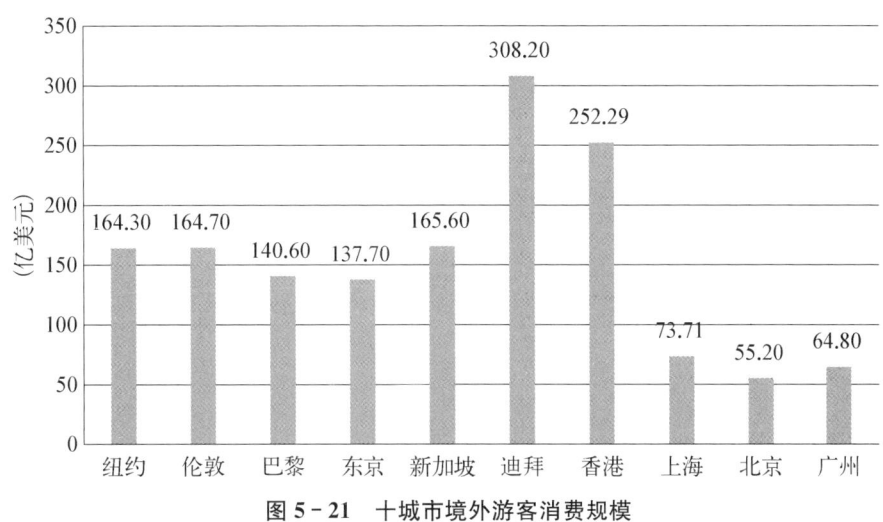

图 5-21 十城市境外游客消费规模

影响力。

在城市时装周活力指数中(如图 5-22),巴黎时装周作为全球时装周之首,已有 100 多年的历史,得分最高,来自全球的品牌、明星、设计师、买手和媒体等吸引了全世界的眼球,与人们对巴黎时装之都的印象一致。其次是纽约和伦敦时装周,同属世界四大时装周,与巴黎同属第一梯队。其余城市中,上海的时装周活力指数最高,说明上海作为后起之秀,城市时尚形象正在形成。

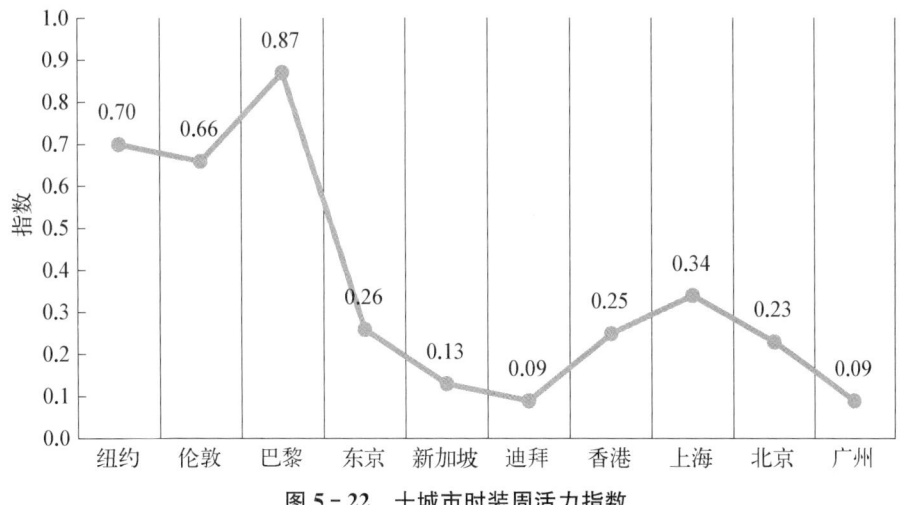

图 5-22 十城市时装周活力指数

133

3. 在线消费规模

在线消费规模体现信息技术和互联网技术加持下,城市消费模式创新对消费的引领作用。在线消费规模由在线零售销售总规模来表示。

与时装周影响力需要历史沉淀的积累相反,在线消费作为一种体现零售商业模式创新的趋势,更多由城市消费需求变化和技术力量推动,更能体现国际消费中心城市发展的潜力。这一指标中(如图5-23),上海、北京的得分远高于其他城市,可以看出城市发展处于加速阶段。纽约、伦敦作为老牌国际消费城市,既有前述时尚影响力的积累,又有技术支持助推线上消费。新加坡、迪拜和香港该项得分较低,可以看出在互联网时代这些城市消费的进步与转型需要加快,以保持其影响力。

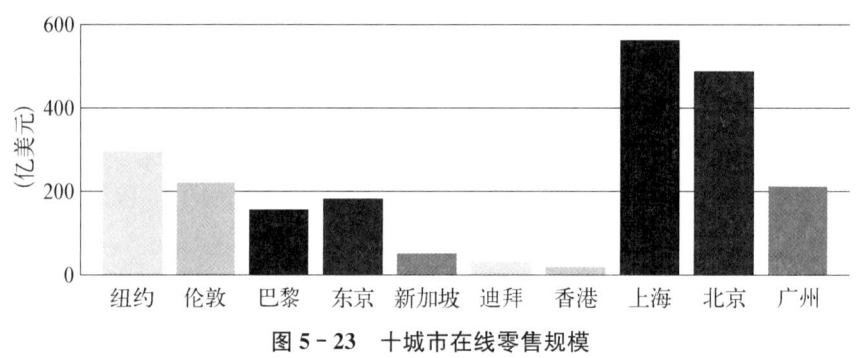

图5-23 十城市在线零售规模

4. 国际奢侈品牌门店数

国际奢侈品牌的集聚程度体现着城市高端商品和服务的供给能力,对境内外消费都会造成强大的吸引力。本报告以全球前20强奢侈品门店数量作为衡量指标(如图5-24)。巴黎的全球前20强奢侈品牌门店数量远多于其他城市,是第二名东京的近两倍,说明巴黎作为国际浪漫和时尚之都的地位无可替代。东京、伦敦和纽约在奢侈品牌门店聚集数量上处于第二层次,与国际消费城市的整体印象相符。再次是香港和迪拜,它们属于典型的区域性国际消费中心城市,在奢侈品牌集聚量上,北京、上海、广州属于后一层级,有很大的提升空间。

(四) 消费体验度

国际消费中心城市通过提供完善的商品和服务设施来提高消费者的体验度和满意度。本文通过测度高端服务设施供给、文化消费设施供给、夜生活活跃度

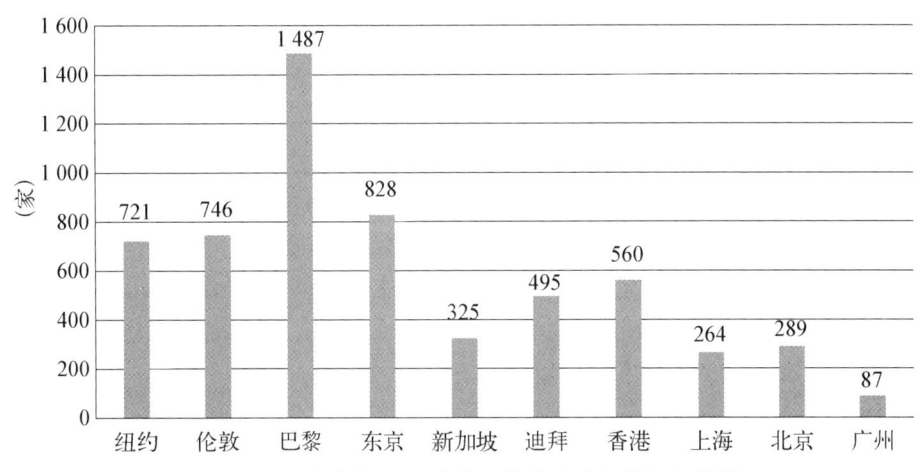

图 5-24 全球前 20 强奢侈品牌在十城市的门店数量

和消费者满意度 4 个二级指标,共 7 个三级指标考察各个国际消费中心城市"消费体验度"。经过各指标加权计算后,在消费体验度指标上,各城市排名依次是东京、巴黎、伦敦、纽约、上海、北京、迪拜、香港、新加坡和广州。

图 5-25 展示了通过 4 个二级指标,对上述 10 个中心城市所刻画的不同消

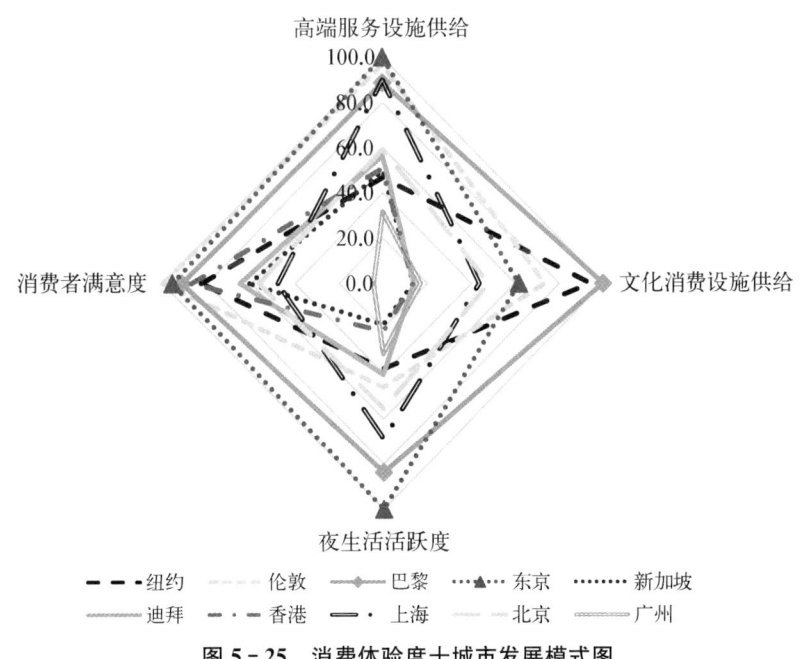

图 5-25 消费体验度十城市发展模式图

费体验度发展模式。总体而言,排名靠前的城市在各指标的表现相对均衡,但也呈现出不同程度的差异化发展态势。在高端服务设施供给方面,各城市得分呈现接近正态分布的趋势,伦敦和东京的得分在90以上,之后上海和巴黎的得分在80分左右,其他城市得分多在50~60分之间,仅广州得分较低,只有30分;消费者满意度方面,伦敦、东京、巴黎、香港和纽约得分均在80分以上,与第二梯队有较大差距;夜生活活跃度与文化消费设施供给的分布则较为均匀,且不同城市各有高低,东京、巴黎与上海的群众夜生活活跃度较高;而巴黎、纽约、伦敦等传统大都市的文化消费设施供给更加充足。值得注意的是,东京在高端服务设施供给、消费者满意度和夜生活活跃度方面的贡献度都极高,因此在消费者体验度方面的发展态势最好。

1. 高端服务设施供给

高端服务设施供给是公认的衡量国际消费中心城市的一个重要指标。本节聚焦高端服务设施领域,分别选取某一评估城市的五星级酒店数量和米其林星级餐厅数量测量该城市的高端住宿及餐饮设施服务供给情况。

高端服务设施供给得分前三名的城市是东京、伦敦和上海。在五星级酒店数量方面,2020年上海以153家居全球首位,其次是伦敦和迪拜;而在米其林星级餐厅数量上,东京以210家(2019年)居全球首位,其次是巴黎、香港。以上10个城市的五星级酒店数量和米其林级餐厅数量如图5-26所示。值得注意的是,中国内地的上海、北京与广州三城均保有较多数量的五星级酒店,但米其林餐厅的数量显著不足,这也从某个侧面说明中国在打造国际消费中心城市硬实力的同时,应积极借助国际机构进行城市形象的对外推广工作。

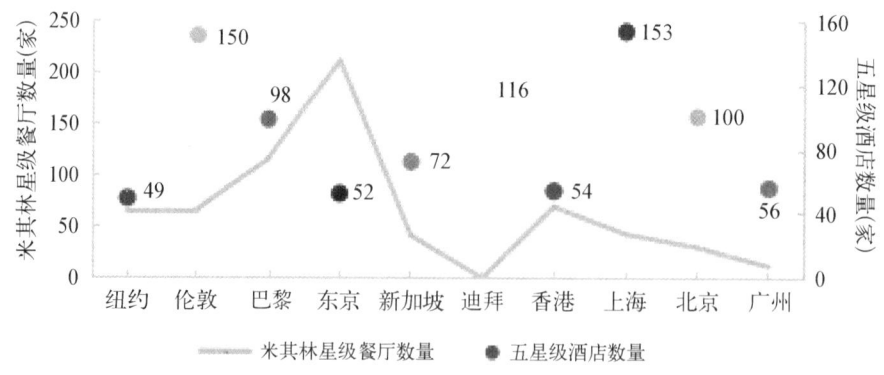

图5-26 十城市五星级酒店数量和米其林级餐厅数量

2. 文化消费设施供给

文化消费设施供给可以推动城市精神层面消费高质量的发展。本文综合"博物馆数量"和"剧院音乐厅数量"两项指标测量消费中心城市的文化消费有效供给状况。

文化消费设施供给得分前三名的城市是巴黎、纽约和伦敦,均属于发展历史较久的欧美传统大都市。截至 2019 年,10 个城市的博物馆数量和剧院音乐厅数量如图 5-27 所示:巴黎以 297 座博物馆数量居全球首位,伦敦与东京分列二、三名,北京作为中国的文化中心,博物馆数量上与东京仅相差 10 座;而在剧院音乐厅数量上,纽约以 652 座高居榜首,随后依次是巴黎、伦敦与东京构成的第二梯队,上海与北京虽较上述城市有较大差距,但显著高于其他中心城市。

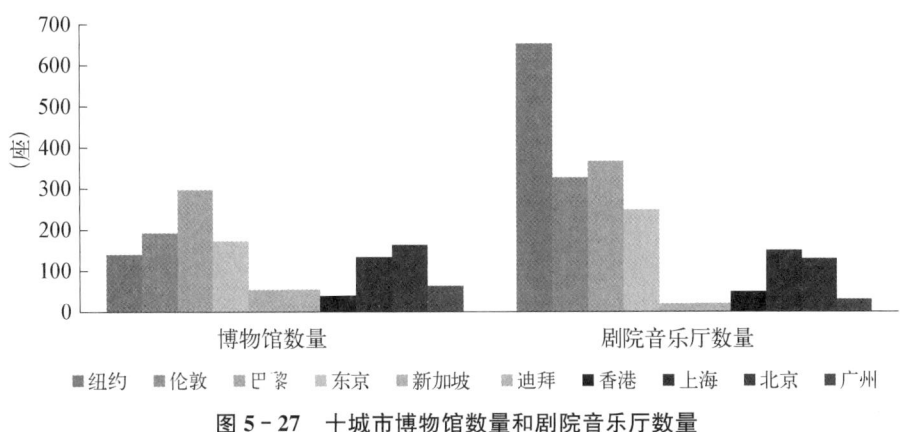

图 5-27 十城市博物馆数量和剧院音乐厅数量

3. 夜生活活跃度

夜生活活跃度可以体现一个城市的夜间活力程度,是反映居民高水平消费、改善生活质量、参与文化生活的重要指标。夜间的繁荣是衡量城市居民消费能力的重要依据。本研究采用"城市夜间灯光强度"和"酒吧/夜间俱乐部数量"两项指标测量消费中心城市的夜生活活跃度。本文所列出的 10 个城市夜间灯光强度和酒吧/夜间俱乐部数量,如图 5-28 所示。

夜生活活跃度得分前三名的城市分别是东京、巴黎和上海。在城市夜间灯光强度方面,根据中国科学院中国遥感卫星地面站提供的卫星遥感数据显示,2019 年巴黎以 619 555.56 nW/(cm^2·Sr)位居全球首位,其次是上海和北京,这三所城市的夜间灯光数据均大幅超越其他消费中心城市;而在酒吧/夜间俱乐部

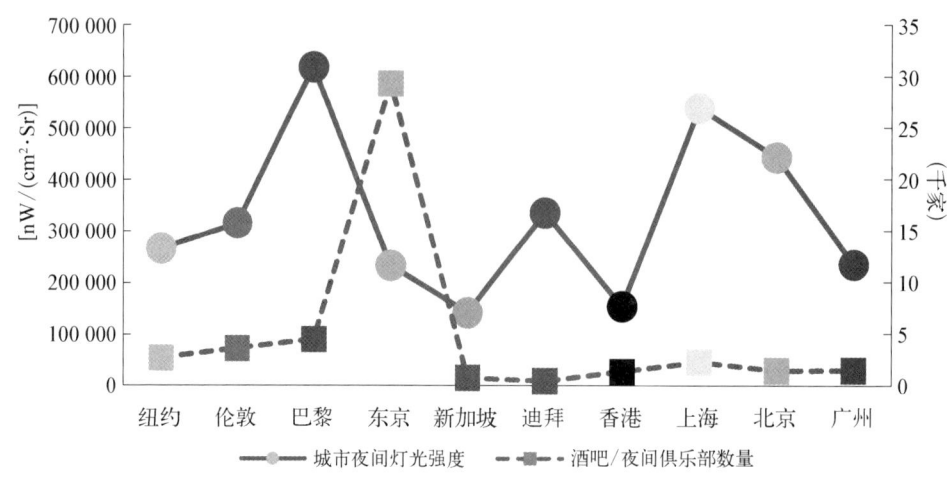

图 5-28 十城市夜间灯光强度和酒吧/夜间俱乐部数量

的数量上,东京以2.94万家店铺的数据遥遥领先,超过了其他9所城市夜店数量的总和,其后依次是巴黎、伦敦、纽约。

4. 消费者满意度

消费者满意度是影响游客消费意愿和消费质量的重要因素。本节通过"旅游满意度排名"指标测量消费者满意度的达成情况。如图5-29所示,消费者满意度排前三名的是伦敦、东京和巴黎。在改善消费者满意度方面,中国内地城市北京、上海和广州均存在较大不足。

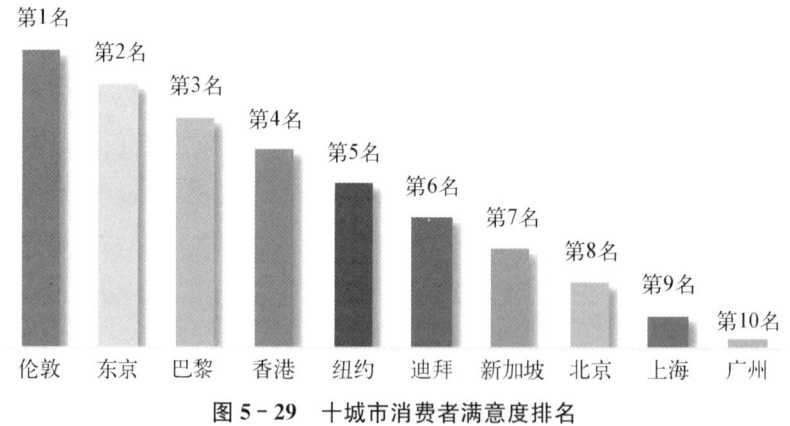

图 5-29 十城市消费者满意度排名

(五) 消费便利度

消费便利度是指消费者在日常生活中,城市或地区提供的消费产品或服务的便利程度。本文通过城市交通便捷度、免退税消费便利度、城市信息基础设施水平、便利性消费网点数量等四个指标考察"消费便利度"。

图5-30展示消费便利度十城市的发展模式。它们在城市信息基础设施水平上得分较高,但多数在免退税消费便利度、城市交通便捷度、便利性消费网点数量方面存在明显短板。消费便利度排名前五的城市依次为上海、东京、广州、纽约、伦敦。上海的情况在这十个城市中综合成绩较为突出,但在免退税消费便利度上仍有一定的不足。

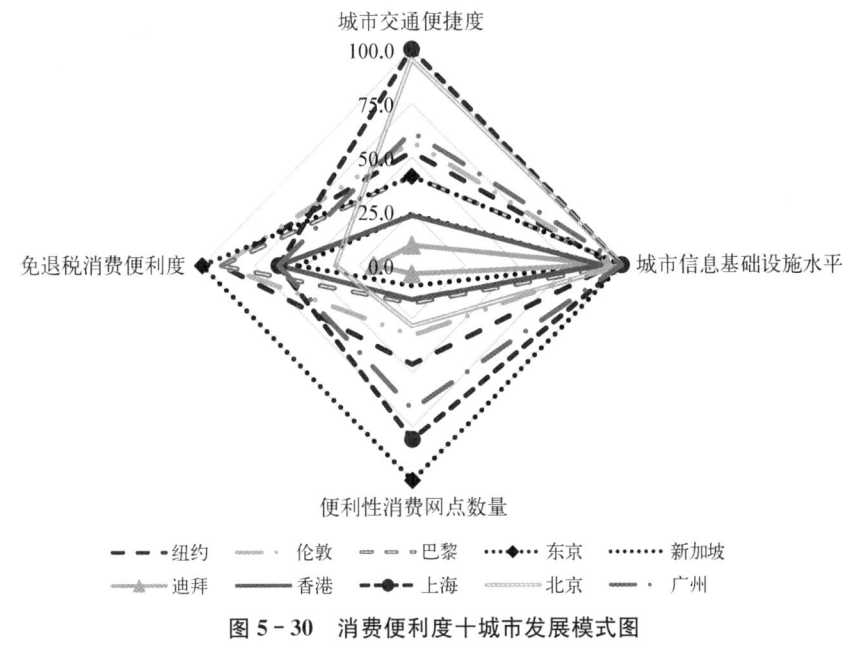

图5-30 消费便利度十城市发展模式图

1. 城市交通便利度

轨道交通具有长距离、快速、准点的突出优势,在公共交通体系中发挥着重要作用。轨道交通营运里程直接反映城市交通便利度。通过2019年世界城市轨道交通运营统计与分析显示,上海轨道交通营运里程809.9千米,位居第一,并且前三皆是我国城市,为上海、北京和广州(如图5-31)。目前,上海轨道交通总体服务水平较好,地位日益突出,已基本适应上海城市经济社会发展的需求,适应现代化国际大都市居民出行的基本需求以及绿色节能环保的要求。

2. 城市信息基础设施水平

后疫情时代,远程办公、远程教育、电子商务、非接触式配送、在线娱乐等新

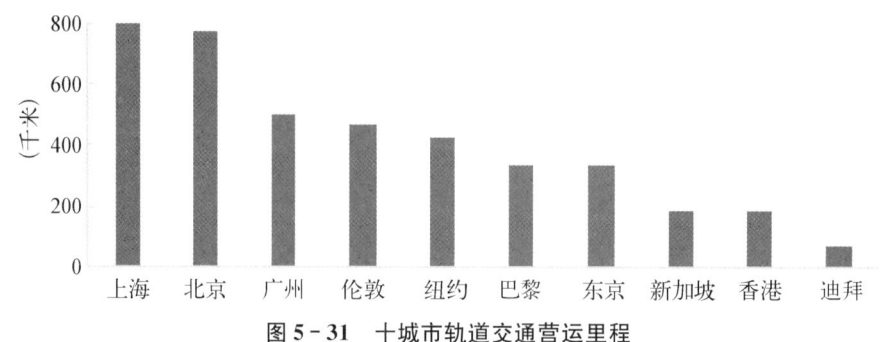

图 5-31 十城市轨道交通营运里程

型数字经济产业依赖于城市信息基础设施的健全和完善。以数据为关键要素，新一代信息技术为核心引领，新型信息基础设施成为经济发展的新动能。从城市 4G 网络覆盖率来看（如图 5-32），上海、北京、广州、巴黎和东京做到了城市 4G 网络全覆盖。

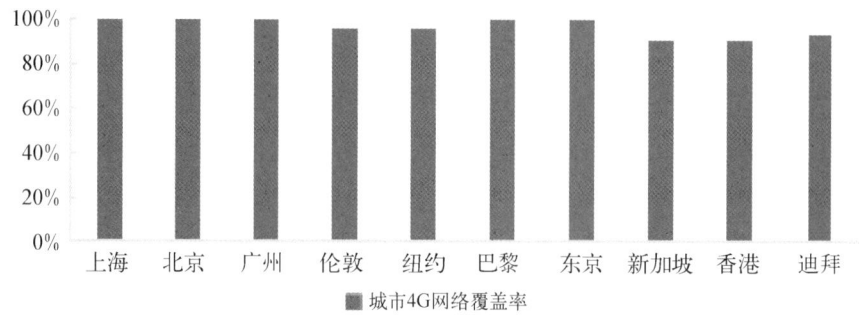

图 5-32 十城市信息基础设施水平

在"数字中国"的战略决策的引领下，上海、北京、广州城市有序推进 5G 网络的全面部署。其中，上海已基本建成"双千兆第一城"，固定宽带光纤实现全市 99% 家庭覆盖，平均下载速率和千兆用户渗透率均排名全国第一，5G 基站占比（5G 基站在所有基站中的占比）上海为 20.19%，同样位列全国第一。

3. 便利性消费网点数量

便利店作为满足消费者应急之需、寻求便利的一种新兴零售业态，是国际上最具有竞争力的零售业态之一。便利店源于美国，在日本得到充分发展，20 世纪 90 年代，在日本便利店市场的逐步饱和以及国外市场的需求拉动背景下，诸多知名的日本连锁便利店纷纷迈开了国际化的步伐。随着城镇化加速、生活节奏加快,深入社区的便利店受到消费者欢迎,中国本土的便利店近年来发展较为迅速。

东京作为全球便利店最发达的城市,排名第一(如图5-33)。上海作为国内对外开放较早的城市,凭借其消费能力强、消费水平较高的人群和较为多元的文化氛围快速吸引了国际知名便利店企业。2020年,上海的便利店网点达6 430家,数量虽未及东京,但是仍多于国内外绝大多数国际化大都市。

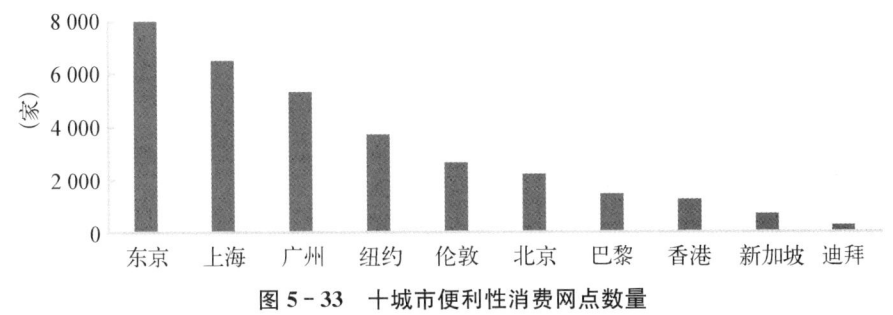

图5-33 十城市便利性消费网点数量

4. 免退税消费便利度

随着经济全球化、贸易便利化的发展,免税业受到越来越多的关注,其作为国际贸易特殊的一部分,脱胎于旅游业的发展,但早已超过了旅游业本身的发展,免税品依靠价格优势和商家提供的便利服务在国际国内的发展态势越来越强。近几年,我国国民消费能力的提升使消费者不满足于国内市场,转而流向国际市场。2011年,亚洲(包括环太平洋地区)实现免税销售额160亿美元,占全球免税额的34.8%,超越欧洲,成为全球第一大的免税市场。

东京是全球免退税最方便的城市(如图5-34),源于日本优惠的免退税政策。纽约、伦敦和巴黎并列第二,作为国际化人口居多的城市在长期的历史过程中积累了丰富的免退税政策经验。上海免税店数量达7家,与广州、香港共同位居第五名,仍有较大的发展潜力。2021年上海市发布的《"十四五"时期提升上海国际贸易中心能级规划》提出,推动消费持续提质扩容,建设国际消费中心城市,创新高端消费供给,提升高端商品和服务集聚能力,加快免退税经济发展。为上海市的免退税经济按下"快进键",以更加开放的姿态拥抱更为广阔的国际消费市场。

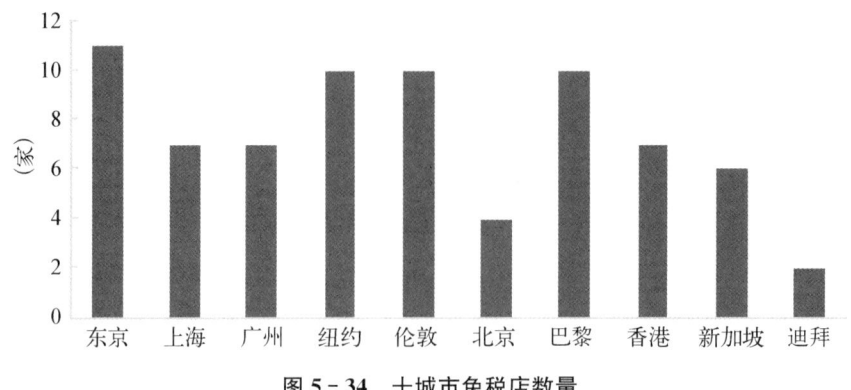

图 5-34 十城市免税店数量

(六) 国际枢纽度

国际枢纽度是国际消费中心城市基于在全球城市网络中的地位来实现消费资源和人流的集聚和辐射效应。本文通过测度进出口货物集散功能、国际机场旅客吞吐量、国际赛事影响力以及国际会展和会议数量等四个指标来考察"国际枢纽度"。

十城市在国际枢纽中心四个指标方面都很分散(如图5-35)。纽约、伦敦、

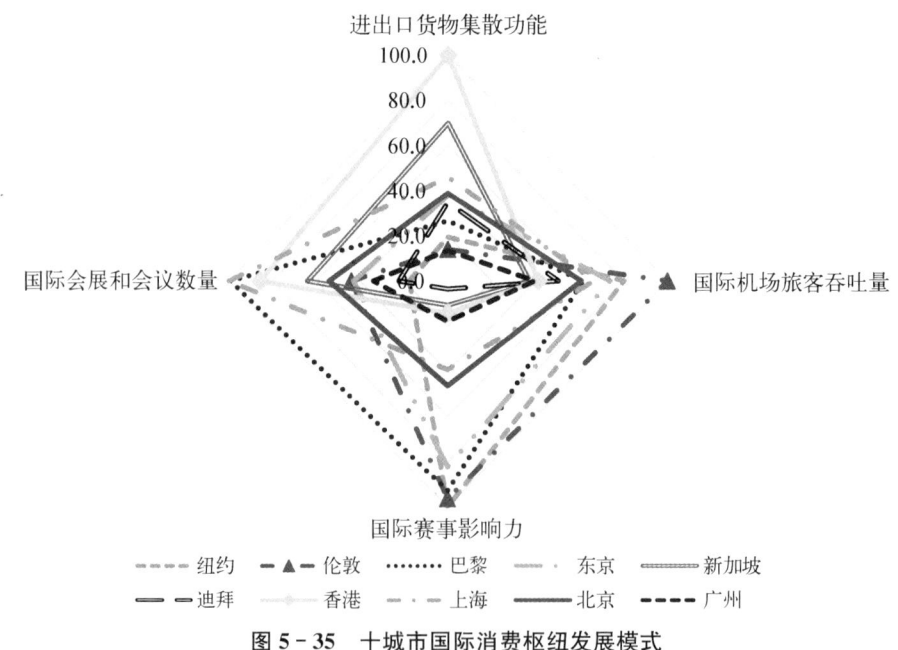

图 5-35 十城市国际消费枢纽发展模式

巴黎、东京这四个城市在国际旅客吞吐量、国际赛事影响力这两个指标方面影响力较大,香港、新加坡作为国际港口拥有较大的进出口货物集散功能,上海、巴黎、香港、新加坡等在举办国际会议方面有优势。

1. 进出口货物集散功能

进出口货物集散功能反映了国际消费中心城市物流的集聚度和便捷度,进出口功能越强大,越能方便地为消费者提供优质的商品,这里采用各城市的进出口货物贸易总额来进行衡量。在这方面,香港、新加坡以显著优势占据第一、第二位(如图5-36),香港和新加坡作为世界上最高自由度的贸易通商港口,具有良好的基础设施和健全的法律制度,这为国际消费中心城市提供了优质的物流环境。上海和北京分别居于第三和第四,中国经济的快速发展和庞大的中国市场使它们对于进出口货物的集散功能越来越强。

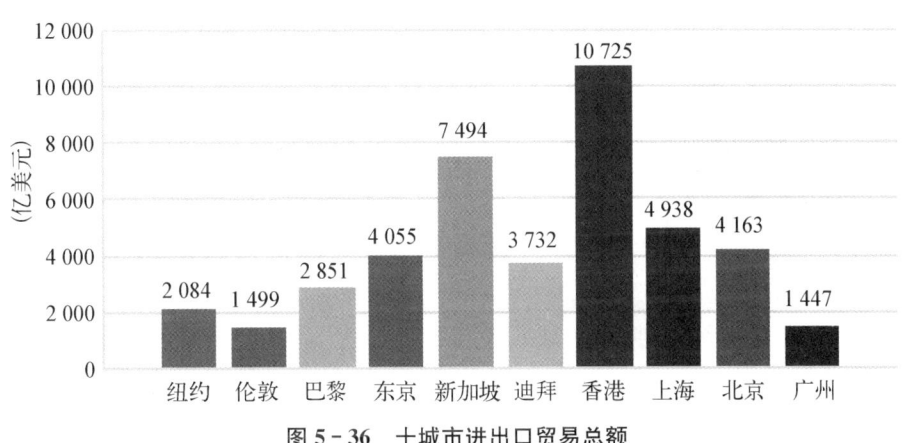

图5-36 十城市进出口贸易总额

2. 国际机场旅客吞吐量

国际机场旅客吞吐量反映了城市与世界联通的程度,是衡量城市在国际上受欢迎程度的"集客效应"的主要指标。伦敦、纽约、东京占据了前三位(如图5-37),这与它们的国际地位是一致的,这些城市在科技、经济发展和商务活动方面都是走在世界前列的。接下来比较突出的是上海、巴黎以及北京等,巴黎作为时尚之都,同时也是欧洲的经济、政治与文化中心,自然吸引了很多的国际客流,而北京、上海作为新兴城市经济发展很快,各方面都充满了机会,吸引了很多国际人士来旅游、投资、消费等。

"双循环"与经济高质量发展

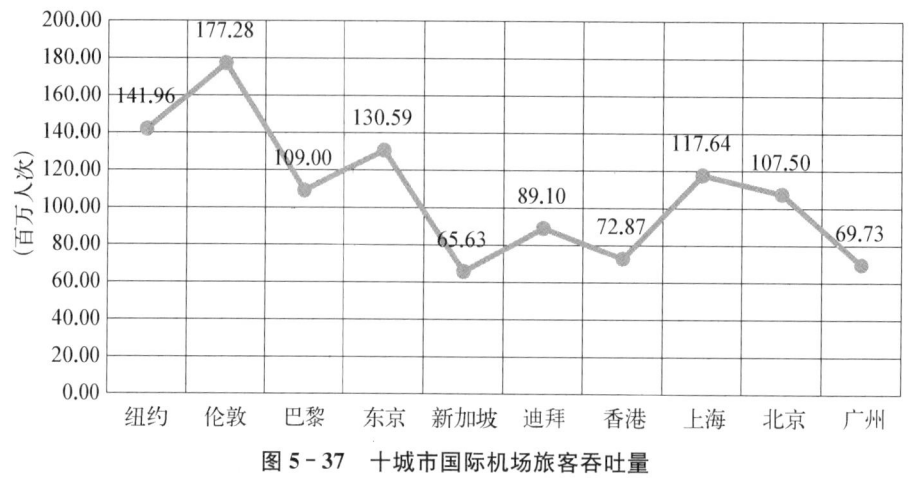

图 5-37 十城市国际机场旅客吞吐量

3. 国际赛事影响力

国际赛事影响力反映了各城市作为国际赛事中心的重要程度,本指标采用的是 Burson Cohn & Wolfe 2019 年发布的各城市体育影响力排行榜,纽约、伦敦、巴黎、东京作为最重要的前四位(如图 5-38),影响力比较大,这些城市经济较发达,体育设施比较完善,体育产业发展较好,吸引了很多知名赛事来举办。其后的几个城市中北京、上海作为新兴发展城市,体育设施较完善,居民参与意愿也较高,也吸引了不少的体育赛事。

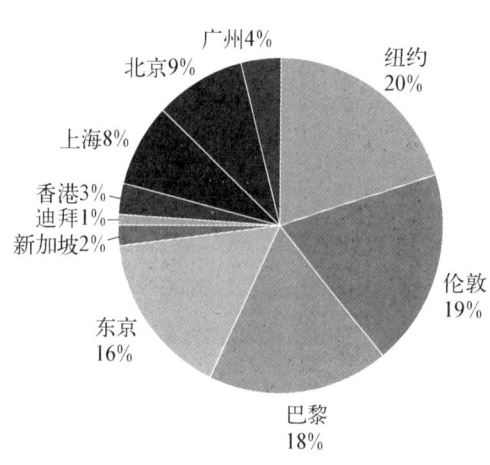

图 5-38 十城市国际赛事影响力

4. 国际会展和会议数量

国际会展和会议数量展现了各城市作为国际枢纽中心在文化和商务活动方面的影响力,采用 UFI 认证展会数量(举办地)和国际会议数量这两个指标来衡量。2019 年十城市国际展会与会议数量如图 5-39 所示。上海、香港作为新兴发展中国家城市,举行了较多的国际展会,特别是上海遥遥领先,已成为名副其实的"国际会展之都"。巴黎、新加坡、伦敦、东京等由于科技发达、交通便利则举办了较多的国际会议。

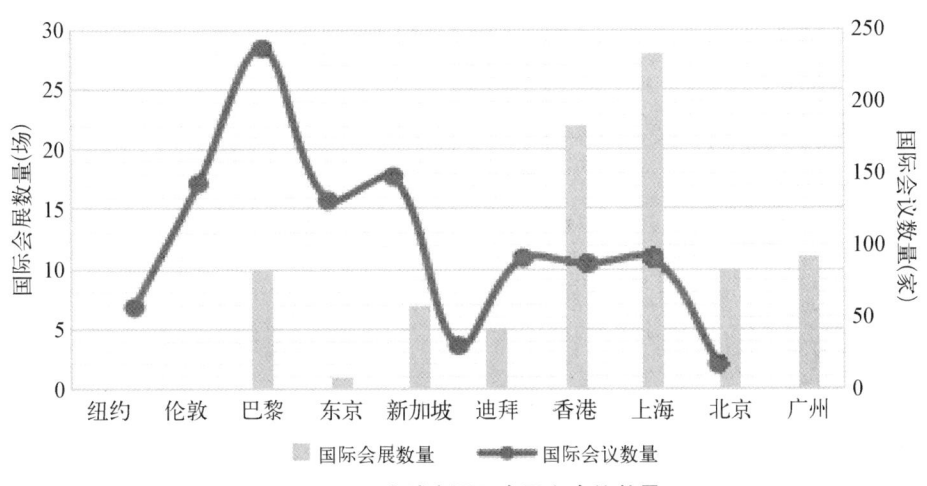

图 5-39 十城市国际会展和会议数量

四、国际消费中心城市综合评分

因本课题采集的数据量纲存在差异,故采用线性阈值法对数据进行标准化处理,得出统一的得分与排名,具体见表 5-3。

表 5-3 国际消费中心城市综合排名与得分

城	市	纽约	巴黎	东京	伦敦	上海	北京	香港	新加坡	迪拜	广州
综合	总排名	1	2	3	4	5	6	7	8	9	10
	合计	72.90	70.17	64.37	63.17	55.42	48.03	47.96	36.13	33.55	27.56
城市繁荣度	得分	100.00	63.49	67.89	64.47	45.66	46.20	56.22	46.79	31.25	20.53
	排名	1	4	2	3	8	7	5	6	9	10
产业支撑度	得分	83.07	65.70	51.29	51.96	42.42	42.63	39.02	20.55	28.87	20.35
	排名	1	2	4	3	6	5	7	9	8	10
消费引领度	得分	58.42	67.36	40.92	54.75	43.88	36.40	40.43	26.55	40.71	18.63
	排名	2	1	5	3	4	8	7	9	6	10
消费体验度	得分	64.18	90.52	90.76	79.75	63.42	55.22	45.20	37.10	45.77	20.99
	排名	4	2	1	3	5	6	8	9	7	10

(续表)

城 市		纽约	巴黎	东京	伦敦	上海	北京	香港	新加坡	迪拜	广州
消费便利度	得分	70.90	62.19	84.00	68.98	85.12	63.73	46.96	43.03	28.05	71.49
	排名	4	7	2	5	1	6	8	9	10	3
国际枢纽度	得分	53.10	72.81	58.64	62.45	63.82	49.69	60.54	45.36	25.63	25.74
	排名	6	1	5	3	2	7	4	8	10	9

综合评分结果显示,纽约在国际消费中心城市评价中得分为72.9,排第一位,其后依次为巴黎、东京、伦敦、上海、北京、香港、新加坡、迪拜和广州。

从国际消费城市的形成条件来看,纽约、巴黎、东京和伦敦的经济基础较好,具体表现为城市繁荣度和产业支撑度的得分较高,能够形成有效的消费供给和需求,消费体验度也在这几个城市处于第一梯队。后发国际消费城市在消费环境营造上体现出良好的上升趋势,如上海、北京、广州等城市在交通、信息基础设施等方面有赶超的趋势。

从消费特性来看,各城市都具有不同方向上的差异化优势,以纽约、巴黎为代表的传统国际消费城市,总体的经济实力、时尚印象和奢侈品消费等方面具有很强的累积优势,本土企业更具跨国经营水平,体现出消费供给质的积累。而新兴的国际消费城市如上海、北京、迪拜等表现出较强的零售产业集聚性,体现在消费供给量的集中,在新业态、新模式创新方面表现更为突出。

从国际化程度来看,由于经济体量、国际时尚形象积累和城市品牌效应,纽约和巴黎等城市全球性消费中心形象地位非常稳固。香港因历史上中转贸易和自由贸易政策的原因,新加坡则因地理位置的因素,区域性国际消费中心城市的特征较明显。上海、北京等后发城市则更多表现为利用技术驱动,完善基础设施形成差异化优势,造成在国际化上近期追赶、未来赶超的趋势。

图 5-40 为全球消费中心城市发展模式图。对国际消费中心城市各一级指标评分与综合得分进行皮尔逊相关性分析,结果显示,六个一级指标全部与综合得分显著相关($p<0.01$),其中产业支撑度得分与综合得分相关性最强,相关系数为 0.938。其次是消费体验度、城市繁荣度和消费引领度,分别为 0.882、0.881 和 0.871。相关性最弱的是国际枢纽度和消费便利度,相关系数分别为 0.819 和 0.526(各城市的一级指标评分散点图如图 5-41 所示)。进一步分析六个一级指标间的相关性可知,城市繁荣度得分和产业支撑度得分之间的相关性最强,相

第五章 双循环与消费升级

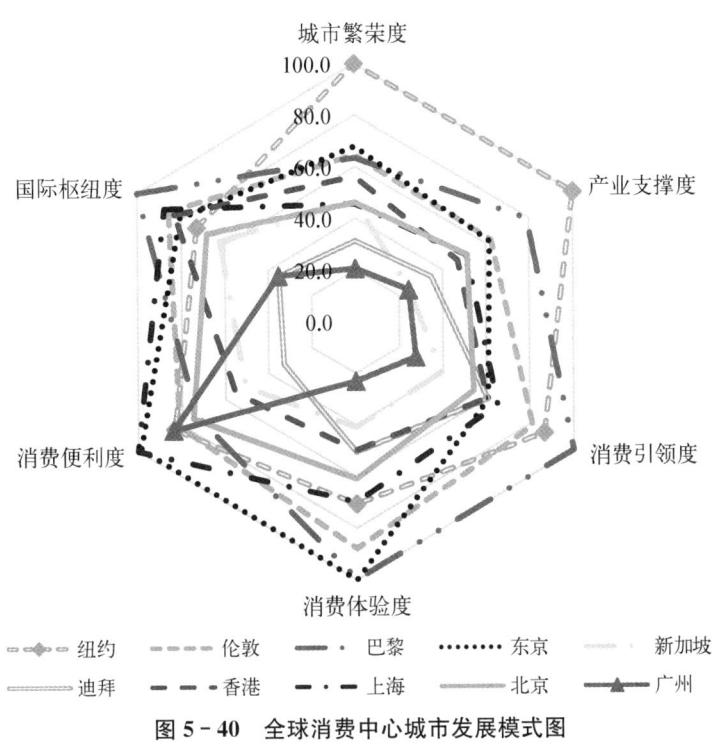

图 5-40 全球消费中心城市发展模式图

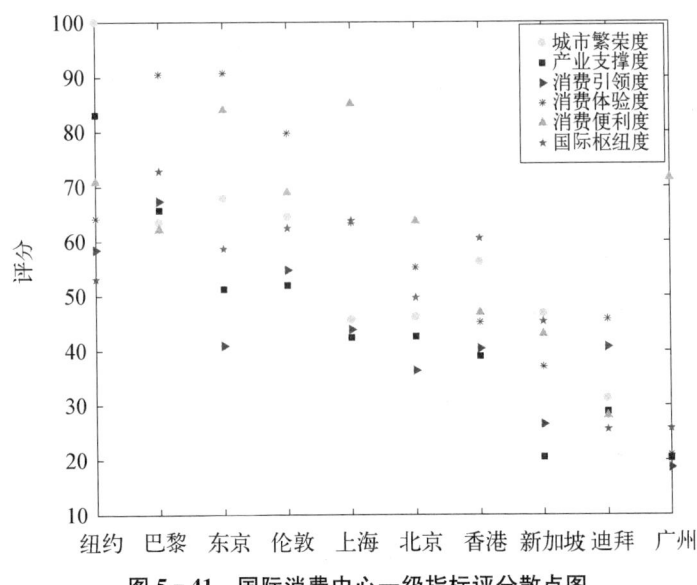

图 5-41 国际消费中心一级指标评分散点图

关系数得分为 0.903（p＜0.01）；其次分别为产业支撑度得分和消费引领度得分相关度、消费引领度得分和消费体验度得分相关度，相关系数为 0.868 和 0.800（p＜0.01），表明发达的相关支撑产业的发展可以极大地促进城市的繁荣，在引领消费方面发挥更大的作用，有利于提高消费的体验度。

城市繁荣度排名前五的城市依次为纽约、东京、伦敦、巴黎和香港。其中纽约作为全球的经济中心和金融中心，一路领跑，总体表现远高于其他城市。东京、伦敦和巴黎作为发达国家城市的典型代表，分值差距不大，属于第二梯队，城市总体经济实力强，繁荣度和国际地位高。新加坡、中国香港、北京和上海属于第三梯队，与排名靠前的城市还有较大差距，香港的人均可支配收入和人均消费支出较高；得益于中国经济的快速发展和庞大的人口，作为新兴城市后起之秀的上海和北京零售业销售规模较大；而新加坡在各项指标上都较为均衡。

产业支撑度排名前五的城市依次为纽约、巴黎、伦敦、东京和北京。纽约作为全球时尚中心，拥有完备的时尚产业链，整体表现远高于其他城市。巴黎作为国际时尚之都，集聚了全球知名的消费品企业和零售企业，本土零售企业的跨国经营水平首屈一指。伦敦和东京整体表现差别不大，分别在知名零售企业和消费企业的集聚度上更有优势，而上海则主要在消费创新的独角兽企业方面优势较大。

消费引领度排名前五的城市依次为巴黎、纽约、伦敦、上海和东京。巴黎作为全球时尚的发源地之一，拥有全球最多的奢侈品门店数量和国际时尚影响力。纽约和伦敦在各项指标上表现都较为不错。上海已超越东京引领着亚洲甚至全球的消费潮流，在线销售规模远高于其他城市特别是国外的城市。东京在亚洲城市里奢侈品门店数量依然是最多的。

消费体验度分列前两位的是东京和巴黎，也分别代表了亚洲和欧洲的最高消费体验水平。伦敦紧随其后，消费者满意度最高。纽约和上海属于第三层次，整体差不多，纽约在文化消费设施供给和消费者满意度上表现突出，而上海在高端服务供给和夜生活活跃程度方面更有优势。

消费便利度排名前三的依次为上海、东京和广州，全部是亚洲国家城市。中国近些年在城市信息化、基础设施和公共服务设施方面的大量投入，极大地提高了城市消费的便利化程度。东京拥有全球最多的便利店，退税制度优越，网点众多。紧随其后的是纽约和伦敦，得分较为接近。

国际枢纽度排名第一的是巴黎，作为世界一线城市，在举办国际赛事、会展和会议方面表现突出。上海、伦敦、香港和东京分别位列第二到第五。上海作为国际会展之都,举办国际会展和会议首屈一指,伦敦拥有全球最大的国际机场旅客吞吐量,香港的进出口货物贸易总额位居第一,东京各项指标表现均较为平衡。

本节从城市、消费和国际化三个方面着手,通过城市繁荣度、产业支撑度、消费引领度、消费体验度、消费便利度和国际枢纽度六个一级指标构建了国际消费中心城市的指标体系。通过客观数据呈现出不同城市在关键指标上的优劣势和排名,并据此测算国际消费中心城市指数,探索国际消费中心城市发展的关键要素和核心力量,展现城市参与全球经济发展过程中的必要准备、核心竞争力和发展前景,从而激发全球消费企业和政府部门持续发展创新,培育和缔造全球消费产业链持久发展的消费生态体系。研究主要发现如下。

- 国际消费中心城市的发展呈现出差异化的特点和趋势。传统的全球城市纽约如东京、伦敦、巴黎由于历史的积淀和优良的经济基础,在城市繁荣度、产业支撑度和消费体验度方面依然具有更大的优势。中国经济的快速发展和大规模城市基础设施建设的开展使得内地城市的硬件水平急速提升,国际枢纽度和消费便利度方面已开始具有全球领先优势,消费引领度方面也开始赶超传统全球城市。

- 国际消费中心城市地位的直接决定要素是城市的强大经济实力和发达的消费产业链。繁荣的城市发展和消费相关产业链的强有力支持是影响城市在全球消费网络中地位的重要因素:城市国际地位突出、经济实力强、消费水平高,对全球消费资源的集聚能力就更强;消费相关产业链越完备,品牌企业、商业企业和行业越发达的城市,综合排名越靠前。

- 国际消费中心城市的竞争格局正在发生变化。新兴消费城市在零售业态的变革、商业模式的创新、消费独角兽企业的培育、在线消费等方面表现出了强劲的发展势头,对全球消费格局造成了重要影响。欧美发达城市在城市竞争力、时尚影响力和国际消费吸引力方面表现突出,依然引领着全球消费市场的发展。

构建一个全球范围、城市级别的国际消费中心城市指标体系极具挑战性。本文基于国际消费中心城市的定义、内涵和特征构建国际消费中心城市评估的概念模型,力求平衡历史与前沿、现状与未来、绩效与环境等因素来选取测度指标,同时还参照了中国科学院、新华社、科尼尔公司、世邦魏理仕、德勤、欧瑞国际等第三方机构问卷调查的结果,以弥补评估指标的不足,使得该评估指标体系具有坚实的理论基础和广泛的指标覆盖度。需要说明的是,由于研究者的研究能力和时间的限制、新冠疫情的影响,2020年度国际消费中心城市指标体系仍有不足,且只针对数量有限的国际10座城市开展测试评估。未来,研究还将持续改进,跟踪与识别国际消费中心城市发展的动态演化,力求成为全球消费主体、客体与政策决策者的可信参照。

第六章 双循环与风险防范

2020年初,突如其来的新冠疫情对全球经济造成了严重的冲击。中国人民银行发布的《2020年第一季度中国货币政策执行报告》指出,新冠疫情快速蔓延,全球经济遭遇供需双侧冲击,短期已滑入衰退轨道。此次新冠疫情与以往一发而过的疫情不一样,可能会对经济金融产生长期的不利影响,严重时可能会引发国际经济金融全方位、毁灭性的危机。在此背景下,研究后疫情时代金融风险的防范具有非常重要的意义。

第一节 金融风险文献综述

通过查阅近几年关于金融风险研究的文献,对国内外学者的研究观点进行了归纳,主要集中在金融风险指标类测度研究,金融风险与宏观经济关系研究,金融科技、金融创新与金融风险关系研究,区域金融风险研究,金融风险管理和防范研究,公共卫生事件与金融风险研究等几个方面。

一、金融风险指标类测度研究

孙攀峰、张文中(2020)采用HP滤波分析法和主成分分析法构建了中国金融稳定状态指数(FSCI),来对中国金融稳定性进行评估,得出FSCI指数对金融稳定描述的准确性受基础指标权重影响很大,且权重差别大,波动性差别也大。

李绍芳、刘晓星(2020)运用全球向量自回归模型(GVAR),从关联网络的视角构建了金融压力溢出效应模型,考察五个金融子市场压力在不同国家和市场间的传导及其动态演变得出结论,美国是全球金融市场中金融压力主要溢出者;发达经济体对我国信贷市场、资本市场和外汇市场的影响主要是通过资本市场和货币市场,而新兴经济体金融压力则主要影响我国的债券市场和货币市场。

洪健、雷汉云(2020)从宏观、中观、微观三个方面构建系统性金融风险度量指标体系,通过因子分析提取五个公共因子,并计算各年份公共因子的得分,然后运用熵值法对五个因子进行客观赋权,最终得出我国2011年第一季度至2018年第四季度系统性金融风险综合指数。

吕勇(2019)通过实证分析得出进口金额、社会消费品零售总额、宏观经济景气指数等是构建金融风险预警模型的重要指标,这些指标的变化将会对经济带来长期的负面影响,并且会给随后数十个月的经济指标带来潜在的风险。

师家升、起建凌(2019)根据金融危机的触发原理,收集了年度数据构建中国金融风险监测预警指标体系,然后从中筛选出稳健性好且具有良好预警能力的指标,通过主成分分析和因子分析,合成中国金融风险预警指数,并对金融风险发生的可能性以概率形式呈现。Hollo等(2012)将整合的欧盟区15个金融市场指标分成五类,在考虑这五类指标的截面相关性之后,进行了加权,构建监测系统性金融风险的指标。

二、金融风险与宏观经济关系研究

王榆芳(2020)运用动态随机一般均衡方法,通过构建国际资本流动的两国模型,实证分析了国际资本流动对各国宏观经济产生的冲击,得出国际资本流动冲击具有非对称性,对原始资本流入国的影响程度要比原始资本流出国相对更高;国际资本流动能够导致各国消费与资产价格在短期出现"超调",并造成各国债务规模占GDP比重及资本积累速度下滑且难以恢复到均衡水平。

杨子晖、陈里璇、陈雨恬(2020)构建"全球金融市场与经济政策不确定性"的非线性关联网络。研究结果表明,股票市场是风险的主要输出方,而外汇市场则是风险的主要接受者,两者之间存在非对称传染效应。

赵建、李奇霖、冯素玲(2019)以银行资产负债表调整行为作为货币供给的微观基础,构建宏观流动性的周期性纵向结构和"核心—中间—外围"的横向结构,研究流动性冲击实体经济和金融市场的基本机制。研究发现,来自实体需求、银行信用和监管变化的内生和外生冲击,通过引发信贷结构的变动对金融市场形成巨大的流动性冲击,并且冲击路线在中国特有的货币分割和信用分层结构下表现出不一样的特征。

谭中明、夏琦(2019)利用因子分析法分析出经济增长动力风险、证券市场泡沫风险、外部经济风险、房地产价格泡沫风险和经济脆弱性风险等构成我国系统性金融风险的五类风险因子,运用向量自回归模型分析了系统性金融风险及其五类风险因子对中国经济波动的动态影响。

Mistrulli(2011)通过分析意大利的银行数据,得出系统性金融风险的传染效应会随着银行之间相互连接程度的提高而提高。

Baur(2011)的研究得出,在金融危机时期,金融行业与实体行业的股票价格之间具有非常强的联动性。

Reinhart等(2008)的研究得出金融危机恶性循环规律,认为金融危机形成信贷紧缩机制,产业萎靡加深银行信贷违约,扩散系统性金融风险形成恶性循环,进而导致经济危机。

Kroszner和Klingebiel(2007)的研究表明,如果金融行业遭受突发性损失,将会给实体经济带来非常严重的影响。

三、金融科技、金融创新与金融风险关系研究

罗航、颜大为、王蕊(2020)分析了金融科技对系统性风险扩散的影响表现,然后基于信息技术的影响机制和货币流通速度的影响机制两个视角研究上述表现的原因。研究得出金融科技会增强社会信用和信息收集处理能力,阻碍系统性金融风险扩散,但也会增强金融脆弱性,加快货币流通速度,进而加剧风险扩散。

李永苋(2020)研究了金融创新与金融风险管理的关系,指出金融创新活动带来新的金融风险,金融风险管理有利于促进金融的创新发展,并就提高金融创新与金融风险管理质量提出对策。

四、区域金融风险研究

翟立荣(2020)从宏观和微观角度分析影响区域金融风险的因素,从实体经济和金融部门间两个层面分析区域风险传导路径,并提出防范区域金融风险的政策建议。

吴养学、李飚(2020)分析了区域金融风险的类型、特征与传导的路径,并提出建议。

翟博(2019)以深圳私募基金的现状和问题为例,深入剖析痛点及风险,就防

范区域性金融风险向社会稳定领域传导提出应对策略和风险管控办法。

五、金融风险管理和防范研究

付明(2020)使用 GJR-DCC 模型来估计 MES 模型,分别度量以银行业、保险业和证券业为代表的金融行业对金融市场体系的风险溢出效应和金融行业之间的风险溢出效应。结果表明,金融危机事件期间的金融行业系统性风险较大,且证券业对金融市场体系的风险溢出效应最大,其次为保险业和银行业。

张仲、刘瑾(2020)对系统性金融风险的传导机制和影响因素展开了系统的梳理和分析。

王臻(2019)提出中国金融风险进入高发阶段。互联网经济的发展导致许多实体经济逐步走向颓势,整体经济增速缓慢,大量的僵尸企业堆积。杠杆率的提升、整体市场的资金流动性不足,给金融风险的发生带来了前提条件,需在政策、市场、监管等方面构建一套完善的系统性金融风险防范体系。

周智祥(2019)提出金融经济风险可以分成金融信贷、金融政策、金融市场及金融汇率风险。为了应对各类的金融经济风险,需要运用相应的风险防控方式。

郑开焰、郭君默(2018)阐述了我国金融风险管理的现状;深刻解剖我国金融监管管理机构所面临的一系列风险问题以及提出相应的对策。

靳凤菊(2018)提出金融领域风险隐患主要有银行业抗风险能力弱化、金融案件频发、风险跨市场加剧、"产融结合"无序发展、房地产市场风险等,并且提出在六个方面防范金融风险的措施。

Bhattarai 等(2017)研究发现欧洲、中东和非洲的股票价格和汇率极易受到美国经济的不确定性的负面影响,这种情况会提高欧洲、中东和非洲国家的利差,导致资本从中流出。

六、公共卫生事件与金融风险研究

左正龙(2020)基于 Pritsker 的冲击国际传导分析框架,构建了一个系统性金融风险传递机制的理论模型,分析了新冠疫情带来的冲击,结论为对于一些资源型小国,应注意冲击的跨境交互传递,而像中国这样的经济大国更应注意冲击的单向输出,同时应加强对国际性金融中介的监管和建立国内实体经济与金融体系的风险隔离机制。

高惺惟(2020)提出新冠疫情在全球大流行,将会对我国的经济社会运行造成较大冲击,金融稳定将承受经济下滑带来的压力。房地产市场、资本市场、外汇市场和债券市场等存在风险隐患。提出要加大宏观政策的逆周期调节力度,以更加灵活的金融信贷政策支持市场主体渡过难关。

吴振宇、朱鸿鸣、朱俊生(2020)提出在系统全面防控疫情带来的金融风险时,应重点关注股票市场和债券市场的波动,应多采用数量化、结构化、区域化的政策来化解疫情对金融市场带来的影响。

刘春华(2020)以2003年非典疫情对经济金融影响为参照,对比研究了新冠疫情对我国金融风险的短期和中长期影响,认为疫情造成长期系统性金融风险概率较低;疫情将通过冲击相关产业而对金融体系尤其商业银行短期内的发展和信用风险管控带来不利影响。

杨子晖、陈雨恬、张平淼(2020)采用了因子增广向量自回归模型和风险溢出网络方法研究了我国金融市场各部门间风险传导关系的动态演变,并结合美股四次"熔断"等极端风险事件,分析了国家间金融风险传导的主要源头与溢出途径。

综上来看,关于金融风险的研究文献很多,不过更多是侧重研究金融风险测度、金融风险传导机制、金融风险防范评估等方面,对于突发性公共卫生事件引发的金融风险定量研究不多。有部分文献分析了疫情下的金融风险,并与非典时期的金融风险做了对比,但是分析只是一带而过,没有对疫情后续性可能产生的金融风险问题进行深入探讨。

第二节　重大突发公共事件背景下的金融风险研究

过去一个世纪以来,世界性的危机事件不断发生,如1918年的西班牙流感、1957年的亚洲流感、1995年阪神大地震、2001年的"911"事件、2003年的非典型肺炎(SARS)、2011年的日本东北地区大地震和福岛核灾等公共卫生安全、恐怖攻击、自然灾害事件。随着世界经济一体化,金融业的快速发展也同时面临着前所未有的不确定性,而金融损失发生的可能性就是金融风险。重大突发公共事件的发生对世界经济和金融市场发展造成的冲击愈加剧烈,给社会、国家甚至全球所带来的金融风险也日趋上升。

一、重大突发公共事件背景下的金融风险

以1918年的西班牙流感为例,此次流感的致死率非常高,导致全球至少5亿人被感染(占当时地球人口四分之一以上),死亡人数至少达到5 000万;而根据美国疾病控制和预防中心的数据,当时美国死亡人数达67.5万人。而1957年,源自亚洲的大规模流感疫情也在世界范围内造成100多万人死亡。James和Sargent(2006)发现,流感疫情对美国工业生产有一定影响,他们研究发现美国工业产量在1918年10月和11月急剧下降,虽然部分原因在于当时第一次世界大战临近结束,军工生产也随之下降,但他们认为,是西班牙流感导致美国的年度工业产值下降了0.5%。当时的工人几乎没有病假,也没有失业保险。因此,一旦生病或因其他原因没法工作,工人就没有了生活来源。而根据Hatchett、Mecher和Lipsitch(2007)做的一项研究发现,疫情暴发16天后,费城才开始限制社交聚会,甚至还允许一场游行照常进行。圣路易斯市则在疫情暴发两天后就采取了限制措施。在疾病高峰期,费城的单日死亡率比圣路易斯市高出五倍,甚至更多。越愿意承受短期经济损失,就能挽救越多生命。流感大流行的研究普遍认为严重的大规模流感会给国家的GDP带来严重的损失。例如:Keogh-Brown等(2010)模拟了英国如果发生疫情轻度和重度大流行,发现轻度情景下的GDP损失为0.6%至2.5%,重度情景下的GDP损失为4.5%至6%。

"911"事件对美国短期的经济有着相当大的影响。首当其冲的是航空业,事件发生后各航空公司立即全面减航20%、美国当年度第三季的经济萎缩3%。至于亚洲各新兴经济体,受"911"事件之影响,出口明显衰退,当年度第三季经济成长普遍大幅放缓。美国在此次事件发生后,积极出台相应救市举措,如大幅降息、释放大量的货币到市场上,以维持消费者的信心且保证市面有足够的钱币以供流通之需;降低税率,将资本利得税从20%降低至15%。此外,美国国会批准400亿美元的预算,用来纾困航空业、加强国防开支及帮助受害中小型企业和个人渡过危机。

而自然灾害造成经济严重损失的事件也层出不穷,如1995年阪神大地震、2011年的日本东北地区大地震和福岛核灾。尤其是阪神地震造成日本经济损失约1 000亿美元,日本国内生产总值(GDP)约2%的资产瞬间消失。日本政府实施一系列的援助,如根据不同情况向灾民和企业提供无息或低利率贷款,这些优惠贷款对神户经济恢复提供了关键性的作用。而2011年日本东北地区发生

的规模9.0级的强震,是日本有史以来所遭遇的最强烈的地震。强震带来海啸,造成严重的人员死伤及经济损失,并引发核灾的极度恐慌。根据日本警察厅截至2011年4月12日的统计,灾害造成1.3万多人死亡,逾1.4万人失踪,外界估计死亡人数可能超过2.5万人。灾害发生后,不仅造成受灾厂商被迫停工,影响面板原料、矽晶圆、金属材料、设备及汽车零件等生产活动,而且严重冲击电力供应。此外,日本股市连续两日大跌,市值下降约16%,而GDP减少约3%。虽然2011年日本GDP占全球比重只有约8.7%,较1995年阪神大地震时之17.7%为低,但对全球经济的影响不容小觑。为应对此次灾害,日本政府亦采取多项援助举措,如提供紧急资金超过600亿美金援助,向企业提供流动性支持并安抚金融市场的信心;金融监理当局严格限制投机性交易,稳定金融市场的秩序;与七国集团(G7)其他国家联手干预日元汇价,以稳定外汇市场;成立紧急应变中心,以防范灾变事态扩大。

二、金融风险表现形式和防范机制

金融风险的触发因素很多,包括宏观经济的波动、信用违约、资产泡沫、流动性不足等。由过去重大突发公共事件所造成的危机可以发现,各国政府最先防止的就是流动性风险。重大突发公共事件的发生可能会造成交通中断、社会活动停止及生产经营停滞,进而对整体需求带来负面影响,会同时对投资者和消费者信心带来巨大的影响。因此需要通过大量资金的援助,帮助企业和个人渡过难关。国际货币基金组织(IMF)在2008年的报告指出,市场在遭遇系统性金融危机时,政府应积极地发挥实质作用,提供充足的流动性,缓解金融市场流动性短缺,这是解决金融危机的关键。以救助措施而言,短期救助方式以提供流动性为主,如降低贴现率和准备金率;中期以恢复市场信心为主,如降低利率、减税;长期则是致力于经济稳定,如控制通货膨胀。资金援助的目的是为了维护经济稳定,但在提供市场流动性的同时,也可能直接造成负面影响,包含流动性陷阱、通货膨胀和道德风险。

首先,在危机事件发生后,容易出现流动性陷阱。政府为了恢复市场信心,通过降低利率来刺激国内消费和投资,借此推动经济增长。但如果利率已经低到一定程度,人们预期未来利率上升或因悲观心态不愿消费,选择储蓄,此时中央银行实施再多的货币供应量,通过降低利率刺激消费的效果就不大。其次,危机事件下,为了解决市场流动性不足的问题,政府通常实施扩张性财政政策。当大量的货币释放到市场上，可能使得物价水准在某一时期内，连续性地以相当的幅度上升，发生通货膨胀。因此，必须通过政府实施短期的价格干预，让通货膨胀平缓且在一个可控的范围之内。最后，公共资金援助若是使用不当，如援助的对象以规模较大的企业为主，造成中小企业的不满，则会引发严重的道德风险。因此，为加强公平性原则，各国立法标准通常会严格限制公共资金的援助条件。

许多发达国家如美国、英国、日本，在突发危机事件下，有统一的紧急状态法律，详细规定发布紧急状态时的程序和公民权利的限制，能有效地落实指挥和规范机制。因此，如果法律和相关条文规定不能与时俱进，就会表现为法律风险。在突发危机事件发生时，政府和金融机构无法快速反应，此时法律风险对整体社会带来的负面影响就会加剧。美国在"911"事件后，为了避免法律风险带来的影响，美国的国土安全部门制定了国家应急管理系统和反应计划，内容详细包含自然和人为等灾害，让各级政府之间有效配合，有效应对灾害和后续的处理。突发危机事件下的金融救助本身是一项长期且复杂的工作，可能涉及相关的法律诉讼和债权关系，因此需要有规范的制度和法律才能快速执行。法律制度是否完善，对能否快速渡过危机事件有着重要的影响。如美国次贷危机时，美国快速地批准援助金额，授予财政部提供援助的权力。此援助大约为40万个面临困境、无法将抵押品赎回的房贷户提供再融资担保，帮助其渡过难关。在此次危机后，美国完善了金融监管法案，在监管机构、银行业务、破产清算程序等方面进行改革，降低银行面临风险的概率。因此，为了避免法律无法有效规范市场的风险，应依据维护金融体系、金融机构经营和消费者保护等三大目标制定有效的监管方案。

由于全球经济一体化，在危机事件发生时，政府的危机处理能力相当重要。但政策的执行，可能会对全球经济造成巨大影响，造成全球系统性金融风险。如美国在次级房贷危机后，实施宽松货币政策，大规模的资金流入市场，目的是诱使美元贬值、提高美国商品的竞争力。通过这样的政策，美国除了让自己的债务减轻，也有引发全球性通货膨胀压力提高的可能性，导致黄金价格创历史新高，其他像石油、矿石等商品价格也大幅上升。

在危机事件下，个人与企业因恐慌心理，不敢消费和投资。此时，提高税率会更加抑制消费和投资。因此危机事件下，为了稳定经济、帮助企业和个人渡过难关，政府会倾向实施减税方案。由于财政支出会受到减税的影响，造成财政风险,可能会对经济建设等公共支出造成影响,因此政府须完善财政支出的相关法令,提高政策透明度和实施的规范性,并在危机发生后,做好财政支出的预算管理、精简财政支出。通过增强项目支出预算编制和支出的事前严格审核与事后的详细评价,有效提高资金的使用效率,才能真正防范财政风险。

三、金融风险的传导形式

由前面叙述可知,重大突发公共事件造成的金融风险会对实体经济带来重大损害。重大事件发生时,会导致社会活动停止,进而对产业链和供应链产生负面影响,对劳动力市场产生直接影响,也会对投资者和消费者信心产生影响。因此,在重大危机事件发生时,显然会导致金融风险在各个部门传导,并且加大金融风险带来的负面影响,其传导的途径会在政府、企业、家庭之间循环(如图6-1)。

图6-1 金融风险传导机制

重大突发公共事件发生时,会首先冲击企业,造成停工停产,供给面受到很大的影响。而企业的有限生产甚至停产,会使得企业收益下降,无法负担债务,进而引发经营和债务危机。在企业陷入收益危机时,政府部门的财政收入也会大幅降低,而政府部门的偿债压力就会提高,导致政府部门面临的金融风险加剧。

从需求面来看,家庭面临重大突发公共事件时,员工无法从企业获取工资,家庭收入下降,严重者甚至无法负担家庭生活开支。因此,家庭会降低其消费水平。对企业来说,生产的商品无法卖出,导致企业的现金流出现中断。同时,家庭收入下降,对政府的财政收入无疑是另一个重大打击。因此,当家庭受到金融风险的影响,也会降低政府的财政收入,导致政府部门的金融风险提高。

在危机事件发生时,政府为了稳定社会经济,实施减税方案。财政支出会受到减税的影响,可能会对地方建设等公共支出造成影响,进而影响到企业的经商环境和家庭的公共服务等建设。因此,重大突发公共事件发生所引发的金融风险,在政府、企业、家庭三者之间不断传递和累加,对整个社会甚至国家安全都会带来巨大的影响。

第三节 后疫情时代金融系统性风险定量分析

一、后疫情时代中国宏观经济状况分析

外贸增长持续走低,出口导向型经济模式面临终结。图6-2显示,尽管中国率先摆脱疫情影响,外贸顺差创历史新高,但自2018年中美贸易摩擦起,中国进出口增长持续走低,截至2020年外贸增长率接近于零。自中国加入世界贸易组织后出口导向型的经济增长模式已经走向实质上的终结。

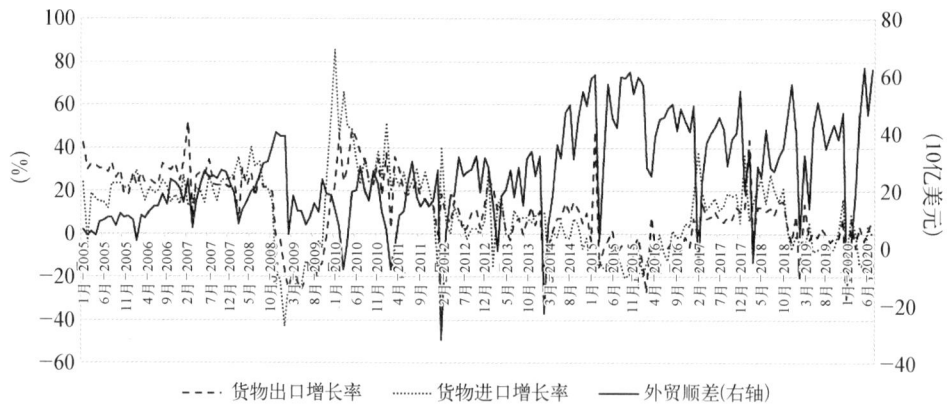

图6-2 国际贸易状况

数据来源:CEIC database。

外部依赖终结,内循环将决定中国经济走向。图6-3显示,中国经常账户、金融账户、资本账户及国际收支总差额的GDP占比逐年递减,截至2020年已基

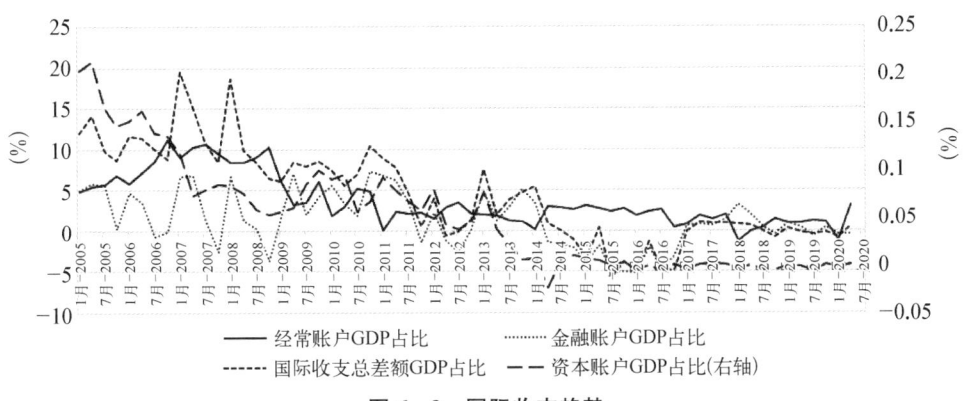

图 6-3 国际收支趋势

数据来源：International Monetary Fund, International Financial Statistics。

本趋近于零。国际贸易和外商投资对中国经济的影响越来越小。中国经济已经逐步摆脱外部依赖，内需将决定中国未来经济走向。

人民币走强将进一步打击出口行业，降低外贸对中国经济的贡献。图 6-4 显示，中国摆脱疫情重启经济后，在各主要贸易国深陷疫情影响的背景下，中国贸易顺差大幅增加，人民币汇率不断走强。在各国重启经济及疫苗即将问世的情况下，强势的人民币汇率将进一步打击中国的出口竞争力，降低出口对中国经济增长的贡献率。

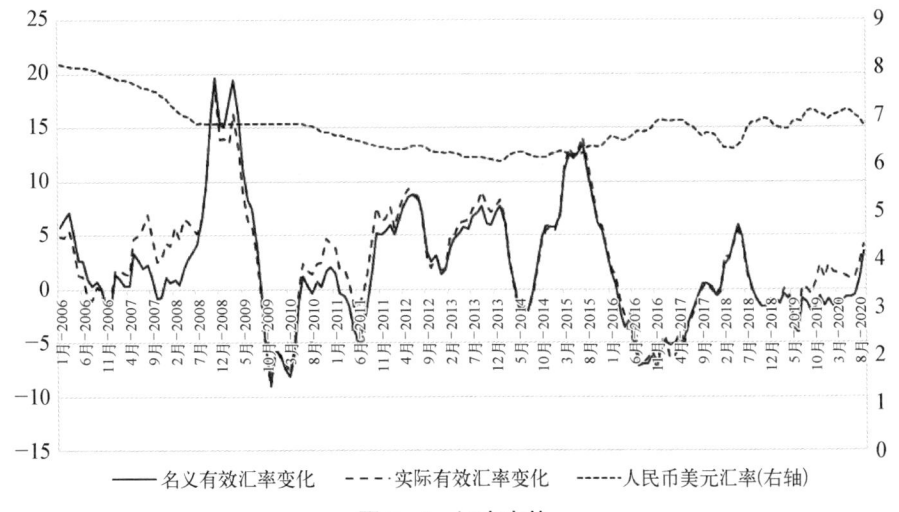

图 6-4 汇率走势

数据来源：Bank for International Settlements。

投资强劲,内需不足,通胀持续走低。图 6-5 显示,摆脱疫情后,在货币供给显著增加的背景下,我国工业生产已经迅速恢复到疫情前的水平并持续增长。然而通胀率持续走低,已经跌破 2%,内需不足的问题已经显现,并在未来一段时间内拖累中国经济的增长。

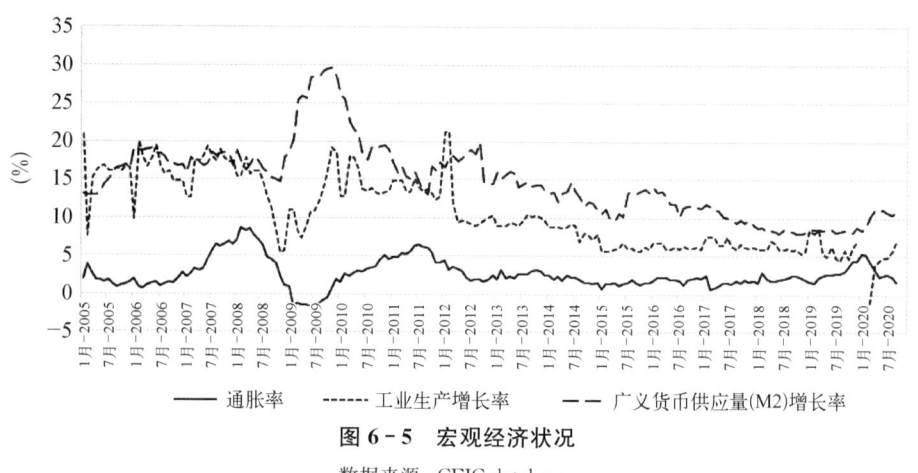

图 6-5　宏观经济状况

数据来源:CEIC database。

负债提升,消费下降,中国经济前景不容乐观。图 6-6 显示,后疫情时代私人部门贷款明显增加,创近 5 年来新高,而零售增长并未恢复到疫情前水平。疫

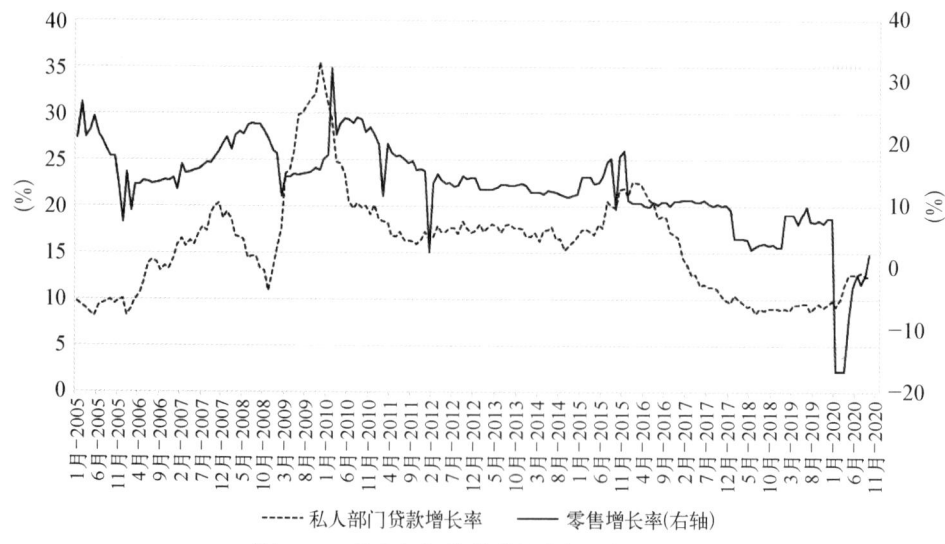

图 6-6　私人部门贷款增长率与零售增长率

数据来源:中国统计年鉴;International Monetary Fund;International Financial Statistics。

情导致居民收入减少并推高负债,将在未来数年内显著降低内需,对中国经济增长造成长期影响。

二、后疫情时代中国债务状况分析

消费贷款存量高企,风险不断累计。图 6-7 显示,截至 2019 年底,中国消费金融余额已达 14 万亿人民币。尽管近年来对互联网金融平台的监管降低了中国消费贷款的增速,但巨额贷款存量仍然累积了巨大的风险。在后疫情时期就业环境恶化、居民收入减少的情况下,消费金融有可能成为引爆中国金融系统性风险的炸弹。

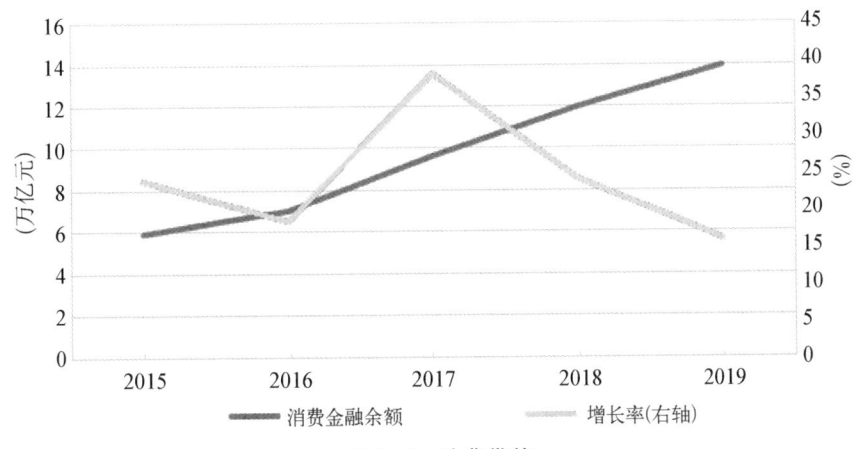

图 6-7 消费贷款

数据来源:《中国金融年鉴》。

债务违约频繁,投融资环境恶化。图 6-8 显示,自打破债券刚性兑付以来,债券违约数量和金额呈显著增加趋势。尽管 2020 年度债务违约较 2019 年并未增加,但疫情对企业偿债能力的影响有滞后效应,将在未来两年内逐步显现。此外,大型国企和 3A 级债券频繁违约,显著打击投资人信心,债务融资环境恶化不可避免,并有可能引发金融系统性风险。

不良贷款持续上升,银行经营状况恶化。图 6-9 显示,截至 2019 年底,银行不良贷款率持续上升,已逼近 2% 的红线。同时,商业银行 ROA(资产收益率)和 ROE(净资产收益率)持续下降,银行经营状况恶化明显。在疫情对居民和企业偿债能力造成打击的情况下,不良贷款可能进一步大幅上升。若银行受打击巨大,将不可避免地引发金融危机。

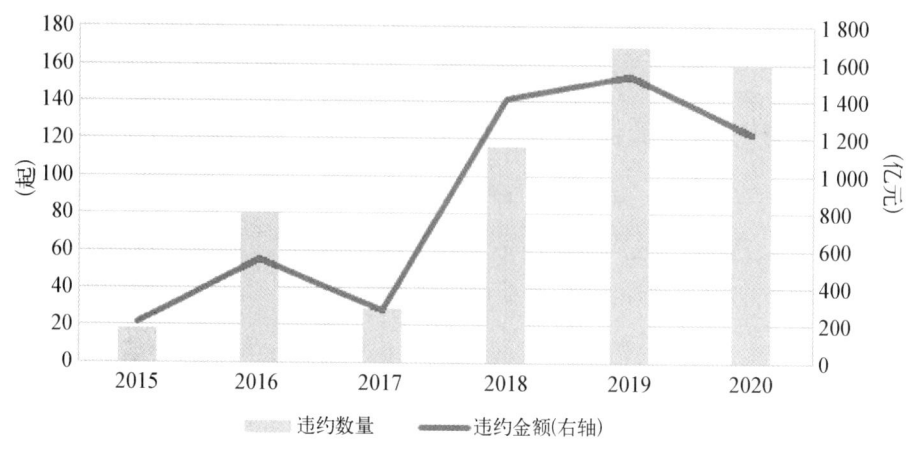

图 6-8 2015—2020 年债券违约状况

数据来源：Wind 数据库。

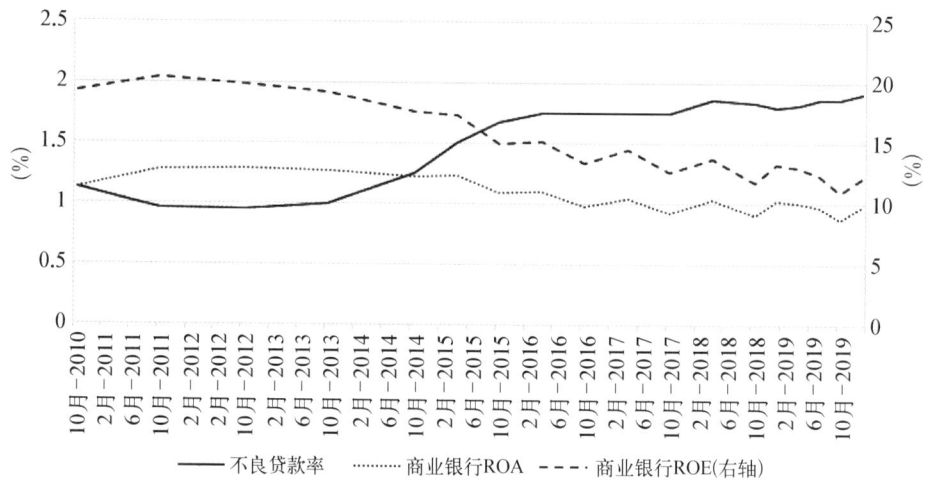

图 6-9 商业银行经营状况

数据来源：International Monetary Fund，International Financial Statistics。

三、后疫情时代金融系统性风险测度

为测量中国面临的金融系统性风险，本文选取银行业、股票市场、债券市场和外汇市场四个主要金融板块的指标以估计 Park 和 Mercado（2014）提出的金融压力指数。

$$FSI = \beta + SR + SV + YS + EMPI \tag{6.1}$$

式(6.1)中,FSI 为金融压力指数;β 为银行业股价与综合股指的相关性。β 越高,银行业的压力越大。其计算方法如下,其中 r 为银行业指数收益率,y 为股指收益率。

$$\beta = \frac{cov(r,y)}{var(y)} \tag{6.2}$$

SR 为当期股票对数收益率:

$$SR = \ln(y_t) - \ln(y_{t-1}) \tag{6.3}$$

SV 为使用 GARCH 模型估计的当期股票条件波动率 σ_t^2:

$$\begin{aligned} y_t &= \alpha + \beta_1 y_{t-1} + \varepsilon_t, \ (\varepsilon_t = \sigma_t z_t) \\ \sigma_t^2 &= \omega + \varphi_1 \sigma_{t-1}^2 + \varphi_2 \varepsilon_t^2 \end{aligned} \tag{6.4}$$

YS 为长期和短期地方政府债券的收益率差,代表债券市场承受的压力:

$$YS = y_l - y_s \tag{6.5}$$

$EMPI$ 为外汇市场压力指数,通过观测本币兑美元汇率变化 Δe_t 以及外汇储备 ΔRES 来衡量本币贬值的压力:

$$EMPI_t = \frac{(\Delta e_t - \mu_{\Delta e})}{\sigma_{\Delta e}} - \frac{(\Delta RES - \mu_{\Delta RES})}{\sigma_{\Delta RES}} \tag{6.6}$$

中国经济重回正轨是防范金融系统性风险的最佳途径。图 6-10 显示了中国、日本、韩国、印度及东盟等东南亚主要国家的金融压力指数。根据图 6-10,中国在控制金融系统性风险方面一直做得较好,在 2008 年金融危机时中国金融系统性风险显著低于亚洲其他主要经济体,除去欧债危机和 2016 年股灾外也并没有产生显著的金融系统性风险,金融压力指数大多低于基准值。疫情后,亚洲各主要经济体金融压力指数上升到基准值之上,并有进一步上升的趋势。尽管中国已经从疫情中走出,但新冠疫情对中国经济的打击及对外部环境的影响将延续下去。虽就目前而言,中国爆发金融系统性风险的概率不大,但在外贸萎缩、内部债务高企、债务违约增加、内需持续低迷的背景下,如果中国经济不能迅速恢复到疫情前的水准,则金融风险可能进一步累积。因此,当下控制我国金融风险的重点在于促进投资、刺激就业、重振内需,迅速建立内循环经济模式。

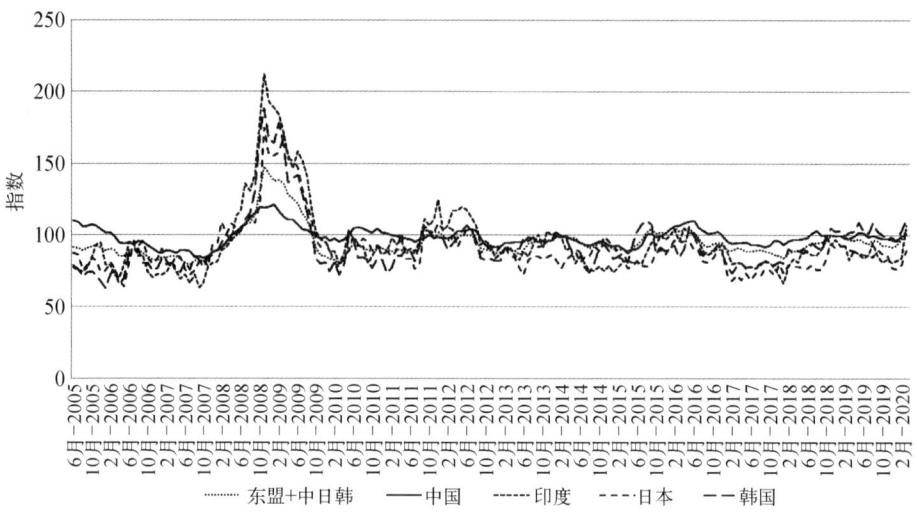

图 6-10 亚洲金融压力指数

四、后疫情时代控制金融系统性风险对策

重振中国经济,严控金融系统性风险,降息势在必行。去杠杆是一把双刃剑,在控制债务的同时,也会降低投资和内需。相比之下,降息是更合理的政策选择。首先,降息极具可行性。图 6-11 显示,中国基准利率虽然总体呈下降趋势,但目前为止依然在 4.35% 的高位。相比全球主要经济体的零利率及负利率政策,降息空间巨大。

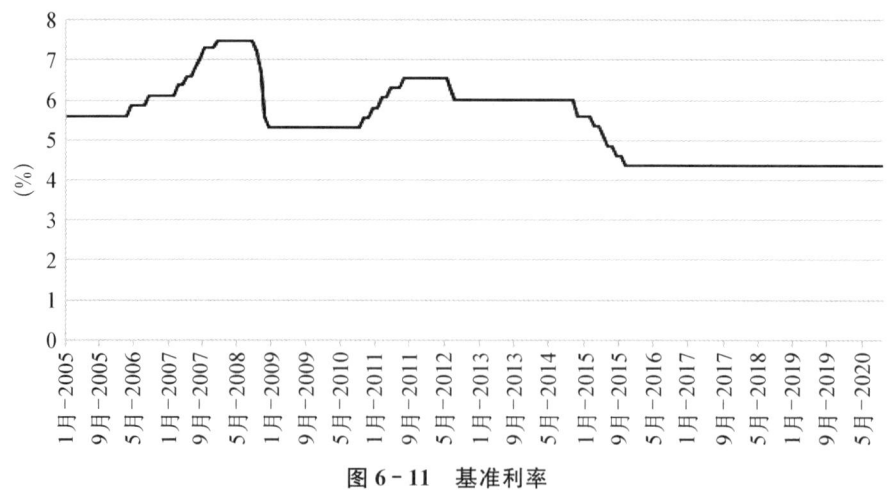

图 6-11 基准利率

数据来源:中国人民银行,短期人民币贷款基准利率。

高利率的背景下,企业融资成本极高,中小企业融资成本普遍在10%以上,且融资难度较大。高融资成本在抑制就业的同时,也削弱企业的偿债能力,增加企业破产的概率,显著提升我国金融系统性风险。

就消费金融而言,我国消费贷款利率普遍在15%以上。消费贷款的高利率也进一步推高私人部门消费贷款违约率。近年来我国在对P2P(互联网金融点对点借贷)平台的整治和对互联网金融平台的监管上取得了显著成效的同时,也在很大程度上抑制了互联网金融创新,严重抑制内需,非常不利于在后疫情时代促成我国经济内循环。控制金融系统性风险不能以牺牲经济增长为前提,大幅度降低消费贷款利率可以有效兼顾内需和违约风险。

此外,在世界各主要经济体深受疫情持续影响的背景下,外部投资环境糟糕,国内资本过剩,人民币持续升值,降息不会降低中国对外资的吸引力,却能缓和人民币升值趋势,避免出口受到大幅度打击。大幅度降息有助于在刺激投资、就业和内需的同时,减少企业和个人债务违约,显著降低中国系统性风险爆发的概率,并刺激中国经济长期增长。

第四节 后疫情时代中国金融体系风险研究

与历史上发生过的重大突发公共事件相比,此次疫情的发生具有更为复杂的时代背景。从政治经济大格局上来看,国际局势正处在冷战结束以来中西方冲突最为激烈的时间点,西方右派势力试图通过经济制裁和军事威胁限制我国发展,妄图以此打击我国在国际政治经济活动中的地位。从国际资本市场发展来看,大数据和区块链等技术的应用使传统金融体系和规则受到了严重的冲击。而对于正在与国际市场接轨的中国金融市场来说,国际化和科技化的时代需求既是考验,更是机遇。在此大背景下,2020年初的新冠疫情对于中国金融体系的影响就具有了全新的时代特征,而后疫情时代金融系统的风险管控将成为中国能否在国际资本市场新格局下占有核心地位的关键问题。

一、后疫情时代中国金融体系风险的来源

我们在之前的章节中已经讨论过历史上重大突发公共事件所带来的金融风

险,宏观经济的波动、信用违约、资产泡沫、流动性不足等传统因素都会加剧金融市场的波动,从而产生风险。此类风险是全球性的、系统性的,我们可以借鉴历史上的应对方式,通过政府的宏观调控作用,为金融市场提供充足的流动性,恢复市场信心,维护经济稳定。

但是,依据此次疫情的时代背景,我国资本市场也将面临全新的风险要素。首先是贸易风险。我国作为全球最大的消费品制造国和消费国,国际贸易对于我国经济和金融的发展具有重大意义。而如今疫情在欧美蔓延,以及中西贸易冲突激化,导致我国的出口贸易额大幅下降,进而冲击我国实体经济企业的盈利和偿债能力,从而对金融市场带来风险。图6-12描述了自1981至2019年我国进出口总额以及出口额增长率的变化趋势。从图中可以看出,我国的进出口总额在过去的40年中迅速增长,成为全球市场非常重要的一部分。但是我们也发现在2008年全球金融危机发生后,由于西方国家的经济衰退,我国出口额于2009年出现了大幅减少。而新冠疫情在西方国家的肆虐也会影响到国际贸易,2020年我国的预期出口总量会比2019年有所下降,甚至这种趋势会延续到2021年。与此同时,中美贸易战的持续也会增加中西方贸易量的下降。综上所述,后疫情时代我国进出口贸易额的下降将会打击我国实体经济企业的盈利和偿债能力,从而带来金融风险。

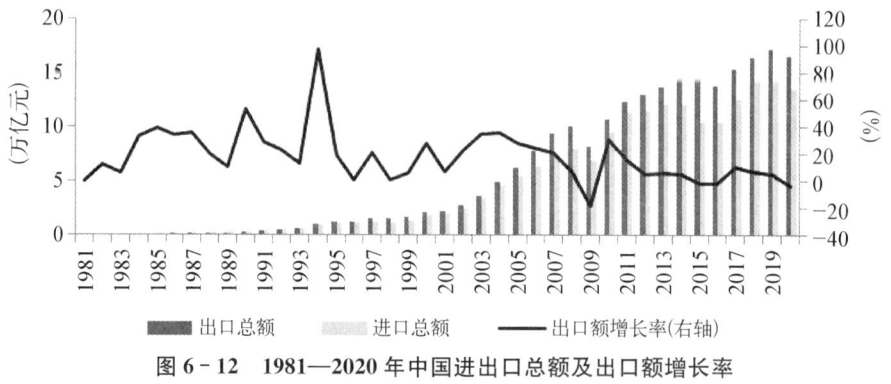

图6-12　1981—2020年中国进出口总额及出口额增长率

数据来源:豆丁网(https://www.docin.com/p-2346577760.html)。

(2020年全年数据根据2020年前8个月的进出口额预测得到。)

其次是政治风险。尽管共和党在美国大选中失败,但是美国对于中国的持续打压并不会改变。以美国为首的西方势力无视市场公平原则,无耻地对华为、腾讯等中国科技领军企业施加了多项制裁条例。比方说,美国对华为的制裁已经超越了贸易范畴,属于霸权政治的体现。美国为了维持其全球霸权,妄图将所有核心技术控制在自己手里,因为中国的崛起势必威胁到美国的地位,所以美国对于中国核心企业的"制裁"是必然的。而且这种制裁对于中国企业的限制短时间内是难以克服的。在华为案例中,我国芯片业暂时无法生产7纳米以下的高端芯片,也没有自主生产的光刻机,在这种情况下,美国的制裁对于华为的盈利能力造成了巨大的影响。2019年第三、第四季度,华为的利润已经被三星超越,而随着华为库存的减少,这种劣势还会更加明显。而疫情的暴发使得美国政府自顾不暇,暂时缓和了进一步的打压措施,但是从长期来看,疫情得到控制之后这些压力还会进一步升级,甚至会对我国所有的核心企业进行此类限制。这种政治上的冲突必然会阻碍我国优秀企业的快速发展,从而给我国金融市场也带来了巨大的风险。

再次是债务风险。由于西方国家在2008年金融危机中采用的量化宽松政策,导致这些国家均债台高筑,而且量化宽松也将美国的市场风险转嫁到欧洲国家。在此基础上,欧洲很多国家并没有真正走出金融危机,债务危机已到达崩溃边缘。而此次疫情在欧美国家始终未能得到缓解,巨额的债务压力和疫情导致的经济崩溃产生了恶性循环,导致欧洲国家国债利率达到负值。图6-13描述了2020年11月30日中国、美国、英国、法国和德国不同年限国债的收益率。可以看出英法德三国的国债收益率基本为负,而美国的短期国债收益率也趋近于零,这虽然可以增加我国金融市场的资金吸引力,但是与此同时我国的外汇储备的价值也会下降,风险上升。当前我国也处于杠杆率较高的阶段,2020年一季度末我国实体经济杠杆率较去年末提高15.7%至274.4%,如此高的杠杆率会使

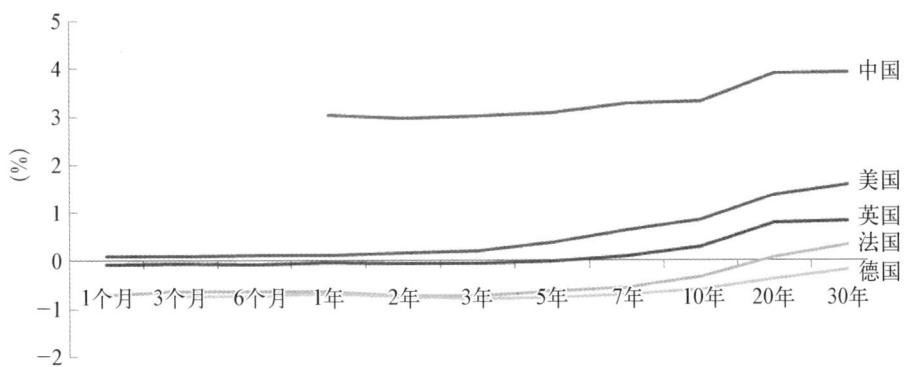

图6-13 主要国家国债收益率

数据来源:全球经济数据(http://www.qqjjsj.com)。

我国企业受到国际环境的影响加剧。由此可见,欧美重要经济体的经济萎缩会给我国带来重大的经济压力,对我国后续的经济增长带来影响,从而给金融市场带来风险。

最后是科技风险。随着区块链技术的广泛应用,大量新兴金融资产进入我国金融系统中。而无论是金融市场的监管者、金融机构的从业人员,还是普通的投资者,对于新技术和新事物都没有做到真正的了解。而以数字货币为代表的新兴金融资产与传统资产相比,最大的差别就是价值与实体资产脱钩,导致其定价的难度上升。而区块链、数字货币等热门概念又容易引发投资者的"从新、从众"心理,当此类资产被过度关注的时候,市场上的供不应求会使其价格严重高估,进而产生金融泡沫,增加风险。此风险的成因与2008年金融危机的原因非常相似,当时由于大量抵押支持债券(MBS)和资产支持证券(ABS)在美国市场上流通和反复抵押,导致其产生的价值远远大于抵押品的价值,从而产生泡沫。当金融泡沫破裂时,MBS和ABS的持有者抛售证券,导致银行无法偿还,从而引发金融危机。在如今的环境下,以数字货币为代表的新兴金融资产并无资产抵押,而且在中国疫情缓解之后出现的报复性消费现象会导致其产生更大的金融泡沫。

二、后疫情时代中国金融体系风险的应对

针对后疫情时代中国金融体系可能产生的以上四类主要风险,可以采取如下应对方法。

首先是确立人民币在国际结算和全球资本市场上不可取代的作用。20世纪50年代以来,美国利用在全球结算体系中的美元霸权,在国际资本市场中占据主导地位。但是最近美国政府对于国际事务的霸权主义和在疫情期间的不负责任,严重地影响了美国的国际声望,疫情导致的油价暴跌也动摇了美元作为石油交易货币的根基。而中国则体现出了一个大国的责任感,尤其是在疫情期间对于世界各国的援助。在此基础上,中国的经济发展和金融市场的国际化为人民币地位的提升奠定了基础。2019年银行代客人民币跨境收付金额合计19.67万亿元,同比增长24.1%。人民币在国际货币基金组织成员国持有储备资产的币种构成中排名第五,市场份额为1.95%,较2016年人民币刚加入特别提款权(SDR)篮子时提升了0.88%;人民币在全球外汇交易中的市场份额为4.3%,较2016年提高了0.3%;人民币在主要国际支付货币中

排第五位,市场份额为1.76%(数据来源:《2020年人民币国际化报告》)。人民币在国际贸易支付、资产配置、外汇储备中地位的提升等方面可以帮助中国金融系统性风险的规避。

其次是维持稳定的利率水平。西方债务危机导致大幅降息,很多发达国家的真实利率已经小于零。在此基础上,我国维持一个稳定的利率水平可以有效地吸引国际资本的流入,深化我国金融体系和国际资本市场的交流,并在此基础上通过国际二级市场的交易,通过国际市场获得关键行业的核心资源,加强保障供应链安全,减轻贸易战带来的影响。自2020年1月末新冠疫情在全球暴发以来,大量国际资本流出中国,2020年3月,中国债券市场中境外机构净减持中国债券168亿元(数据来源:《中国资本市场上的国际资本流动》)。而在3月之后,我国疫情得到初步控制,而国外疫情暴发,于是外资重新流入我国金融市场。目前我国国债利率水平比欧美主要国家高3%左右,在GDP稳定增长的基础上保持较为稳定的资本市场利率,有利于保证金融市场的稳定。

再次是对于金融系统,尤其是新兴金融资产的监管,推动金融科技产业的健康发展。由于疫情的发生,大量的交易和投资活动都被迫终止,但是当疫情控制之后,大量的报复性交易和投资行为也会加剧金融市场的波动。这些非理性的投资行为伴随着大量新兴金融资产在没有强力监管的情况下,就会产生不可预料的市场风险。对于投资者,尤其是新兴金融资产的投资者的资质监督,关系到金融市场的理性和稳定。

三、作为金融中心的风险应对

上海作为我国的金融中心,在我国金融体系中起着中流砥柱的作用。上海的金融系统能否迅速地从疫情中恢复过来,影响全国金融体系在后疫情时代的风险防控,也决定了我国"十四五"规划乃至整个金融体系现代化的宏伟目标能否顺利完成,更揭示了上海能否作为"国内大循环的中心节点和国内国际双循环的战略链接"功能的发挥。故而在上海金融中心的风险防控上,应当吸取国际先进经验,并且结合我国和上海的特色,将金融体系受到疫情的冲击降低到最小。根据主要欧美国家和国际货币基金组织对于疫情下金融体系的监管建议,我国可以采取以下措施。

首先,在后疫情阶段,金融监管系统的首要目标就是确保我国金融系统的稳定,尽量消除疫情对金融市场造成的冲击以及可能带来的后续影响。金融监管部门需要基于具体情况对疫情相关的金融活动进行灵活、审慎地处理。

其次,金融监管部门应当适当放宽某些监管报表和信息披露时点的要求,从而减少金融机构受到的影响。但对于监管要求的放宽,绝对不等同于放任自由,对于蓄意散布虚假信息、破坏金融市场稳定的恶劣行为,监管力度上必须继续加强。

再次,积极建立风险管控理论,发展风险监管科技,增强风险监管效能。比如新的风险预测方法以及数字化、网络化工具可以对金融系统的实时监控起到至关重要的作用,当金融危机迅速蔓延时,这些现代化的风险监管措施可以迅速地产生反应,做出应对。

最后,加强全球性、区域性的国际金融监管合作,将中国纳入全球金融系统中,将上海发展为像纽约、伦敦一样的国际金融中心,从而形成国际化的金融监管分工合作,以更好地应对疫情或是其他因素造成的金融风险。

除此之外,对于新兴金融资产的价值评估和风险度量的理论研究,也是上海作为新兴国际金融中心需要解决的重要课题。对于新兴金融资产,由于其价值形式与传统资产不同,导致传统风险管理和资产定价理论对其适用性差。因此,对于后疫情时代的中国金融系统,尤其是上海作为我国金融发展的领头羊,我们需要使用最新的理论作为指导,来进行风险防范。首先,近几年来,我国金融衍生品市场快速发展,2018年3月26日,原油期货在上海期货交易所正式挂牌上市交易;2018年8月31日,证监会批准上海期货交易所开展铜期权交易,2018年9月21日,合约正式挂牌交易;2019年12月20日,黄金期权在上海期货交易所挂牌上市。在金融衍生品市场快速发展的背景下,期货和期权等远期合约的价格反映了市场对于未来的预期,并且可以根据供求关系实时变化。根据Martin(2017)和Wagner(2019)的最新研究成果,由期权价格计算得到的风险中性的收益方差,相比于我们传统上使用历史数据统计得出的收益方差,能更好地反映市场的波动以及资产的价值。根据其模型,得到

$$E_t[R_{M,t+1} - R_{f,t}] = \frac{Var_t^Q[R_{M,t+1}]}{1+R_{f,t}} - NCC_t \tag{6.7}$$

式(6.7)中,$Var_t^Q[R_{M,t+1}]$可以根据市场上所有虚值期权的价格来估算,从而得到对于市场波动和资产价值更为合理的预测。

其次是对于极端事件的发生做出合理的预期。在2020清华五道口全球金

融论坛上,上海新金融研究院理事长、上海市原常务副市长屠光绍认为,"下一步中国的资本市场的走势包括全球资本市场的走势,我认为可能都会面临着一个极大的不确定性,资本市场依然有巨大的波动。所以我想作为投资人、市场的各个方面来讲,对这个要有思想准备,甚至也不排除在极端情况下剧烈的波动。"这就导致我们对于市场风险的评估也要考虑尾部风险,就如同使用极值分布来评估操作风险一样。近年来对于尾部风险的研究成果很多,其核心方法就是在风险度量时,不能只考虑收益的连续性的常态波动(传统上用方差或是标准差衡量)。对于投资者影响更大的是极端事件的发生,这会带来整体市场的恐慌性情绪,而这部分非连续的跳跃风险需要采用偏度(Skewness)或是峰度(Kurtosis)。根据效用理论得到

$$U[R] = U[\mu] + \sum_{k=2}^{K} \frac{U^{(k)}(\mu)}{k!} \cdot E(R-\mu)^k \tag{6.8}$$

式(6.8)中,当 $E(R-\mu)^k$ 中的 k 分别为 3 和 4 时,就是偏度和峰度的度量方法。通过结合收益分布的高阶信息,我们可以更好地对新金融产品的极端波动做出评估,从而更好地进行防范。

第七章 研究结论与展望

第一节 全书结论

双循环与经济高质量发展是近来热议的一个话题。"双循环"与"经济高质量发展"两个命题看似分别独立,但内在互为嵌套、彼此互相成就。通过本书系统研究、科学论证,得出如下结论。

(一)经济高质量发展有赖于经济的高质量运行,经济高质量运行指的是经济运行能随时根据国内外形势的变化主动谋划、适时调整、及时应对,以便达到循环的畅通。中国经济历时 40 年的高速发展离不开经济内外循环的顺畅进行,中国经济未来的高质量发展必将继续依靠经济内外循环的有序运转。

(二)纵观世界经济强国,尤其是作为大国经济的世界经济强国发展历史,我们不难发现,单纯的外向型经济发展模式难以支撑经济的可持续高质量发展,处于这一发展阶段的经济大国必须实施经济发展战略的调整。一方面,中国经济发展的阶段特征决定了中国经济发展理念的新变化;另一方面,世界经济外部环境的变化也要求中国经济循环方式实施转变。中国到了重塑经济发展理念的"窗口期"了。"双循环"战略的提出恰逢其时。

(三)双循环新发展格局的提出具有强烈的现实背景,是我国应对新冠疫情和当前国际环境所作出的科学判断和重大战略部署,是破解我国经济社会发展中所面临的新问题、新困境的有效抓手,有着丰富的内涵。已有文献在双循环新发展格局提出的时代背景、理论基础及重大意义方面,经济高质量发展的理论基础及内涵、指标体系构建、推动力及抑制力方面,均有广泛且深入的研究,并取得了一系列重要且富有意义的成果和结论,这些成果和结论为本书后续研究奠定了坚实的理论基础。

(四)双循环新发展格局的构建有效促进了经济、社会各方面的良性发展,而这些恰是经济高质量发展所包含的应有之义。双循环新发展格局助推了科技创新与实体经济的深度融合;双循环新发展格局是应对当前国际贸易环境、积极参与国际产业分工的有效抓手;双循环新发展格局助力居民收入水平提升,进而推动消费升级;双循环新发展格局推动了多项改革政策的落地实施。

(五)经济高质量发展加快了双循环新发展格局的形成,这是因为:持续的科技创新加快了双循环新发展格局的形成;良性的对外贸易加快了双循环新发展格局的形成;不断升级的消费结构加快了双循环新发展格局的形成;各项促进经济高质量发展政策的落地实施加快了双循环新发展格局的形成。

(六)双循环是各领域、各行业实现高质量发展的着力点,需要围绕双循环,研究并制定政策,进一步开展工作。经济方针的制定,需要立足和围绕双循环的战略定位来展开。经济高质量发展要立足国内外环境,而当前我国经济面临的新时代背景是"以国内大循环为主体、国内国际双循环相互促进"的新发展格局。各个领域的发展,紧紧围绕双循环与高质量发展的大局,探索适合新时代要求的发展之路,以双循环为指引,开辟经济高质量发展的路径,以经济高质量发展来进一步促进国内国际双循环的健康持续运行,两者相互融合,共同促进。

(七)双循环的顺畅运转离不开金融与科技的协同助力,而金融与科技的协同助力离不开金融中心与科创中心联动作用的发挥。金融中心与科创中心之间存在着联系,金融中心与科创中心建设相得益彰。上海的国际金融中心、全球科创中心建设已经取得了不俗的成绩,但面临百年未有之大变局,双中心建设如何以新发展理念来统领,如何顺应新发展格局,在双循环背景下谋划好发展的新篇章依然是值得我们好好思考的。我们必须从金融与科技的结合点入手,以金融科技中心建设的视角出发谋篇布局。

(八)改革开放40多年来我国已经初步建成社会主义市场经济体系,供给侧与需求侧在各种市场价格调节下基本可以实现协调一致,产品市场、要素市场、金融市场以及政府调控相互配合,价格机制的作用得到巨大的发挥,整体经济系统循环较为顺畅。近些年逆全球化思潮逐渐抬头,加之新冠疫情全球蔓延,2020年7月,中共中央总书记习近平提出:"着力打通生产、分配、流通、消费各个环节,逐步形成以国内大循环为主体、国内国际双循环相互促进的新发展格局,培育新形势下我国参与国际合作和竞争新优势",在此背景下打通双循环"堵点"成为推动中国经济发展的战略支点。

(九)双循环是否得以顺畅运转取决于政治、经济、文化、社会等众多的因素,在众多的影响因子中,经济因子的影响无疑是最为重要的。然而,在经济影响因素中,"卡脖子"技术无疑是能够决定循环能否进行的关键变量。"卡脖子"技术是"双循环"的"死穴""堵点",唯有突破,双循环才能顺畅进行。我们的研究表明:企业自主创新是解决"卡脖子"问题的基础;政府政策支持是解决"卡脖子"问题的关键;培育产业集群是解决"卡脖子"问题的抓手;金融助力是解决"卡脖子"技术难题的题中要义。解决"卡脖子"难题,必须突破体制机制羁绊;消除"卡脖子"困顿,需要厘清"科学""技术""工程"之间的关系;走出"卡脖子"陷阱,需要协同发力、系统助力。

(十)如果说"卡脖子"技术是决定循环能否顺畅进行的关键变量的话,那么扩大内需、消费升级便成为决定循环能否顺畅进行的核心要素。扩大内需首先需要"量"的配合,没有一定的量,内需扩大无从谈起。此"量"指的是"必需量""潜在必需量""必需拓展量""必需升级量"。扩大内需不仅需要增"量",而且需要提"质",必须做到"量""质"匹配。高质量的内需首先应该满足人们对于消费的"全景"要求,这样的需求既包括商品,也包括服务;高质量的内需应该是消费者的真实消费需求,这些需求可以被激发,但绝不能被忽悠;最后高质量的内需应该是可持续绿色发展的消费需求,它不因以浪费资源、损坏环境作为代价。要做到内需量质齐升,没有消费升级的配合是万万不行的。消费升级从广义而言,是指消费主体消费能力提升,消费对象消费内涵深化,消费模式不断迭代升华。为使消费升级由可能变为现实,必须要有系统的政策予以匹配,这些消费升级政策的目标不是孤立的为刺激消费而设立,其政策目标是提升消费供给、保障、调控等能力,并借以实现产业升级和经济可持续发展。对于上海这样的特大型城市而言,加强国际消费中心城市建设可成为重要的抓手。

(十一)"双循环"是在特殊的历史背景下出台的战略,其成功与否取决于我们是否有一个健康健全的金融体系。众所周知,面对全球突发公共卫生事件,为避免经济"停摆",各国政府积极地发挥实质作用,开启了人类历史上最大规模的救助活动。以救助措施而言,短期救助方式以提供流动性为主,如降低贴现率和准备金率;中期为恢复市场信心为主,如降低利率、减税;长期则是经济稳定,如控制通货膨胀。资金援助的目的是为了维护经济稳定,但在提供市场流动性的同时,也可能直接造成负面的影响,包含流动性陷阱、通货膨胀和道德风险。金融系统性风险的端倪初显。针对此类风险,我们可以借鉴历史上的应对方式,通过政府的宏观调控作用,为金融市场提供充足的流动性,恢复市场信心,维护经济稳定。首先是提升人民币在国际资本市场的地位;第二是维持稳定的利率水平;第三是对于金融系统,尤其是新兴金融资产的监管,推动金融科技产业的健康发展;第四是以上海国际金融中心建设为重要抓手;最后是有效把控刺激政策退出的时间及力度。

(十二)"构建以国内大循环为主体、国内国际双循环相互促进的新发展格局"是我们在面临百年未有之大变局背景下,面对错综复杂的国内国际形势而做出的一种战略部署,是顺势而为的主动选择,不是权宜之计,不是被动应战。以国内大循环为主体,并不排斥国际循环,不是一味地国内"单循环";以国内大循环为主体,需要拥抱国际循环,需要将国际循环作为国内循环的重要延展;以国内大循环为主体,需要具备"虹吸"国际循环的能力,需要将强有力的国内大循环作为吸引、汇聚国际资源的重要推手,从而承接国际循环;以国内大循环为主体,更应重视国际循环辅体的作用发挥,做到国内国际双循环的联动耦合。"国内大循环为主体、国内国际双循环相互促进"是个整体,不可分割,也不容分裂;"国内大循环为主体、国内国际双循环相互促进"不能解读为闭关锁国,而应理解为更高水平、更深层次、更宽领域、更大范围、更长时期的开放开发。

第二节 研究展望

从2020年5月的中共中央政治局常委会会议首次提出"双循环"这一概念,至今不过一年多一点时间,"经济高质量发展"概念的提出也只不过历经两年多一点时间,期间世界经济、中国经济经历了太多的变化,如何解读理论,如何付诸实践,我们试图寻找答案,我们设法科学研究,但由于作者水平有限,我们的研究在很多方面存有不足:

一是对于一些重要关系的论证不够全面,论证不够充分。例如,未能就经济高质量发展与双循环之间的关系进行更为科学的度量研究,目前的研究较多停留在定性层面,缺乏说服力。

二是对于上海在双循环战略中功能地位作用的发挥上研究不够。虽然本书在整体设计过程中力图将上海五个中心建设,尤其是双中心建设纳入思考范围,但最后的研究没能很好地回应上海如何发挥好"国内大循环的中心节点和国内国际双循环的战略链接"的功能。

三是对于双循环"堵点""痛点"的"卡脖子"技术问题的解决,虽然提供了一些解决方案,但具体这些方案能否实施、效果如何,还有待实践检验。

四是对于扩大内需、消费升级虽然提出了一些具体举措,例如加强国际消费中心城市建设,但扩大内需其实是需要人民收入提升,强大的社会保障体系构建共同作用,然而,本书并没有就这些相关问题进一步展开,如此这般,扩大内需可能就会成为一句空话。

五是虽然深刻认识到强大健康的金融体系对于双循环战略实施的重要性,也从金融风险风险测度、金融风险传导机制、金融风险防范评估等方面,对于突发性公共卫生事件引发的金融风险进行一定的定量研究,但是分析只是一带而过,没有对疫情后续性可能产生的金融风险问题进行深入探讨。在金融助力双循环发展具体举措上,分析还有待进一步加强。

凡此种种,我们寄希望于后续的进一步深化研究能够得以弥补。

参 考 文 献

[1] 班军.构建双循环新发展格局的内涵、背景与对策[J].中国经贸导刊,2021(2):154-155.

[2] 卞元超,吴利华,白俊红.市场分割与经济高质量发展:基于绿色增长的视角[J].环境经济研究,2019(4):96-114.

[3] 蔡昉.大流行经济学:应对疫情冲击与恢复经济增长[M].北京:中国社会科学出版社,2020.

[4] 钞小静,薛志欣.以新经济推动中国经济高质量发展的机制与路径[J].西北大学学报(哲学社会科学版),2020(1):49-56.

[5] 陈健."一带一路"引领"双循环"新发展格局的优势与实践路径[J].西南民族大学学报(人文社会科学版),2021(2):112-119.

[6] 陈景华,陈姚,陈敏敏.中国经济高质量发展水平、区域差异及分布动态演进[J].数量经济技术经济研究,2020(12):108-126.

[7] 陈珂.国际消费中心城市如何名副其实?[J].中国报道,2019(12):72-73.

[8] 陈文玲.当前国内外经济形势和双循环新格局的构建[J].河海大学学报(哲学社会科学版),2020,22(4):1-8.

[9] 陈彦斌.形成双循环新发展格局关键在于提升居民消费与有效投资[J].经济评论,2020(6):9-13.

[10] 陈兆年,李静.经济高质量发展视角下的我国金融体系配置效率研究[J].广东社会科学,2020(1):30-39.

[11] 戴翔,张二震,张雨.双循环新发展格局与国际合作竞争新优势重塑[J].国际贸易,2020(11):11-17.

[12] 邓杰.近代以来上海城市规模的变迁[M].上海:上海社会科学院出版社,2017.

[13] 丁春玲.适应经济高质量发展的地方税体系构建研究:基于北京市的实际分析[J].商业会计,2020(23):60-63.

[14] 丁守海,徐政.双循环格局下经济高质量发展路径探索[J].宁夏社会科学,2021(1):5-11.

[15] 丁晓强,张少军,李善同.中国经济双循环的内外导向选择:贸易比较偏好视角[J].经济管理,2021(2):23-37.

[16] 丁志帆.数字经济驱动经济高质量发展的机制研究:一个理论分析框架[J].现代经济探讨,2020(1):85-92.

[17] 董志勇,李成明.国内国际双循环新发展格局:历史溯源、逻辑阐释与政策导向[J].中共中央党校(国家行政学院)学报,2020,24(5):47-55.

[18] 杜冠德,胡志浩.系统性金融风险度量:一个文献综述[J].金融与经济,2019(2):10-15,82.

[19] 杜宇玮.高质量发展视域下的产业体系重构:一个逻辑框架[J].现代经济探讨,2019(12):76-84.

[20] 范玉仙.国有经济引领社会主义经济高质量发展的内在机制研究[J].西安交通大学学报(社会科学版),2021(2):1-17.

[21] 方若楠,吕延芳,崔兴华.中国八大综合经济区高质量发展测度及差异比较[J].经济问题探索,2021(2):111-120.

[22] 冯璐,邹燕,张泠然.双循环格局下的竞争中性与国企改革:来自国有资本差异化功能的证据[J].上海经济研究,2021(2):48-68.

[23] 冯圆.基于"双循环"格局的企业集群成本管理[J].财会月刊,2020(23):36-43.

[24] 傅春,赵晓霞.双循环发展战略促进新旧动能转换路径研究:对十九届五中全会构建新发展格局的解读[J].理论探讨,2021(1):82-87.

[25] 高惺惟.新冠疫情下中国金融风险隐患及其防范[J].理论视野,2020(8):47-55.

[26] 葛和平,吴福象.数字经济赋能经济高质量发展:理论机制与经验证据[J].南京社会科学,2021(1):24-33.

[27] 葛扬,尹紫翔.我国构建"双循环"新发展格局的理论分析[J].经济问题,2021(4):1-6.

[28] 郭娜,祁帆,李金胜.中国系统性金融风险度量与货币政策影响机制分析[J].金融论坛,2020(4):49-60.

[29] 郭晴."双循环"新发展格局的现实逻辑与实现路径[J].求索,2020(6):100-107.

[30] 郭文伟,王礼昱.关联网络、风险溢出与重要系统性金融机构识别——基于市场、行业和机构的实证[J].中央财经大学学报,2019(5):33-48.

[31] 郭新茹,陈天宇.文化产业集聚、空间溢出与经济高质量发展[J].现代经济探讨,2021(2):79-87.

[32] 何代欣.双循环格局下的政府投资优化研究[J].地方财政研究,2020(11):17-23.

[33] 何冬梅,刘鹏.人口老龄化、制造业转型升级与经济高质量发展:基于中介效应模型[J].经济与管理研究,2020(1):3-20.

[34] 洪健,雷汉云.系统性金融风险测度的指标体系及评价[J].金融教育研究,2020(3):34-41.

[35] 胡博成,朱忆天.从《资本论》到新时代:马克思空间生产理论及双循环新发展格局构建研究[J].重庆大学学报(社会科学版),2020(11):1-12.

[36] 滑冬玲.系统性金融风险隐患及其防范——基于新时代金融安全观分析[J].中国特色

社会主义研究,2019(6):28-36.

[37] 黄炎."双循环"新发展格局下中国产业结构与基本经济条件适配性分析[J].兰州学刊,2021(2):58-71.

[38] 贾康."内循环为主体的双循环"之学理逻辑研究[J].河北经贸大学学报,2021(2):18-25.

[39] 江红莉,刘丽娟.企业杠杆率、宏观经济景气指数与系统性金融风险[J].金融监管研究,2020(1):66-83.

[40] 蒋传瑛.阿联酋旅游业发展模式研究[J].阿拉伯世界研究,2011(5):72-81.

[41] 叫婷婷.经济高质量发展的内涵和测度:一个文献综述[J].金融发展评论,2019(5):97-106.

[42] 叫婷婷.我国省际经济高质量发展多维性评价指标体系研究[J].河北金融,2019(12):29-33.

[43] 金碚.构建双循环新发展格局,开启中国经济新征程[J].区域经济评论,2021(1):5-9.

[44] 金成晓,李岩松,姜旭.跨境资本流动、宏观审慎管理与金融稳定[J].世界经济研究,2020(3):46-59,136.

[45] 靳凤菊.关于打好防范和化解重大金融风险攻坚战的思考[J].征信,2018(12):89-92.

[46] 李春艳,孟维站,成蕾.全方位推动技术创新有效促进经济高质量发展[J].宏观经济研究,2020(12):31-36.

[47] 李强,朱宝清.投资水平与经济高质量发展:挤出效应真的存在吗[J].财经科学,2019(11):39-53.

[48] 李绍芳,刘晓星.金融系统压力:指数化测度及其溢出效应研究[J].系统工程理论与实践,2020(5):1089-1112.

[49] 李世美,谭宓,狄振鹏.双循环新格局下我国居民消费升级的制度经济学分析[J].重庆社会科学,2020(12):75-87.

[50] 李太平,顾宇南.战略性新兴产业集聚、产业结构升级与区域经济高质量发展:基于长江经济带的实证分析[J].河南师范大学学报(哲学社会科学版),2021(1):78-87.

[51] 李永芃.金融创新与金融风险管理研究[J].企业改革与管理,2020(4):122-123.

[52] 李媛钰.税收竞争与我国城市经济高质量发展的文献述评[J].商业经济,2020(12):22-23.

[53] 林兵,李儒晶,张西林."双循环"新格局下我国跨国制造企业的供应链战略[J].物流科技,2021(2):135-138.

[54] 刘传哲,管方圆.科技金融投入对高质量发展的门槛效应研究[J].金融与经济,2019(12):26-35.

[55] 刘春华.新冠肺炎疫情与金融风险:影响与对策[J].华北金融,2020(3):1-7.

[56] 刘昊,陈工.财政在"双循环"新发展格局中的功能定位及支持举措[J].地方财政研究,2020(11):4-9.

[57] 刘和东,刘繁繁.要素集聚提升高新技术产业绩效的黑箱解构:基于经济高质量发展的门槛效应分析[J].科学学研究,2021(3):1-14.

[58] 刘湖,于跃,蒋万胜.区块链技术、教育资源差异与经济高质量发展:基于我国高等教育资源配置状况的实证分析[J].陕西师范大学学报(哲学社会科学版),2020(1):145-158.

[59] 刘建国,钟先鹏.老龄化视角下健康消费对经济高质量发展的影响[J].统计与决策,2021(5):65-70.

[60] 刘丽,吴慈生,王林川.新经济背景下中国经济高质量发展的内涵及特征[J].哈尔滨师范大学社会科学学报,2020(6):92-97.

[61] 刘涛,王微.国际消费中心形成和发展的经验启示[J].财经智库,2017(7):100-109.

[62] 刘薇.促进"双循环"经济新格局的增值税改革建议[J].地方财政研究,2020(11):24-32.

[63] 刘晓宇.金融系统稳定视角下风险传染与防控策略研究[J].金融理论与教学,2019(6):43-45.

[64] 刘洋,刘晓宇.金融市场风险传染路径及管控[J].金融理论与教学,2020(1):46-48.

[65] 刘志超.从全要素生产率视角浅谈中国经济高质量发展[J].经济研究导刊,2019(12):5-13.

[66] 柳学信.加快构建国际消费枢纽城市[J].北京观察,2019(7):14-17.

[67] 卢现祥.论产权制度、要素市场与高质量发展[J].经济纵横,2020(1):65-73.

[68] 鲁政委,蒋冬英.低出口依赖度下的高效率:双循环发展格局下的国际经验与借鉴[J].金融经济,2020(10):3-8.

[69] 陆江源.从价值创造角度理解"双循环"新发展格局[J].当代经济管理,2020(12):8-15.

[70] 陆军,毛超峰.城市网络外部性的崛起:区域经济高质量一体化发展的新机制[J].经济学家,2020(12):62-70.

[71] 罗航,颜大为,王蕊.金融科技对系统性金融风险扩散的影响机制研究[J].西南金融,2020(6):87-96.

[72] 罗忠青,刘坤新.消费结构变化对经济高质量发展的影响效应分析:五大发展理念视角下[J].商业经济研究,2021(2):182-189.

[73] 吕军,陈宝华,姜子玉,等.中国经济高质量发展评价及障碍因素分析[J].资源开发与市场,2020(2):149-152.

[74] 吕勇.金融风险预警指标分析[J].中外企业家,2019(5):49.

[75] 马草原,张昭.金融创新与金融风险监管——演化博弈分析与数值模拟[J].当代经济科学,2020(2):80-91.

[76] 马成文,张钰玲.效率变革促进安徽经济高质量发展效应及制约因素分析[J].经济研究导刊,2020(33):33-40.

[77] 毛红燕.危机事态下财政与金融动员研究[M].北京:中国金融出版社,2013.

[78] 牛芳,高文洁.新冠肺炎疫情背景下中国经济社会发展面临的挑战及对策[J].决策探索(下),2020(12):23-24.

[79] 牛志伟,邹昭晞,卫平东.全球价值链的发展变化与中国产业国内国际双循环战略选择

[J].改革,2020(12):28-47.

[80] 彭小兵,韦冬萍.激活民间社会活力:"双循环"新发展格局的缘起、基础和治理[J].重庆大学学报(社会科学版),2020(6):35-43.

[81] 蒲清平,杨聪林.构建"双循环"新发展格局的现实逻辑、实施路径与时代价值[J].重庆大学学报(社会科学版),2020(6):24-34.

[82] 濮继欣.日本罗森便利店国际化经营策略研究[D].黑龙江大学,2016.

[83] 朴基石,金华林.中日韩金融系统风险的溢出特征研究[J].现代日本经济,2019(3):49-62.

[84] 北京科技战略决策咨询中心,清华大学公共管理学院.全球科技创新中心指数2020[R].北京:清华大学产业发展与环境治理研究中心,2020:10-13.

[85] 任保平,何苗.我国经济高质量发展的困境及其路径选择[J].西北大学学报(哲学社会科学版),2020(1):40-48.

[86] 任保平,苗新宇."十四五"时期我国经济高质量发展新动能的培育[J].经济问题,2021(2):1-11.

[87] 沈国兵,孟彩霞.优化城市营商环境与国际国内双循环相互促进:基于上海与多个国际大都市的比较分析[J].广西师范大学学报(哲学社会科学版),2021(3):1-20.

[88] 沈坤荣,赵倩.以双循环新发展格局推动"十四五"时期经济高质量发展[J].经济纵横,2020(9):18-25.

[89] 盛晓菲,史书华.交通基础设施、经济高质量发展与雾霾污染[J].经济问题,2021(1):32-38.

[90] 师博,韩雪莹.中国实体经济高质量发展测度与行业比较:2004-2017[J].西北大学学报(哲学社会科学版):2020(1):57-64.

[91] 师博,何璐,张文明.黄河流域城市经济高质量发展的动态演进及趋势预测[J].经济问题,2021(1):1-8.

[92] 师家升,起建凌.中国金融风险预警指数的构建[J].技术经济与管理研究,2019(4):89-94.

[93] 石英华,刘帅,李承怡,等.促进国内国际双循环宏观调控如何发力:"双循环发展与财政政策"研讨会观点综述[J].财政研究,2020(11):157-160.

[94] 时小侬.金融系统性风险研究理论基础述评[J].科技资讯,2019(5):252,254.

[95] 卡尔·韦伯.世界旅游城市发展报告(2018)[R].世界旅游城市联合会,2018.

[96] 宋洋.数字经济、技术创新与经济高质量发展:基于省级面板数据[J].贵州社会科学,2020(12):105-112.

[97] 苏军良.大变局下构建"双循环格局"的几点思考[J].福建金融,2020(8):3-7.

[98] 孙飞.金融危机后国际金融格局和风险演变及我国的政策选择[J].发展研究,2019(2):33-37.

[99] 孙攀峰,张文中.基于FSCI指数的中国金融稳定性评估[J].技术经济与管理研究,2020(3):70-76.

[100] 孙文远,孙媛媛.资源环境审计对经济高质量发展影响的实证研究:以领导干部自然

资源资产离任审计试点为例[J].生态经济,2020(1):166-171.

[101] 孙学涛,张广胜.技术进步偏向对城市经济高质量发展的影响:基于结构红利的视角[J].管理学刊,2020(12):36-47.

[102] 谭中明,夏琦.我国系统性金融风险与宏观经济波动关系:指标度量与动态影响研究[J].金融理论与实践,2020(3):8-16.

[103] 汤万锋.中国免税业的发展及影响因素研究——基于免税店销售总额的实证分析[D].商务部国际贸易经济合作研究院,2018.

[104] 汤旖璆.数字经济赋能城市高质量发展:基于智慧城市建设的准自然实验分析[J].价格理论与实践,2020(9):161-164.

[105] 田玲玲,陈链,罗静,等.中国民营经济高质量发展水平时空格局及驱动机制[J].经济地理,2021(1):131-139.

[106] 田正,李鑫.双循环背景下经济高质量发展路径探究:日本的经验与启示[J].广西师范大学学报(哲学社会科学版):2021(3):1-15.

[107] 万广华,吕佳滢.中国高质量发展:基于人民幸福感的指标体系构建及测度[J].江苏社会科学,2021(1):52-61.

[108] 万媛媛,苏海洋,刘娟.生态文明建设和经济高质量发展的区域协调评价[J].统计与决策,2020(22):67-70

[109] 汪婧.国际消费中心城市:内涵和形成机制[J].经济论坛,2019(5):17-23

[110] 王娟娟.以产业链促进"双循环"新发展格局的思考[J].当代经济管理,2021(3):1-15.

[111] 王立平,李缓.制造业智能化、产业协同集聚与经济高质量发展[J].管理现代化,2021(2):24-28.

[112] 王培辉,王双微.政策不确定性与金融市场系统性风险——基于信息溢出的视角[J].武汉金融,2020(2):19-26.

[113] 王儒奇.金融风险影响了地区实体经济增长吗?——基于长三角地级市的实证分析[J].区域金融研究,2020(1):44-48.

[114] 王珊珊,杨璐维.环境治理与经济高质量发展:基于中国省际面板数据的实证分析[J].经济视角,2020(1):65-75.

[115] 王寿林.推进中国经济社会高质量发展需要处理的几大关系[J].中国井冈山干部学院学报,2021(1):32-39.

[116] 王修志,谭艳斌,孔胜雪.双循环发展逻辑:以大国分工体系助推国际分工合作[J].改革与战略,2020(11):25-35.

[117] 王跃生."双循环"新格局与经济高质量发展[J].领导科学论坛,2020(11):57-83.

[118] 韦东明,顾乃华,魏嘉辉.财政垂直失衡、公共支出偏向与经济高质量发展[J].经济评论,2021(2):23-43.

[119] 魏颖.新时代我国国际消费中心城市建设思考[J].产业创新研究,2020(1):14-19.

[120] 文捷.构建智慧城市的"新细胞":"未来社区"[N].中国建设报,2020-05-29.

[121] 文书洋,林则夫,刘锡良.绿色金融与经济增长质量:带有资源环境约束的一般均衡模

型构建与实证检验[J].中国管理科学,2021(2):1-11.

[122] 吴学安.建国际性消费城市要质量与特色并重[N].中国商报,2019-09-19(01).

[123] 吴学安.打造国际消费中心城市需立足自身禀赋和特色[N].中国旅游报,2019-09-25(03).

[124] 吴养学,李飚.区域金融风险传导与防范研究[J].产业创新研究,2020(5):34-36.

[125] 吴振宇,朱鸿鸣,朱俊生.新冠肺炎疫情对金融运行的影响及政策建议[J].经济纵横,2020(3):1-6,137.

[126] 伍山林."双循环"新发展格局的战略含义[J].求索,2020(6):90-99.

[127] 徐宏炜.智慧社区建设背景下的基层社会治理研究[D].上海交通大学,2014.

[128] 徐奇渊.双循环新发展格局:如何理解和构建[J].金融论坛,2020(9):3-9.

[129] 徐盈之,顾沛.官员晋升激励、要素价格扭曲与经济高质量发展[J].山西财经大学学报,2020(1):1-15.

[130] 许光建,乔羽堃,黎珍羽.构建国内国际双循环新发展格局若干思考[J].价格理论与实践,2020(10):11-14.

[131] 许永兵.扩大消费:构建"双循环"新发展格局的基础[J].河北经贸大学学报,2021(2):26-32.

[132] 杨承训.内循环为主双循环互动的理论创新:中国特色社会主义政治经济学的时代课题[J].上海经济研究,2020(10):24-28.

[133] 杨海珍,程相娟,李妍,等.系统性金融风险关键成因及其演化机理分析——基于文献挖掘法[J],2020(2):18-28.

[134] 杨子晖,陈里璇,陈雨恬.经济政策不确定性与系统性金融风险的跨市场传染——基于非线性网络关联的研究[J].经济研究,2020(1):65-81.

[135] 杨子晖,陈雨恬,张平淼.重大突发公共事件下的宏观经济冲击、金融风险传导与治理应对[J].管理世界,2020(5):13-35,7.

[136] 姚树洁,房景."双循环"发展战略的内在逻辑和理论机制研究[J].重庆大学学报(社会科学版),2020(6):10-23.

[137] 叶初升,舒义文,罗连发.双向FDI影响产业结构变迁的实证研究:高水平开放促进高质量发展的路径探索[J].东南学术,2020(2):153-163.

[138] 叶仁道,钱正宁.我国华东地区经济高质量发展影响因素分析:基于面板数据模型[J].杭州电子科技大学学报(社会科学版),2020(12):32-37.

[139] 叶新亮,朱希伟,黄先海.企业创新、组织变革与产业高质量发展:首届中国产业经济学者论坛综述[J].经济研究:2019(12):198-202.

[140] 佚名.上海"双千兆"释放产业强大潜能[J].信息技术,2020(11):4.

[141] 原伟鹏,孙慧,闫敏.双重环境规制能否助力经济高质量与碳排放双赢发展[J].云南财经大学学报,2021(3):67-86.

[142] 翟博.对防范区域性金融风险向社会稳定领域传导的思考[J].中国公共安全(学术版),2019(1):121-124.

[143] 张爱萍,胡奕明.僵尸企业、地方政府与经济高质量:基于企业贡献度的研究视角[J].

山西财经大学学报,2021(2):71-85.

[144] 张宝友,黄妍,杨玉香,等.质量基础设施如何影响我国经济高质量发展[J].经济问题探索,2021(2):13-30.

[145] 张波,邓鹏程.经济高质量发展形成机制分析[J].经济研究导刊,2019(33):4-8.

[146] 张昌兵,王晓慧,顾志兰.金融集聚对经济高质量发展影响的实证检验:基于2005-2019年省际面板数据[J].工业技术经济,2021(2):99-109.

[147] 张慧君.推动形成"双循环"新发展格局的马克思主义政治经济学解读[J].哈尔滨市委党校学报,2020(11):17-21.

[148] 张剑龙,张珂,林赛南,等.如何保持城市繁荣?对联合国人居署"城市繁荣倡议"的借鉴与思考[J].城乡规划,2020(3):73-79.

[149] 张路,何凌云.工业企业助力中国经济高质量发展了吗?基于952家上市企业的实证研究[J].中国矿业大学学报(社会科学版),2021(2):102-117.

[150] 张倩肖,李佳霖.新时期优化产业转移演化路径与构建双循环新发展格局:基于共建"一带一路"背景下产业共生视角的分析[J].西北大学学报(哲学社会科学版),2021(1):124-136.

[151] 张腾,蒋伏心,韦朕韬.财政分权、晋升激励与经济高质量发展[J].山西财经大学学报,2021(2):16-28.

[152] 张侠,许启发.新时代中国省域经济高质量发展测度分析[J].经济问题,2021(3):16-25.

[153] 张兴祥,庄雅娟,黄明亮.全球价值链下中国制造业镜像与突围路径研究:基于"双循环"新发展格局的视角[J].人文杂志,2020(11):72-82.

[154] 张兴祥,王艺明."双循环"格局下的自贸试验区[J].人民论坛,2020(9):34-37.

[155] 张旭,袁旭梅,魏福丽.生态绿色化与经济高质量耦合协调的时空演化[J].统计与决策,2021(3):112-116.

[156] 张永亮."双循环"新发展格局:事关全局的系统性深层次变革[J].价格理论与实践,2020(7):4-7.

[157] 张治栋,廖常文.全要素生产率与经济高质量发展:基于政府干预视角[J].软科学,2019(12):29-35.

[158] 张仲,刘瑾.系统性金融风险的传导机制和防范建议[J].中国物价,2020(4):10-13.

[159] 赵建,李奇霖,冯素玲.货币供给、流动性波动与系统性金融风险——微观行为、宏观结构与传导机理[J].金融评论,2019(6):15-35,120-121.

[160] 赵英臣.疫情后经济全球化新趋势与双循环发展格局的构建[J].人文杂志,2020(11):65-71.

[161] 郑开焰,郭君默.刍议我国金融风险管理的现状、问题与对策[J].福建金融管理干部学院学报,2018(4):11-15.

[162] 郑瑞强,郭如良."双循环"格局下脱贫攻坚与乡村振兴有效衔接的进路研究[J].华中农业大学学报(社会科学版),2021(2):10-20.

[163] 钟红,李欣怡.后疫情时期新兴经济体经济金融风险与防范[J].国际商务财会,2020

(9):3-8.

[164] 周健.国外特选中心城市服务业发展概述[J].当代经济,2013(19):4-8.

[165] 周玲玲,潘晨,何建武,等.透视中国双循环发展格局[J].上海经济研究,2021(6):49-61.

[166] 周泽红.完善社会主义市场经济体制是实现高质量发展的体制保障[J].上海经济研究,2020(1):16-21.

[167] 朱孟楠,段洪俊.金融安全、流动性与中国外汇储备风险管理——基于交易价差估计的主权债市场流动性及其风险分析[J].金融论坛,2019(3):3-15.

[168] 朱民,郑重阳.关于相互促进的国内国际双循环思考[J].经济与管理研究,2021(1):3-15.

[169] 朱敏,吴康成.防范系统性金融风险视角下货币政策与宏观审慎政策协调研究[J].财会学习,2019(5):213.

[170] 祝合良,王春娟."双循环"新发展格局战略背景下产业数字化转型:理论与对策[J].财贸经济,2021(3):14-27.

[171] 邹兆宇,童丹,刘兆鹏.我国金融风险管理存在的问题及对策[J].纳税,2019(8):179.

[172] 左正龙.冲击条件下系统性金融风险传染的理论分析——基于新冠肺炎疫情视角[J].中国物价,2020(11):59-62.

[173] Kearney A T. 2020 全球城市指数报告[R].国际管理咨询公司科尔尼管理咨询公司.2020.

[174] Bonetti F, Perry P, Fernie J. The Evolution of Luxury Fashion Retailing in China [M]. Springer Singapore,2017.

[175] Hatchett R J, Mecher C E, Lipsitch M. Public Health Interventions and Epidemic Intensity during the 1918 Influenza Pandemic [J]. Proceedings of the National Academy of Sciences of the United States of America,2007,104(18):7582-7587.

[176] James S, Sargent T. The Economic Effects of an Influenza Pandemic [R]. Economic Analysis and Forecasting Division, Department of Finance, Government of Canada,2006.

[177] Keogh-Brown M, Wren-Lewis S, Edmunds W J, et al. The Possible Macroeconomic Impact on the UK of an Influenza Epidemic[J]. Health Economics,2010,19(11):1345-1360.

[178] Martin I. What is the Expected Return on the Market? [J] The Quarterly Journal of Economics,132(1):367-433.

[179] Martin I, Wagner C. What is the Expected Return on a Stock? [J]. The Journal of Finance,2019,74(4):1887-1929.

后　记

　　历时一年,《"双循环"与经济高质量发展》一书终于完工。全书共分七章。第一章问题的提出,主要阐述了选题的背景及其意义,研究的思路以及方法,本书的主要创新点及存在的不足;第二章通过文献综述的方式,从理论层面研究双循环与经济高质量发展的关系;第三章重点研究双循环与双中心的内在逻辑,围绕双循环战略的"死穴""堵点"展开研究;第四、五章分别分析了双循环与"卡脖子"技术、双循环与消费升级问题;为保障双循环背景下经济高质量发展的良好"生态"环境构建,第六章从理论研究、实证分析两个维度展开了双循环与风险防范的研究;本书的第七章则给出了研究结论及研究展望。

　　本书是集体合作的产物,各章节撰写人员分工如下:第一章贺瑛;第二章刘永健、缑长艳;第三章贾德净;第四章贺瑛、肖本华、贾德净;第五章贺瑛、曹静;第六章王爱华、田帅如、王展、陈宗佑;第七章贺瑛。全书由贺瑛负责总纂。

　　特别感谢上海科学技术文献出版社对本书出版的大力支持,感谢责任编辑的倾心付出。由于作者水平有限,书中疏漏或错讹之处在所难免,欢迎读者批评指正。

贺　瑛
2021 年 7 月